新编办公室主任常用合同协议范本大全

张浩/主编

中国言实出版社

图书在版编目（CIP）数据

办公室主任常用合同协议范本大全／张浩主编.
—北京：中国言实出版社，2011.10
ISBN 978-7-80250-571-1

Ⅰ.①办…
Ⅱ.①张…
Ⅲ.①合同—写作 ②协议—写作
Ⅳ.①H152.3
中国版本图书馆 CIP 数据核字（2011）第 160014 号

出版发行 中国言实出版社
地　址：北京市朝阳区北苑路 180 号加利大厦 5 号楼 105 室
邮　编：100101
电　话：64924716（发行部）　64924735（邮　购）
64924880（总编室）　64928661（二编部）
网　址：www.zgyscbs.cn
E-mail：zgyscbs@263.net
经　　销 新华书店
印　　刷 香河宏润印刷有限公司
版　　次 2011 年 11 月第 1 版　2011 年 11 月第 1 次印刷
规　　格 710 毫米×1000 毫米　1/16　21 印张
字　　数 460 千字
定　　价 39.80 元　ISBN 978-7-80250-571-1/H·47

本书编委会

主　编　张　浩

编　委　（排名不分先后）

马　飞　王　扩　王　树　王　海　王树唐
刘玉林　刘占佳　刘星星　刘云峰　汪本有
李建华　李文玲　屈永波　车子龙　王玉兰
金　凤　常志辉　冯　有　张凤云　崔大勇
张国军　张国柱　张宏伟　周小新　周本唐
白远征　胡　会　胡占国　唐小雨　沈晓峰
丁博文　明　哲　古　月　顾　勇　崔　月
李　梅

目　录

第一章　人力资源管理常用合同协议范本

▲劳动合同

劳动合同

甲方：________________
通信地址：________________
法定代表人：________________
乙方：________________
身份证号码：________________
家庭住址：________________
户籍地址：________________
联系方式：____________（固定电话）__________（移动电话）__________
紧急联系人：________________　　联系电话：________________

甲乙双方就劳动关系的建立及其权利义务等事宜，根据《中华人民共和国劳动合同法》及有关的劳动法律、法规、行政规章和企业依法制定的规章制度、集体合同，遵循自愿、平等、协商一致的原则，一致同意订立本劳动合同（以下简称合同），共同信守合同所列各条款，并确认合同为解决争议时的依据。

第一章　合同的类型与期限

第一条　甲、乙双方选择合同类型为（____________）。

A. 固定期限，自________年____月____日起至________年____月____日止，共________个月，合同期满后，双方同意继续履行的，合同自动顺延________年；达到无固定期限合同条件的，自动转为无固定期限合同；双方如需重新约定劳动合同期限的，在合同到期前三十天内签订。

B. 无固定期限，自________年____月____日起至合同第三十五条约定的终止情形出现时即行终止。

C. 以完成一定的工作任务为期限：自______年____月____日起至______________工作任务完成时即行终止。

第二条　若乙方开始工作时间与合同订立时间不一致的，以实际到岗之日为合同起始时间，建立劳动关系。

第二章　试用期

第三条　甲乙双方约定试用期自________年____月____日起至________年____月____日止，共________个月，试用期工资为__________。若到岗之日与试用期约定上岗之日不符的，试用期同时提前或顺延。

第四条　录用条件为：

1. 学历文化：____

2. 身体状况：____

3. 工作技能：____

4. 团队精神：____

5. 其他：____

第三章　工作内容与工作地点

第五条　甲方聘用乙方从事________________工作，详见“职责描述”。

第六条　乙方的工作地点为________________（工作地点太多的，可以写详见附件）。

第七条　乙方应认真履行甲方制定的岗位职责，按时、按质、按量完成其本职工作；未经甲方允许，乙方不得在其他单位兼职。

第八条　甲方因生产和工作需要，依据乙方的专业、特长、工作能力和表现，需调整乙方工作岗位及其工作报酬的，原则上应协商一致，但以下情况除外：

A. 甲方因生产经营服务需要，产业、产品结构调整及工艺规程、组织机构设置等情况发生变化需调动乙方工作岗位时，乙方应予接受；

B. 甲方确因生产经营服务需要，可以临时安排乙方从事其他岗位工作，工作期限由双方协商确定；

C. 乙方因技能、身体等因素达不到生产服务、工作质量、产量等指标，不能胜任工作的。

第四章　工作时间与休息时间

第九条　乙方所在岗位执行下述工时制度（________________）。

A. 标准工时制。

B. 不定时工时制。

C. 综合计算工时制。

第十条　甲方在下列节日安排职工休假：元旦、春节、国际劳动节、国庆节、清明节、中秋节、端午节，法律法规规定的其他节假日及婚假、丧假、产假等。

第十一条　甲方因工作需要安排乙方延长工作时间或节假日加班加点的，乙方应服从甲方统一安排；甲方按规定支付加班加点的报酬，以保证乙方合法权益。

第十二条　乙方加班须征得甲方确认同意，否则不视为加班。

第五章　规章制度与劳动纪律

第十三条　乙方自觉遵守国家的法律、法规、规章和社会公德、职业道德，维护甲方的声誉和利益。

第十四条　甲方依法建立和完善各项规章制度，甲方应将制定、变更的规章制度及时进行公示或者告知员工，乙方应严格遵守。

第十五条　乙方不得从事其他任何与甲方利益冲突的第二职业或活动，并保守甲方的商业秘密和知识产权。

第十六条　乙方违反劳动纪律和规章制度的，甲方有权按国家和本单位的规定对乙方给予纪律处分或经济处罚，直至通知解除本合同。

第六章　劳动报酬

第十七条　乙方在正常出勤并付出正常劳动后，有权获得相应的劳动报酬，乙方所在岗位执行下述工资计发形式（________________）。

A. 计时形式：乙方的月基本工资（若非特别说明，均为税前应发工资）为______________，岗位工资为__________元（有上岗协议的更改为：岗位工资随双方上岗协议中约定的标准执行），效益工资部分随用工单位效益情况及薪酬计发标准进行调整。其中加班加点计发工资基数为__________元/小时，事假扣除标准为__________元/小时，病假扣除标准为__________元/小时。

B. 计件形式：乙方的劳动定额为__________，计件单价为__________。

C. 其他工资形式：______________________________________。

第十八条　甲方于每月________日以人民币形式支付乙方上月工资。

第十九条　甲方有权根据其生产经营状况、乙方工作岗位的变更和依法制定的劳动报酬分配办法调整乙方的工资待遇。

第二十条　甲方安排乙方延长工作时间或休息日、法定休假日工作的，应依法安排乙方补休或支付相应劳动报酬。

第七章　社会保险和福利待遇

第二十一条　甲方根据国家和__________市有关规定为乙方参加购买下述社会保险（________________），乙方个人缴纳部分由乙方自行承担并由甲方在工资发放时代扣代缴。

A. 城镇社会保险

B. 小城镇社会保险

C. 外来从业人员综合保险

D. 其他____

第二十二条 乙方患病或非因工负伤，其病假工资、疾病救济费和医疗待遇按照国家和______市有关规定执行。

第二十三条 乙方患职业病或因工负伤的工资和医疗保险待遇按国家和______市有关规定执行。

第二十四条 甲方为乙方提供以下福利待遇：

A. ____

B. ____

C. ____

第八章 劳动保护、劳动条件和职业危害防护

第二十五条 甲方建立健全生产工艺流程、操作规程、工作规范和劳动安全卫生制度及其标准。甲方对可能产生职业病危害的岗位，对乙方履行告知义务，并做好劳动过程中职业危害的预防工作，乙方应严格遵守相关操作流程与安全制度。

第二十六条 甲方为乙方提供符合国家规定的劳动条件及安全卫生的工作环境，并依照企业生产经营特点及有关规定为乙方提供劳动防护用品，乙方应严格按要求穿戴劳防用品。

第二十七条 甲方对乙方进行职业技术、安全卫生、规章制度等必要的教育与培训，乙方应认真参加甲方组织的各项必要的教育培训。

第九章 劳动合同的变更、解除和终止

第二十八条 订立合同所依据的法律、行政法规、规章发生变化，合同应变更相关内容。

第二十九条 订立合同所依据的客观情况发生重大变化，致使合同无法履行的，经协商同意，可以变更合同相关内容或解除。

第三十条 乙方在试用期内被证明不符合甲方用人标准或录用条件的，甲方提前三日通知乙方解除合同。

第三十一条 乙方有下列情形之一的，甲方可立即解除合同，辞退乙方：

A. 如无特别约定，合同签约后15天内乙方未能上岗的。

B. 因乙方未能在30天内提供其被录用的相关资料，致使甲方无法办理录用及社会保险缴纳手续的。

C. 乙方被查实在应聘时向甲方提供的其个人资料是虚假的，包括但不限于：离职证明、身份证明、户籍证明、学历证明、体检证明等是虚假或伪造的；应聘前患有精神

病、传染性疾病及其他严重影响工作的疾病而在应聘时未声明的；应聘前曾受到其他单位记过、留厂察看、开除或除名等严重处分、或者有吸毒等劣迹而在应聘时未声明的；应聘前曾被劳动教养、拘役或者依法追究刑事责任而在应聘时未声明的等。

D. 严重违反甲方的劳动纪律、员工手册或规章制度。

E. 严重失职、营私舞弊给甲方利益造成5000元（含）以上重大损害的。

F. 乙方是驾驶员的，因其自身原因，其营运服务的证、照被吊扣或失效15天（含）以上的或因乙方发生同等以上（含同等）行车（客伤）死亡事故或次责以上（含次责）特大行车（客伤）事故或物损30000元以上的，甲方可以随时解除合同。

G. 乙方系特种作业人员的，因其自身原因违章作业或造成物损5000元以上事故的，除给予经济处罚或处分外，甲方还可以随时解除合同。

H. 乙方同时与其他用人单位建立劳动关系，对完成甲方的工作任务造成严重影响损失达5000元以上的，或者经甲方提出，拒不改正的。

I. 乙方被依法追究刑事责任、劳动教养、公安机关收容教育的。

J. 乙方向甲方辞职或者经协商被甲方解除聘用的。

K. 乙方以欺诈、胁迫的手段或者乘人之危，使甲方在违背真实意思的情况下订立或者变更合同的。

L. 法律法规规定的其他情形。

第三十二条　乙方有下列情形之一的，甲方可以解除合同，辞退乙方，但应提前30日以书面形式通知乙方：

A. 乙方患病或非因工负伤，医疗期满后不能从事原工作，也不能从事甲方另行安排的其他工作的。

B. 乙方不能胜任本职工作，经过培训或者调整工作岗位后，仍不能胜任工作的，并拒不服从甲方的工作安排和劳动管理的。

C. 甲方因兼并、分立、合资、转（改）制、企业转产、技术革新、经营方式调整、防治污染搬迁等客观情况发生重大变化或乙方的生产、工作岗位消失，致使合同无法履行的。

D. 甲方的生产经营发生严重困难的。

E. 依据合同第二十九条规定不能就变更合同达成协议的。

第三十三条　凡有下列情形之一，乙方可以解除合同：

A. 在试用期内提前三天以上向甲方提出辞职。

B. 甲方违反合同规定，未足额及时支付乙方劳动报酬的。

C. 甲方违反合同规定，未依法缴纳社会保险的。

D. 甲方违反合同规定，未提供相应劳动保护和劳动条件的。

E. 甲方的规章制度违反法律、法规的规定，损害劳动者权益的。

F. 甲方强令冒险作业、违章指挥强迫乙方劳动的。

G. 乙方提前30天向甲方提出辞职。

第三十四条　乙方有下列情形之一的，甲方不得依照合同第二十九条的规定解除合同：

A. 从事接触职业病危害作业的劳动者未进行离岗前职业健康检查，或者疑似职业病病人在诊断或者医学观察期间的。

B. 在本单位患职业病或者因工负伤并被确认丧失或者部分丧失劳动能力的。

C. 患病或者非因工负伤，在规定的医疗期内的。

D. 女职工在孕期、产期、哺乳期内的。

E. 在本单位连续工作满 15 年，且距法定退休年龄不足 5 年的。

F. 法律法规规定的其他情形。

第三十五条　有下列情形之一的，合同自行终止：

A. 合同期满且双方不能就相同劳动条件的续签达成一致的。

B. 当事人约定的终止条件出现，如已确认乙方完成了某一项工作任务的。

C. 甲方破产、解散、被吊销营业执照、责令关闭或者被撤销的。

D. 乙方享受基本养老待遇退休，宣告死亡、宣告失踪的。

E. 乙方暂时无法履行合同义务，但仍有继续履行条件和可能的，包括但不限于乙方涉嫌违法犯罪，被公安、国家安全或者司法机关限制人身自由的，乙方因脱产学习与进修，执行有关部门的公益性任务等原因而不能正常履行本合同超过 15 天的。

F. 乙方应征入伍或者履行国家规定的其他法定义务的。

G. 法律法规规定的其他情形。

第三十六条　合同期满或者当事人约定的合同终止条件出现，乙方有合同第三十四条所规定情形之一的，同时不属于三十一条约定的，合同顺延至相应情形消失。

第十章　后合同义务

第三十七条　本合同解除或终止时，乙方应履行下列义务：

A. 向甲方指定的人交接工作。

B. 完好归还其占有的甲方的办公用品、文件、设备等有形或无形资产。

C. 向甲方完整移交载有甲方重要信息的任何载体。

D. 协助甲方清理双方之间的债权、债务。

E. 完成甲方规定的离职流转程序，办理有关离职手续。

F. 其他：处理其他应了而未了的事务。

第三十八条　本合同解除或终止时，甲方应履行下列义务：

A. 为乙方办理终止劳动关系手续。

B. 自劳动关系终止之日起 15 日内为乙方办理社会保险和住房公积金账户转移或者封存手续。

C. 应乙方要求，及时、如实出具乙方的工作履历或绩效证明。

第三十九条　乙方不辞而别，或者下落不明，或者未履行第三十七条、第四十三条及第四十六条规定的义务，致使甲方无法办理或迟延办理与乙方离职相关手续的，乙方在此不可撤销地承认其负有过错，并承担相应的责任。

第十一章 经济补偿与赔偿

第四十条 乙方未提前30天向甲方提出辞职或有其他擅自离职情形的，将在乙方办结工作交接后支付乙方的当月工资。

第四十一条 除按合同第三十一条规定解除合同之外的，凡属劳动合同法规定应给予经济补偿金的，甲方应按法律规定的标准支付经济补偿金给乙方。

第四十二条 乙方欠付甲方任何款项，或者乙方违反合同约定的条件解除劳动合同，给甲方造成任何经济损失，依照法律法规约定和合同约定应承担的赔偿责任，甲方有权从乙方的工资、奖金及津贴、补贴等（包括并不限于此）中作相应的扣除，但该扣除不得违反法律法规的规定，不够扣除的，甲方仍然有权就剩余部分向乙方追偿。

第十二章 培训服务期与竞业限制

第四十三条 乙方在合同期间接受甲方提供的出资专项技术培训，约定为甲方的服务期自________年____月____日起至________年____月____日。乙方若违反本条约定，提前解除合同的，应偿付甲方培训费用________元人民币，对已履行部分服务期的，按照服务期尚未履行部分所应分摊的培训费用偿付。

第四十四条 双方可另行签订《培训/教育协议》，约定具体服务期、赔偿标准并执行。

第四十五条 乙方应当保守甲方的商业秘密，商业秘密系指不为公众所知悉，能为甲方带来经济利益，具有实用性并经甲方采取保密措施的技术秘密和经营信息。包括但不限于下述内容：

A. 技术信息。技术信息的范围一般包括技术方案、工程设计、电路设计、制造方法、配方、工艺流程、技术指标、计算机软件、数据库、实验结果、图样、样品样机、模型模具、操作手册、技术文档、涉及商业秘密的业务函电等。

B. 经营信息。经营信息的范围一般包括客户名单、营销计划、采购资料、定价政策、不公开的财务资源、劳动报酬、进货渠道、产销政策、招投标中的标的及标书内容等。

C. 公司依照法律规定和有关协议约定对外应承担保密义务的事项等。

第四十六条 乙方的竞业限制期限自________年____月____日起至________年____月____日。竞业限制的范围为________________，地域为________________。在竞业限制期间甲方给予乙方一定经济补偿，具体标准为____________，支付方式为____________。若乙方违反第四十二条规定的，应支付违约金__________元人民币。如果违约金不足以弥补甲方所受的实际损失的，甲方保留向乙方追偿实际损失的权利。

第十三章 劳动争议处理

第四十七条 甲、乙双方因合同而发生争议可以向甲方所在地的劳动仲裁委员会申请仲裁或向甲方所在地的人民法院提起诉讼。

第十四章　其他规定

第四十八条　甲方的规章制度（包括但不限于员工手册、岗位职责、培训协议、保密协议、安全准则等）均属合同的主要附件，其效力与合同条款等同。

第四十九条　合同如与法律、法规相抵触的，或者因法律、法规的变更而不一致的，以现行有效的法律、法规为准。

第五十条　合同未尽事宜，双方另有约定的，从约定；双方没有约定的从法律、法规和规章制度。

第五十一条　合同生效前双方签订的任何《劳动合同》自合同签订之日其自动失效，其他之前签订的相关协议文本（包括但不限于《保密协议》、《培训协议》、《竞业限制协议》）的规定与合同不一致的，以合同为准。

第五十二条　乙方同意，在其处于联系障碍状态（包括但不限于乙方因病住院、丧失人身自由等情形）时，委托合同首部的“紧急状态联系人”作为乙方的受委托人，该受委托人享有接受和解与调解，代领、签收相关文书的权限。

第五十三条　甲、乙双方另行约定条款：

A. ____

B. ____

第五十四条　合同一式三份，甲方执两份，乙方执一份，经双方签字（或盖章）后生效。

甲方：（签字或盖章）__________　　　　乙方：（签字或盖章）__________

签约日期：______________　　　　签约时间：______________

签约地点：______________　　　　签约地点：______________

▲劳动合同书（固定期限）

根据《中华人民共和国劳动法》、《中华人民共和国劳动合同法》和有关法律、法规，甲乙双方经平等自愿、协商一致签订本合同，共同遵守本合同所列条款。

一、劳动合同双方当事人基本情况

第一条　甲方________________

法定代表人（主要负责人）或委托代理人________________

注册地址________________

经营地址________________

第二条　乙方________________性别________________

户籍类型（非农业、农业）________________

居民身份证号码________________

或者其他有效证件名称________________证件号码________________

在甲方工作起始时间________年____月____日

家庭住址________________邮政编码____________

在××市居住地址________________邮政编码____________

户口所在地________省（市）________区（县）________街道（乡镇）

二、劳动合同期限

第三条 本合同为固定期限劳动合同。

本合同于________年____月____日生效，其中试用期至________年____月____日止。本合同于________年____月____日终止。

三、工作内容和工作地点

第四条 乙方同意根据甲方工作需要，担任________________岗位（工种）工作。

第五条 根据甲方的岗位（工种）作业特点，乙方的工作区域或工作地点为______________。

第六条 乙方工作应达到________________标准。

四、工作时间和休息休假

第七条 甲方安排乙方执行________工时制度。

执行标准工时制度的，乙方每天工作时间不超过 8 小时，每周工作不超过 40 小时。每周休息日为________。甲方安排乙方执行综合计算工时工作制度或者不定时工作制度的，应当事先取得劳动行政部门特殊工时制度的行政许可决定。

第八条 甲方对乙方实行的休假制度有________________。

五、劳动报酬

第九条 甲方每月________日前以货币形式支付乙方工资，月工资为______元或按________________执行。

乙方在试用期期间的工资为______元。

甲乙双方对工资的其他约定________________

第十条 甲方生产工作任务不足使乙方待工的，甲方支付乙方的月生活费为______元或按________________执行。

六、社会保险及其他保险福利待遇

第十一条 甲乙双方按国家和××市的规定参加社会保险。甲方为乙方办理有关社会保险手续，并承担相应社会保险义务。

第十二条 乙方患病或非因工负伤的医疗待遇按国家、××市有关规定执行。甲方按________________支付乙方病假工资。

第十三条 乙方患职业病或因工负伤的待遇按国家和××市的有关规定执行。

第十四条 甲方为乙方提供以下福利待遇：________________________________

____

____

七、劳动保护、劳动条件和职业危害防护

第十五条　甲方根据生产岗位的需要，按照国家有关劳动安全、卫生的规定为乙方配备必要的安全防护措施，发放必要的劳动保护用品。

第十六条　甲方根据国家有关法律、法规，建立安全生产制度；乙方应当严格遵守甲方的劳动安全制度，严禁违章作业，防止劳动过程中的事故，减少职业危害。

第十七条　甲方应当建立、健全职业病防治责任制度，加强对职业病防治的管理，提高职业病防治水平。

八、劳动合同的解除、终止和经济补偿

第十八条　甲乙双方解除、终止、续订劳动合同应当依照《中华人民共和国劳动合同法》和国家及××市有关规定执行。

第十九条　甲方应当在解除或者终止本合同时，为乙方出具解除或者终止劳动合同的证明，并在十五日内为乙方办理档案和社会保险关系转移手续。

第二十条　乙方应当按照双方约定，办理工作交接。应当支付经济补偿的，在办结工作交接时支付。

九、当事人约定的其他内容

第二十一条　甲乙双方约定本合同增加以下内容：

____

____

十、劳动争议处理及其他

第二十二条　双方因履行本合同发生争议，当事人可以向甲方劳动争议调解委员会申请调解；调解不成的，可以向劳动争议仲裁委员会申请仲裁。

当事人一方也可以直接向劳动争议仲裁委员会申请仲裁。

第二十三条　本合同的附件如下：________________________

____

第二十四条　本合同未尽事宜或与今后国家、××市有关规定相悖的，按有关规定执行。

第二十五条　本合同一式两份，甲乙双方各执一份。

甲方（公章）：____________　　　　乙方（签字或盖章）：____________

法定代表人（主要负责人）

或委托代理人：__________

（签字或盖章）：____________

签订日期：________年____月____日

▲劳动合同书（无固定期限）

根据《中华人民共和国劳动法》、《中华人民共和国劳动合同法》和有关法律、法规，甲乙双方经平等自愿、协商一致签订本合同，共同遵守本合同所列条款。

一、劳动合同双方当事人基本情况

第一条　甲方________________

法定代表人（主要负责人）或委托代理人________________

注册地址________________

经营地址________________

第二条　乙方________性别________

户籍类型（非农业、农业）________________

居民身份证号码________________

或者其他有效证件名称__________证件号码________________

在甲方工作起始时间________年____月____日

家庭住址________________邮政编码____________

在××市居住地址________________邮政编码____________

户口所在地________省（市）________区（县）________街道（乡镇）

二、劳动合同期限

第三条　本合同为无固定期限劳动合同。

本合同于________年____月____日生效，其中试用期至________年____月____日止。

三、工作内容和工作地点

第四条　乙方同意根据甲方工作需要，担任________________岗位（工种）工作。

第五条　根据甲方的岗位（工种）作业特点，乙方的工作区域或工作地点为____________。

第六条　乙方工作应达到________________标准。

四、工作时间和休息休假

第七条　甲方安排乙方执行________工时制度。

执行标准工时制度的，乙方每天工作时间不超过 8 小时，每周工作不超过 40 小时。每周休息日为________________。甲方安排乙方执行综合计算工时工作制度或者不定时工作制度的，应当事先取得劳动行政部门特殊工时制度的行政许可决定。

第八条　甲方对乙方实行的休假制度有____

____

____。

五、劳动报酬

第九条　甲方每月______日前以货币形式支付乙方工资，月工资为________元或按________执行。

乙方在试用期期间的工资为________元。

甲乙双方对工资的其他约定________________。

第十条　甲方生产工作任务不足使乙方待工的，甲方支付乙方的月生活费为________元或按________________执行。

六、社会保险及其他保险福利待遇

第十一条　甲乙双方按国家和××市的规定参加社会保险。甲方为乙方办理有关社会保险手续，并承担相应社会保险义务。

第十二条　乙方患病或非因工负伤的医疗待遇按国家、××市有关规定执行。甲方按________________支付乙方病假工资。

第十三条　乙方患职业病或因工负伤的待遇按国家和××市的有关规定执行。

第十四条　甲方为乙方提供以下福利待遇：____

____

____

七、劳动保护、劳动条件和职业危害防护

第十五条　甲方根据生产岗位的需要，按照国家有关劳动安全、卫生的规定为乙方配备必要的安全防护措施，发放必要的劳动保护用品。

第十六条　甲方根据国家有关法律、法规，建立安全生产制度；乙方应当严格遵守甲方的劳动安全制度，严禁违章作业，防止劳动过程中的事故，减少职业危害。

第十七条　甲方应当建立、健全职业病防治责任制度，加强对职业病防治的管理，提高职业病防治水平。

八、劳动合同的解除、终止和经济补偿

第十八条　甲乙双方解除、终止劳动合同应当依照《中华人民共和国劳动合同法》和国家及××市有关规定执行。

第十九条　甲方应当在解除或者终止本合同时，为乙方出具解除或者终止劳动合同的证明，并在十五日内为乙方办理档案和社会保险关系转移手续。

第二十条　乙方应当按照双方约定，办理工作交接。应当支付经济补偿的，在办结工作交接时支付。

九、当事人约定的其他内容

第二十一条　甲乙双方约定本合同增加以下内容：

____

____。

十、劳动争议处理及其他

第二十二条　双方因履行本合同发生争议，当事人可以向甲方劳动争议调解委员会申请调解；调解不成的，可以向劳动争议仲裁委员会申请仲裁。

当事人一方也可以直接向劳动争议仲裁委员会申请仲裁。

第二十三条　本合同的附件如下：

____

____

第二十四条　本合同未尽事宜或与今后国家、××市有关规定相悖的，按有关规定执行。

第二十五条　本合同一式两份，甲乙双方各执一份。

甲方（公章）：____________　　　　　　乙方（签字或盖章）：____________

法定代表人（主要负责人）或委托代理人：__________
（签字或盖章）____________

签订日期：________年____月______日

▲劳务合同

劳务合同

甲方：________________
注册地址：________________
通信地址：________________
邮政编码：________________
乙方：________
居民身份证号码：________________ 出生日期________年____月____日
家庭住址：________________
邮政编码：________________
户口所在地：________省（市）________区（县）________街道（乡镇）
通信地址：________________
邮政编码：________________ 电话：________________

鉴于乙方为退休人员，不具备劳动法律关系的主体资格。根据《中华人民共和国民法通则》、《中华人民共和国合同法》和有关规定，甲乙双方经平等协商一致，自愿签订本劳务合同，共同遵守本合同所列条款。

第一条　本合同期限为________年。

本合同于________年____月____日生效，至________年____月____日终止。

第二条　乙方承担的劳务内容、要求为：

____。

第三条　乙方提供劳务的方式为________________。

第四条　乙方认为，根据乙方目前的健康状况，能依据本合同第二条、第三条约定的劳务内容、要求、方式为甲方提供劳务，乙方也愿意承担所约定义务。

第五条　乙方负有保守甲方商业秘密的义务。乙方的商业秘密主要包括：

____。

第六条　甲方支付乙方劳务报酬的标准、方式、时间：

____。

第七条　乙方依法缴纳个人所得税，甲方依法代为扣缴。

第八条　发生下列情形之一，本合同终止：

一、本合同期满的；

二、双方就解除本合同协商一致的；

三、乙方由于健康原因不能履行本合同义务的。

第九条　甲、乙双方若单方面解除本合同，仅需提前一周通知另一方即可。

第十条　本合同终止、解除后，乙方应在一周内将有关工作向甲方移交完毕，并附书面说明，如给甲方造成损失、应予赔偿。

第十一条　甲乙双方约定，甲方为乙方购买一张新华人寿保险股份有限公司__________意外伤害保险卡，用于乙方在为甲方提供劳务过程中发生意外伤害的补偿。保险期间与本合同期限相同。

第十二条　乙方同意医疗费用自理，医疗期内甲方不支付劳务费。

第十三条　依据本合同第九条、第十条约定终止或解除本合同，双方互不支付违约金。

第十四条　因本合同引起的或与本合同有关的任何争议，均提请××市仲裁委员会按照该会仲裁规则进行仲裁。仲裁裁决是终局的，对双方均有约束力。

第十五条　本合同首部甲、乙双方的通信地址为双方联系的唯一固定通信地址，若在履行本合同中双方有任何争议，甲至涉及仲裁时，该地址为双方法定地址。若其中一方通信地址发生变化，应立即书面通知另一方，否则，造成双方联系障碍，由有过错的一方负责。

第十六条　本合同一式两份，甲乙双方各执一份。

甲方：______________（签章）　　　乙方：______________（签章）

签约时间：____年____月____日　　　签约时间：____年____月____日

签约地点：__________________　　　签约地点：__________________

▲劳务派遣劳动合同

劳务派遣劳动合同

甲方：________________

法定代表人：________

住所：________________

乙方（劳动者）姓名：__________性别：________

居民身份证号码：________________

文化程度：________住所：________________

根据《中华人民共和国劳动合同法》等法律、法规、规章的规定，在平等自愿、协商一致的基础上，同意订立本劳动合同，共同遵守本合同所列条款。

第一条　劳动合同期限。

一、本合同为固定期限劳动合同。

合同自________年____月____日起至________年____月____日止。

二、本合同约定试用期，试用期自________年____月____日起至________年____月____日止。

三、甲方派遣乙方到用工单位的派遣期限为________年____月____日至________年____月____日止。

第二条 工作内容、工作地点及要求。

甲方派遣乙方工作的用工单位名称：________________。乙方同意根据用工单位工作需要，从事____________工作，乙方的工作区域或工作地点在____________。乙方按用工单位的要求应达到以下工作标准________________

第三条 工作时间和休息休假。

一、工作时间按下列第________项确定。

1. 实行标准工时制。乙方每日工作时间不超过 8 小时，每周工作时间不超过 40 小时，每周至少休息一天。

2. 实行经劳动保障行政部门批准实行的不定时工作制。

3. 实行经劳动保障行政部门批准实行的综合计算工时工作制。结算周期：按________结算。

二、甲方由于生产经营需要经与工会和乙方协商后可以延长乙方工作时间，一般每日不得超过一小时；因特殊原因需要延长工作时间的，每日不得超过三小时，但每月不得超过三十六小时。甲方依法保证乙方的休息休假权利。

第四条 劳动报酬及支付方式与时间。

一、乙方试用期期间的月劳动报酬为________元。

二、试用期满后，乙方在法定工作时间内提供正常劳动的月劳动报酬为________元，或根据甲方确定的薪酬制度确定为________________。

乙方工资的增减，奖金、津贴、补贴、加班加点工资的发放，以及特殊情况下的工资支付等，均按相关法律法规及甲方依法制定的规章制度执行。甲方支付给乙方的工资不得低于用工地最低工资标准。

三、甲方的工资发放日为每月________日。甲方以货币形式按月支付工资。

四、甲方未能安排乙方工作或者被用工单位退回期间，按照甲方所在地最低工资标准支付乙方报酬。

第五条 社会保险。

甲、乙双方依法参加社会保险，按月缴纳社会保险费。乙方缴纳部分，由甲方在乙方工资中代为扣缴。

第六条 劳动保护、劳动条件和职业危害防护。

甲方要求用工单位根据生产岗位的需要，按照国家有关安全生产、劳动保护、职业卫生等规定，为乙方提供符合规定的劳动保护设施、劳动防护用品及其他劳动保护条件。乙方应严格遵守各项安全操作规程。

第七条 规章制度。

一、甲方及用工单位依法制定单位规章制度，并通过有效方式及时告知乙方。

二、乙方服从甲方及用工单位管理，并严格遵守甲方及用工单位依法制定的规章制度。

第八条　劳动合同变更、解除、终止。

一、甲乙双方变更、解除、终止劳动合同依照《中华人民共和国劳动合同法》和有关法律法规规定执行。

二、甲方在解除或者终止本合同时，为乙方出具解除或者终止劳动合同的证明，并在十五日内为乙方办理档案和社会保险关系转移手续。

三、乙方按照双方约定，办理工作交接。甲方应当支付经济补偿的，在办结工作交接时支付。

第九条　派遣要求。

甲方应当与用工单位订立劳务派遣协议，并将协议内容告知乙方。

第十条　当事人约定的其他事项。

经协商一致，甲乙双方另行约定以下内容：

____

____

____

第十一条　其他。

1. 本合同在履行中发生争议，任何一方均可向企业劳动争议调解委员会申请调解，也可向劳动争议仲裁委员会申请仲裁。

2. 本合同条款如与今后国家颁布的法律法规相抵触时，按国家新的法律法规执行。

3. 本合同依法订立，双方签字盖章后生效，双方必须严格履行。

4. 本合同一式三份，甲乙双方各执一份，用工单位留存一份。

甲方：______________（签章）　　　　乙方：____________（签章）

法定代表人：__________（签章）

签约日期：____年____月____日

签约地点：______________

▲企业保密合同

企业保密合同

甲方：________________

住址：________________

法定代表人：__________

邮政编码：____________

乙方：_____________________

住址：_____________________

身份证号码：____________

乙方因为在甲方单位履行职务，已经（或将要）知悉甲方的商业秘密。为了明确乙方的保密义务，甲、乙双方本着平等、自愿、公平的原则，经协商一致，达成如下合同，共同遵守。

一、保密的内容和范围

经甲、乙双方确认，乙方应承担保密义务的甲方商业秘密范围包括但不限于以下内容：

1. 技术信息。

2. 经营信息。

3. 公司依照法律规定或者有关合同的约定，对外承担保密义务的事项。

二、乙方的保密义务

对第一项所称的商业秘密，乙方承担以下保密义务：

1. 乙方保证其向甲方提供的创业商业乃是出自其本人之手或是受该商业合法权利人真实有效的委托。此项保证意味着免除甲方因乙方提供有权利瑕疵的商业秘密而受到权利人追究的责任。

2. 乙方承诺对因其提供的创业商业而引起的任何可归责于乙方的法律纠纷承担全部法律责任，但该纠纷是由甲方引起的除外，不管权利主张者是否向甲方提出或向双方共同提出过。

三、保密期限

经甲、乙双方确认，乙方的保密义务自甲方对本合同第一项所述的商业秘密采取适当的保密措施并告知乙方时开始，到该商业秘密公开时止。乙方是否在职，不影响保密义务的承担。

四、违约责任

甲、乙双方约定：

1. 如果乙方不履行本合同第二项所规定的保密义务，应当承担违约责任，一次性向甲方支付违约金人民币__________元。

2. 如果因为乙方前款所称的违约行为造成甲方的损失，根据本合同要求乙方承担违约责任，或者根据国家有关法律、法规要求乙方承担侵权责任。

五、损失赔偿按照如下方式计算

（1）损失赔偿额为甲方因乙方的违约行为所受到的实际经济损失，计算方法是：因乙方的侵权行为导致甲方的产品销售数量下降，其销售数量减少的总数乘以每件产品利润所得之积。

（2）甲方因调查乙方的违约行为而支付的合理费用，应当包含在损失赔偿额之内，甲方可以选择。

六、争议的解决办法

甲、乙双方在履行本合同过程中发生争议，由双方协商解决；协商不成的，按本合同约定的下列方法之一进行解决：

1. 由________仲裁委员会仲裁；

2. 向________人民法院起诉。

七、合同的效力和变更

本合同自双方签字后生效。

本合同的任何修改必须经过双方的书面同意。

甲　方:________________(签章)

法定代表人:____________(签章)

电　话:__________________

乙　方:________________(签章)

法定代表人:____________(签章)

电　话:__________________

签约日期:________年____月____日

签约地点:______________________

▲数据保密合同

数据保密合同

甲方：____________________________

乙方：____________________技术公司

为了明确甲、乙双方的权利和义务，根据《合同法》的有关规定，达成如下合同，共同遵守。

一、保密的内容和范围

1. 涉及甲方所有的信息，包括甲方保存在乙方服务器上的数据。

2. 凡以直接、间接、口头或书面等形式提供涉及保密内容的行为均属泄密。

二、双方的权利与义务、责任

1. 乙方应自觉维护甲方的利益，严格遵守委托方的保密规定。

2. 乙方不能以任何形式将甲方的相关信息加以披露。

3. 乙方不得利用所掌握的商业秘密谋取私利。

4. 乙方了解并承认，通过系统甲方会将具有商业价值的业绩资料存入乙方技术服务器，并且由于技术服务等原因，乙方有可能在某些情况下访问这些数据。乙方同意并承诺，如果这些数据未经甲方许可披露给他人，所造成对甲方的直接损失，并经证实，甲方有权通过法律途径向乙方索赔。

5. 乙方保证该信息的保密性，不论甲方是否复制这些数据，乙方都不能留下任何形式的数据备份。

三、本《合同》项下的保密义务不适用于如下信息：

1. 非由于乙方的原因已经为公众所知的；

2. 由于乙方以外其他渠道被他人获知的信息，这些渠道并不受保密义务的限制；

3. 由于法律的适用，法院或其他国家机关要求披露的信息。

四、甲方和乙方承认，本合同因以下情况而终止，双方互不承担违约责任：

1. 不可抗力的灾害。

2. 硬件或软件不可获得或失效。

五、遇有本合同未尽事宜，由甲、乙双方通过协商另订补充条款，作为本合同不可分割的组成部分，且与本合同具有同等效力。

六、甲、乙双方在履行本合同过程中发生争议，由双方协商解决；协商不成的，按本合同约定的下列方法之一进行解决：

1. 由________仲裁委员会仲裁；

2. 向________人民法院起诉。

七、本合同一式两份，甲、乙双方各执一份。自签字之日起即时生效，均具有同等法律效力。

八、本合同有效期限自________年______月______日起至________年______月______日止，为期______年。合同期限届满，双方不再续约时，本合同自然终止。

甲　方：________________(签章)　　乙　方：____________(签章)

法定代表人：____________(签章)　　法定代表人：____________(签章)

电　话：__________________　　电　话：__________________

签约日期：________年____月____日

签约地点：______________________

▲保守商业秘密合同

保守商业秘密合同

甲方：________________________

乙方：________________________

为了明确甲、乙双方的权利和义务，鉴于乙方在甲方任职，并获得甲方支付的相应报酬，双方当事人就乙方在任职期间及离职以后保守甲方商业秘密的有关事项，达成如下合同，共同遵守。

一、本商业计划书属商业秘密，所有权属于______。其所涉及的内容和资料只限于具有投资意向的投资者使用。收到本计划书后，收到人应即刻确认，并遵守以下的规定：若收件人不希望涉足本计划书所述项目，请尽快将本计划书退回。

二、双方的权利与义务

1. 乙方的保证

（1）不得向不承担保密义务的任何第三人披露甲方的计划书秘密；

（2）不得允许或协助不承担保密义务的任何第三人使用甲方的计划书秘密；

（3）如发现计划书秘密被泄露或者因自己过失泄露计划书秘密，应当采取有效措施防止泄密进一步扩大，并及时向甲方企业报告。

2. 甲方的承诺

（1）乙方在甲方任职期间所完成的与甲方业务相关的发明创造、技术秘密或其他商业秘密，乙方主张由其本人享有知识产权的，应当及时向甲方申明。经甲方核实，认为确属于非职务成果的，由乙方享有知识产权，乙方不得在未经甲方明确授权的前提下利用这些成果进行生产、经营，亦不得自行向第三方转让。

（2）甲方承诺：甲方只允许其所邀请及聘请的工作人员中与处理乙方创业计划事宜有关的人员接触本合同规定的保密内容；甲方保证采取有效的保密制度，以确保本合同规定的保密内容不会泄露。

（3）甲方承诺：其邀请参与评审工作的顾问成员不以任何直接或间接的方式向甲、乙双方之外的任何第三人提供、泄露乙方创业计划书的全部或部分内容；如其邀请参与评审工作的顾问成员泄露本合同规定的保密内容，则甲方向乙方承担本合同项下的全部责任。

（4）甲方应对任何违反诚实信用原则的行为或以任何方式泄露保密内容的行为或任何因为甲方的故意或过失而致乙方受到损害的行为，向乙方承担责任。

（5）甲方需在乙方网站注册，并提供真实的个人资料，包括照片、身份证号、工作经历等；甲方同意因自己泄密，乙方有权将其列为金牌会员，并相应地将甲方的照片及身份证号公布于乙方网站，以供会员查询。

三、甲方对因错误投递或其使用的投递方式具有被他人知悉其计划书内容的风险及其他投递过程中的过失行为而引起的计划书内容泄露不承担任何法律责任，除非乙方能证明该泄露行为系甲方所为或系甲方的授意。

四、合同的生效

1. 本合同于双方签字或盖章之日起生效。在本合同签字或盖章之日，乙方提交商业计划摘要。

2. 本合同的效力至本合同规定的全部保密内容成为社会公众所知悉的信息后终止。

五、违约责任

若甲方或甲方所邀请及聘请的工作人员、甲方邀请参与评审工作的顾问成员、甲方的投资伙伴会员及甲方的关联公司违反本合同规定，泄露了本合同规定的保密内容，并因此给乙方造成直接经济损失的，甲方应向乙方承担赔偿责任。

六、合同的修改与转让

1. 本合同构成双方就本合同所述事项达成的完整共识。非经双方书面同意，本合同不得被修改、补充或变更。

2. 员工不得转让本合同或由本合同产生的任何义务与权益。

七、争议的解决

经甲、乙双方在履行本合同过程中发生争议，由双方协商解决；协商不成的，由________仲裁委员会仲裁或向________人民法院起诉。

甲 方：________________（签章） 乙 方：________________（签章）
法定代表人：____________（签章） 法定代表人：____________（签章）
电 话：__________________ 电 话：__________________

签约日期：________年____月____日
签约地点：______________________

▲岗位培训合同

岗位培训合同

甲方：________________________（单位名称）
乙方：________________________（姓名）

甲方为帮助乙方完成考取执业资格所需的实习经历，按我市有关文件要求为乙方提供岗位培训。双方根据平等自愿、协商一致的原则，签订本合同，确立培训关系，明确双方的权利、义务，并共同遵守。

一、培训期限

培训期限为一年，从______年______月______日起至______年______月______日止。培训期满后需延长培训的由甲、乙双方另行协商。

二、培训岗位

1. 甲方根据工作任务需要及乙方的岗位意向与乙方签订岗位聘用合同，明确乙方的具体工作岗位及职责。

2. 甲方根据工作需要及乙方的业务、工作能力和表现，可以调整乙方的工作岗位，重新签订岗位聘任合同。

三、培训时间

甲方参考本单位正式员工的作息制度及单位实际需要为乙方安排培训时间，乙方需按甲方规定的时间接受培训。培训时间安排如下：

每周的星期______至星期______。

甲方参考国家法定节假日及单位实际需要为乙方安排休假。甲方确因单位工作需要且与乙方协商一致，或由乙方申请且经甲方同意的，甲方可在规定培训时间外（包括节假日）为乙方安排培训任务。

四、培训条件和培训保护

甲方应根据国家有关劳动保护、安全生产的法规制度，采取有效措施，为乙方提供良好的劳动环境和工作条件，加强对职工的安全、卫生和劳动保护，并根据生产和实际工作需要发给乙方必要的劳保用品和保健营养待遇。同时，对女职工应酌情实行特殊保护。

乙方对甲方管理人员违章指挥强令冒险完成任务，有权拒绝执行；对危害生命安全和身体健康的行为，有权提出批评、检举和控告。

五、培训费用及待遇

甲方为乙方提供免费培训，乙方不需向甲方支付培训费用。

为帮助乙方更好地完成培训任务，甲方为乙方提供交通费和餐费补贴，补贴标准为每月______元（人民币）。甲方在每______月______日至______日期间（节假日顺延）为乙方发放补贴。

六、福利待遇和劳动保险

1. 在合同期间，乙方仍享受统一规定的有关津贴，物价补贴、计划生育、住房补贴、养老保险、独生子女费以及法定的公休节假日、探亲假、婚丧假、产假和甲方规定的职工休假等。

2. 在合同期间内，乙方因工或非因工死亡的待遇以及家属劳保待遇等仍按国家现行政策规定执行。

3. 合同期间，乙方患病或非因工负伤期间的有关待遇仍按国家现行的有关政策和本单位规章制度执行。对乙方的停工医疗期按有关法律中的有关条款执行。

4. 被列入下岗待聘范围的人员，其各种待遇按照相关法律规定执行。

5. 乙方到达离退休年龄，其离退休待遇仍按国家现行政策规定执行。

七、培训纪律

乙方在培训期内应当做到：

乙方在合同期内必须自觉地遵守国家的有关法规法纪、遵守劳动纪律和甲方制定的各种规章制度，如有违纪违章行为，甲方有权按有关厂规厂纪规定给予必要的处罚。

八、合同的变更、解除、重新订立和终止

1. 经甲、乙双方协商一致同意可以依法变更合同。

2. 有下列情形之一的，甲方可以随时解除合同：

（1）乙方严重违反培训纪律造成严重后果的；

（2）乙方严重失职，营私舞弊，对甲方利益造成重大损害的；

（3）乙方被依法追究刑事责任的；

（4）法律、法规规定的其他情形。

3. 有下列情形之一的，甲方可以解除合同，但应当提前30天以书面形式通知乙方：

（1）乙方因患病或其他不可抗力，6个月内不能接受培训的（有此种情形的在乙方恢复能力后由甲方另行安排培训）；

（2）乙方考取职（雇）员的；

（3）本合同订立时所依据的客观情况发生重大变化，致使原合同无法履行，甲、乙双方不能就变更合同达成一致的。

4. 有下列情形之一的，乙方可以解除合同，但应提前10天以书面形式通知甲方：

（1）乙方自愿放弃培训的；

（2）甲方以暴力、威胁或者非法限制人身自由等手段强迫乙方完成培训任务的；

（3）法律、法规规定的其他情形。

5. 乙方死亡的，合同自行解除。

6. 甲、乙双方同意延续培训关系的，在合同期满之前30天内双方续订合同。

7. 培训期满或双方约定的终止条件出现，合同自行终止。

九、违约责任

1. 在合同期内，甲、乙双方均不得解除合同或自行离职，否则应支付违约金。

2. 甲、乙双方必须严格履行劳务合同，除遇有特殊情况，经双方协商一致不能履行劳务合同的有关内容外，任何一方违反合同给对方造成经济损失的，应根据其后果和责任大小，给对方赔偿经济损失。赔偿金额按有关规定或实际情况确定。

3. 凡由甲方出资对乙方进行培训、学历学习、进修或分房的人员，其有离职、调动或违约时，均按有关规定执行。

十、争议处理

甲、乙双方在履行本合同过程中发生争议，由双方协商解决；协商不成的，按本合同约定的下列方法之一进行解决：

1. 由________仲裁委员会仲裁；

2. 向________人民法院起诉。

十一、遇有本合同未尽事宜，由甲、乙双方通过协商另订补充条款，作为本合同不可分割的组成部分，且与本合同具有同等效力。

十二、本合同自培训开始之日起生效。

十三、本合同一式两份，甲、乙双方各执一份。自签字之日起即时生效，均具有同等法律效力。

十四、本合同有效期限自________年______月______日起至________年______月______日止，为期________年。

甲　方：________________（签章）　　乙　方：________________（签章）

法定代表人：____________（签章）　　法定代表人：____________（签章）

电　话：__________________　　电　话：__________________

签约日期：________年____月____日

签约地点：______________________

▲管理师培训合作合同

管理师培训合作合同

甲方：________________________认证委员会

乙方：____________

根据国务院国有资产监督管理委员会商业技能鉴定与饮食服务发展中心制定的《关于成立“商业技能鉴定与饮食服务发展中心风险管理师职业资格认证管理委员会”的决定》，为进一步推进风险管理师认证工作，甲、乙双方本着公平合理、互惠互利精神达成如下合同：

一、合作准则

1. 双方在本合同规定有效期内应完全履行本合同规定的义务和责任，努力实现合同目标。

2. 双方有责任充分利用各自条件开展该合作项目的推广宣传活动与项目拓展工作。

3. 双方商定按照风险管理师认证委员会的有关规定开展工作。

二、甲方职责

1. 甲方负责在全国开展风险管理师职业资格培训的规划管理工作。

2. 甲方负责制定培训中心管理规章制度，提供教学计划和培训大纲，提供培训讲义、教材，及应乙方需求培训选聘部分师资。

3. 甲方负责对学员的认证工作，为通过考核的学员颁发风险管理师职业资格证书，并负责日常管理工作。

三、乙方职责

1. 乙方负责开展本合同规定的培训班的招生和培训组织工作。按照甲方规定的培训指导价收取培训费用。

2. 乙方须严格遵守授权范围和时间，并且无权转让其他任何机构或个人开展风险管理师职业资格培训及相关活动。

3. 乙方必须使用由甲方提供的培训讲义、教材等，确保招生和培训质量。

4. 乙方可以选聘培训师资，但须报甲方审核备案。

四、甲方违反本合同书时，乙方有权向甲方的上级主管部门提出申诉，甲方的上级主管部门责成甲方执行本合同书，赔偿损失等。必要时，乙方也可以向所在地的劳动仲裁机构提起仲裁或向人民法院提起诉讼。

乙方违反本合同时，甲方将根据乙方违约情形，对乙方批评教育，或根据本公司的有关规定处罚。

五、争议解决

1. 本合同未尽事宜由双方协商解决。

2. 双方在执行本合同期间内出现任何争议，应通过友好协商解决；协商不成的提交仲裁委员会仲裁或向人民法院起诉。

六、合同的有效期与截止期

本合同自双方代表签署之日起生效，有效期至______年______月______日。

七、遇有本合同未尽事宜，由甲、乙双方通过协商另订补充条款，作为本合同不可分割的组成部分，且与本合同具有同等效力。

八、本合同正文一式两份，双方各保留一份，具有相同法律效力。

甲　方：________________（签章）　　　　乙　方：________________（签章）

法定代表人:____________(签章)　　法定代表人:____________(签章)
电　话:__________________　　电　话:__________________

签约日期:________年____月____日
签约地点:______________________

▲干部管理培训合同

企业干部管理培训合同

甲方:____________(公司)
乙方:____________(顾问公司)

经甲、乙双方协商同意，现就甲方企业中层干部工商管理培训一事，达成如下合同，共同遵守。

一、培训内容及课程

根据甲方的培训要求，乙方为甲方举办《________》、《________》、《________》等短期培训班。

二、甲方责任

1. 负责课室安排、落实培训学习人员以及开班期间的组织工作。

2. 每期应提前半个月将上课时间、地点通知乙方。

三、乙方责任

1. 负责编制培训计划（课题设置），并提供师资、培训教材（资料）。

2. 聘请博士学历的合格讲师担任培训师。

四、费用支付

每期培训班为一天半时间，由甲方向乙方支付______元委托培训费（包括授课计划、组织教材、教师授课的酬金）。如每期学员基本人数超出______人，甲方应向乙方多付______元，依此类推。以上费用在培训结束后，甲方即向乙方支付。

五、其他未尽事宜，双方另行协商。

六、甲、乙双方在履行本合同过程中发生争议，由双方协商解决；协商不成的，按本合同约定的下列方法之一进行解决：

1. 由________仲裁委员会仲裁；

2. 向________人民法院起诉。

七、本合同一式两份，甲、乙双方各执一份，双方签字之日起生效，均具有同等法律效力。

甲　方:________________(签章)　　乙　方:________________(签章)
法定代表人:____________(签章)　　法定代表人:____________(签章)

电　话：____________　　　　　　　　电　话：____________

签约日期：________年____月____日
签约地点：______________________

▲员工出外培训合同

员工出外培训合同

甲方：________________________公司

乙方：____________________（接受培训人）

甲、乙双方现就甲方派遣乙方出外培训事宜达成如下合同，共同遵守。

一、甲方根据本公司人才培养和事业发展的需要，根据乙方的申请，派遣乙方出外培训，乙方接受甲方的派遣。

二、甲方派遣乙方以______身份前往参加知识的培训，期限为____天（月、年），自______年______月______日起计算。

甲方为乙方提供免费培训，乙方不需向甲方支付培训费用。

为帮助乙方更好地完成培训任务，甲方为乙方提供交通费和餐费补贴，补贴标准为每月______元（人民币）。甲方在______月______日至______日期间（节假日顺延）为乙方发放补贴。

三、乙方在培训返回公司后，三天内必须向部门以上主管领导汇报。

四、根据出外培训所发生的费额、期限，乙方返回公司后在甲方的工作期限按甲方《培训管理办法》执行。如果乙方想缩短工作期限，须经甲方批准。

五、经甲方同意，由甲方支付费用所取得的各种培训证书，在培训结束后，乙方必须无条件交由甲方人事部门统一保管，乙方可以保留复印件。待乙方工作服务达到约定期限时，甲方必须无条件归还乙方取得的培训资格证明、证书。

六、违约责任

1. 在合同内，甲、乙双方均不得解除合同或自行离职，否则应支付违约金。

2. 甲、乙双方必须严格履行合同，除遇有特殊情况，经双方协商一致不能履行合同的有关内容，任何一方违反合同给对方造成经济损失的，应根据其后果和责任大小，向对方赔偿经济损失。赔偿金额按有关规定或实际情况确定。

3. 凡由甲方出资对乙方进行培训、学历学习、进修的人员，其有离职、调动或违约行为时，处理办法均按有关规定执行。

七、合同的变更、终止和解除

1. 凡有固定期限的合同，期限届满时即告终止，甲、乙双方经协商后也可续订合同。

2. 合同双方在履行合同过程中，如发生特殊情况，无法履行出外培训合同的有关内容，经双方协商一致后，可变更合同的有关内容，但必须办理变更手续。

八、甲、乙双方在履行本合同过程中发生争议，由双方协商解决；协商不成的，按本合同约定的下列方法之一进行解决：

1. 由________仲裁委员会仲裁；

2. 向________人民法院起诉。

九、遇有本合同未尽事宜，由甲、乙双方通过协商另订补充条款，作为本合同不可分割的组成部分，且与本合同具有同等法律效力。

十、本合同一式三份，由甲、乙双方及乙方所在部门各执一份。

甲　方：________________（签章）　　乙　方：________________（签章）

法定代表人：____________（签章）　　法定代表人：____________（签章）

电　话：__________________　　电　话：__________________

签约日期：________年____月____日

签约地点：______________________

▲就业推荐合同

就业推荐合同

甲方：________________________________培训中心

乙方：_______________________（学员姓名）

为明确甲、乙双方的权利义务，双方本着诚信自愿、合作互利的原则，经平等协商，就甲方对乙方培训并推荐到在______企业就业事宜签订如下合同，并共同遵守。

一、乙方保证向甲方提供的所有报名材料真实有效。否则，甲方有权取消乙方的入学或推荐资格。

二、在校接受培训期间：

1. 乙方必须遵纪守法，遵守相关规章制度，不得从事与学员身份不符的活动。

2. 要尊师爱友，发愤图强，立志成为一名优秀的企业人才，为祖国的经济发展作贡献。

3. 严格遵守安全操作规程，保证安全培训。

三、甲方的培训内容，根据在______国企业的培养目标与要求而设定。主要课目为________________，管理软件，______国礼仪、民俗文化，______国企业理念以及______国社会和经济发展史等。每个学员必须达到教学计划规定的考核标准与相关要求。

四、乙方对甲方管理人员违章指挥强令冒险完成任务，有权拒绝执行；对危害生命安全和身体健康的行为，有权提出批评、检举和控告。

五、甲、乙双方在履行本合同过程中发生争议，由双方协商解决；协商不成的，按本合同约定的下列方法之一进行解决：

1. 由________仲裁委员会仲裁；

2. 向________人民法院起诉。

六、本合同一式两份，甲、乙双方各执一份，具有同等法律效力。

甲　方:________________(签章)　　　　乙　方:________________(签章)

法定代表人:____________(签章)

电　话:______________________　　　　电　话:______________________

签约日期:________年____月____日

签约地点:______________________

▲招聘人才中介合同

招聘人才中介合同

甲方：____________（人才服务公司）

乙方：____________（有限公司）

经甲、乙双方协商同意，现就乙方委托甲方招聘企业人事经理一事，达成如下合同，共同遵守。

一、乙方委托甲方向全社会招聘人事经理一名。

二、乙方要求人事经理资质、能力、条件如下：

1. ____

2. ____

3. ____

4. ____

5. ____

6. ____

7. ____

8. ____

三、甲方必须完全依照乙方上述用人条件招聘人才；同时，甲方必须______。对招聘到的人才的资质、能力、条件的真实性承担保证责任。否则，如发现虚假，甲方必须承担一切损失赔偿责任。

四、乙方必须支付甲方工作报酬________元，合同签订时支付甲方全部工作报酬的1/4，人才报到时支付甲方工作报酬全部的2/4，人才过试用期与乙方正式签订劳务合同后30天内付清余款。

五、甲方为乙方招聘到符合上述条件的人才达三次，乙方必须接受，否则，视甲方已经履行了合同。甲方不得采用登报（杂志）的形式招聘。

六、乙方因经营发生重大变化（如经营方向、宗旨变化），造成乙方客观上不需要招聘人力资源管理经理和营销经理时，本合同自行终止。

七、甲方应认真负责为乙方招聘人才，不能招聘甲方或乙方工作人员的亲戚。

八、甲方在招聘中必须保护乙方的商业秘密，也保护招聘员工的个人隐私及资料，同时，必须保证招聘不损害其他企业的商业利益。

九、甲方必须为招聘的人才办理一切法律手续。（劳动合同和社会保险除外）

十、违约责任。

1. ____

2. ____

3. ____

4. ____

5. ____

6. ____

7. ____

8. ____

十一、纠纷解决方式。

甲、乙双方在履行本合同过程中发生争议，由双方协商解决；协商不成的，按本合同约定的下列方法之一进行解决：

1. 由________仲裁委员会仲裁；

2. 向________人民法院起诉。

十二、本合同一式两份，甲、乙双方各执一份。从双方签字之日起即时生效，均具有同等法律效力。

甲　方：____________（签章）　　乙　方：____________（签章）

法定代表人：____________（签章）　　法定代表人：____________（签章）

电　话：____________　　电　话：____________

签约日期：________年____月____日

签约地点：______________________

▲劳务输出合同

劳务输出合同

甲方：__________________________（输出方）

乙方：__________________________（输入方）

为了明确甲、乙双方的权利和义务，根据《合同法》的有关规定，就甲方派遣职工到乙方工作事宜，达成如下合同，共同遵守。

一、劳务合作期限

自______年____月____日起至输出合同终止条件出现为止。

二、输出人员人数

____________名（后附花名册），如有增减，增减花名册为本合同的附件。

三、岗位、工作制、工资及劳务费标准

劳务费包括保险费、公积金、管理费等，其中保险费、公积金个人缴纳部分由乙方代扣，甲方代缴，管理费按照每人每月50元。

岗位工作制基本工资劳务费标准（每人）单位：__________元。

保险费公积金管理费税费合计：__________________________。

四、甲、乙双方的权利和义务

1. 根据本合同，甲、乙双方建立劳务输出（输入）关系；甲方与输出人员建立劳动关系；乙方与输出人员建立用工关系。

2. 甲方负责协助乙方招聘输出人员，与输出人员签订无固定期限劳务合同，并以用工关系的终止为劳务合同的终止条件。

3. 甲方负责提高输出人员的政治思想觉悟，帮助教育其遵守国家的法律、法规及乙方的各项规章制度，服从乙方的管理。

4. 甲方负责输出人员的安全教育，确保输出人员保质保量地完成乙方所交给的工作任务，并定期了解输出情况，如出现问题，由甲方出面协助乙方及时解决。

5. 输出人员因违法违纪被乙方退回或因其他任何原因解除输出关系的，甲方将根据《劳务合同》与其解除劳动关系。给乙方造成经济损失的，甲方协助乙方追偿。

6. 甲方派遣人员在乙方工作期间，乙方负责向派遣人员提供食宿、人身意外保险、医疗和税收等费用：

（1）提供与乙方同等人员相同水平的住宿条件和生活用具等。

（2）提供与乙方同等人员相同水平的膳食。

（3）向所在国保险机构投保人身意外险。劳动保护和保险按____国有关规定执行。

（4）负担派遣人员因病或工伤治疗费用。治疗和休养期间，甲方派遣人员工资照发。

（5）负责甲方派遣人员工作期间的全部税金。

7. 乙方负责为输出人员提供必要的劳动条件和劳动工具，建立健全工作规程和劳动安全卫生保障。

8. 乙方负责输出人员的日常管理，对违法及严重违反乙方规章制度的，乙方有权将其退回，并提前一个月书面通知甲方。

9. 乙方应按国家有关规定，保证输出人员享受必需的休息、休假等福利待遇。

10. 本合同的终止以甲、乙双方中的任何一方提出中止合同为条件，但应提前30天以书面形式通知对方。否则，本合同继续有效。

五、劳务费支付

按照本合同确定的工资、保险福利及管理费标准，甲方委托乙方按月向输出人员以________形式支付工资，并代扣个人应缴的各项保险福利费用。甲方应于每月______日前以邮递方式向乙方提供劳务费税务发票，乙方应于每月______日前支付甲方劳务费。

六、违约责任与争议的解决

1. 甲、乙双方中的任何一方违约，相对方须及时通知并要求违约方纠正，违约方未纠正的，相对方可以根据实际损失要求损害赔偿。

2. 甲、乙双方在履行本合同过程中发生争议，由双方协商解决；协商不成的，按本合同约定的下列方法之一进行解决：

（1）由________仲裁委员会仲裁；

（2）向________人民法院起诉。

七、其他约定

1. 遇有本合同未尽事宜，由甲、乙双方通过协商另订补充条款，作为本合同不可分割的组成部分，且与本合同具有同等法律效力。

2. 本合同如需延长协议期限，一方须于本合同期满前60天内书面通知另一方，经双方协商同意，并办理合同延期手续，方可延长。

3. 本合同一式两份，甲、乙双方各执一份。自签字之日起即时生效，均具有同等法律效力。

甲　方：________________（签章）　　乙　方：________________（签章）

法定代表人：____________（签章）　　法定代表人：____________（签章）

电　话：__________________　　电　话：__________________

签约日期：________年____月____日

签约地点：______________________

▲劳动事务代理合同

劳动事务代理合同

甲方：____________________（劳务公司）

乙方：____________________（自然人）

为切实保障劳动者劳动就业和社会保障合法权益，根据《劳动法》以及劳动和社会保障部《劳动力市场管理和服务工作主要业务流程规范》，经甲、乙双方协商，就劳动事务代理事宜订立合同如下：

一、乙方应将完整的个人职工档案由原单位转给甲方，甲方应给予妥善保管，至合同期满止。

二、合同期自______年____月____日起至______年______月______日止。合同期满自行解除。

三、乙方如在合同期内调出，本合同自行解除。

四、甲方责任：

1. 负责保存管理乙方档案，做好档案的安全、保密、保护工作；

2. 保留职工身份、延续工龄，负责档案工资调整，出具有关证明等服务内容，并提供有关劳动保障方面的咨询；

3. 有关部门查阅职工档案，甲方应按规定办理查阅手续，乙方转换单位的，甲方给予办理转移手续；

4. 根据乙方的自愿申请，为乙方代缴养老保险金、医疗保险金；

5. 优先提供就业信息、培训信息，优先推荐就业，将乙方有关个人求职意向等资料输入劳动力市场信息网；

6. 为乙方达到退休年龄时代办养老、医疗退休手续。

五、乙方责任：

1. 合同期内乙方须按规定按时足额缴纳劳动事务代理费用，自签订之日起每年一次性交清。如乙方提前终止合同，甲方不退还当年度所余劳动事务代理费用。

2. 乙方必须在规定的时间内将当年度的养老保险金、医疗保险金等社会保险金足额汇入甲方相关账户，由甲方负责代办。逾期后果概由乙方自行承担。

3. 合同期满，乙方应及时办理续订合同或转出手续，如超过三个月不办理有关手续，甲方有权取消乙方劳动事务代理规定的相关权利，所造成的相关后果及责任概由乙方自负。

六、双方在发生重大情况变化时，可协商修改，补充乃至解除或终止本合同，但不影响当事人对损失赔偿的请求权和合同中关于解决争议条款的效力。

七、凡因执行本合同中或与本合同中有关事项所发生的一切争执，应由双方通过友好方式协商解决。如果不能取得一致时，则在被告国家根据被告国仲裁机构的仲裁程序规则进行仲裁。仲裁决定是终局的，对双方具有同等约束力。仲裁费用除非仲裁机构另有决定外，均由败诉一方负担。

八、本合同自签字之日起生效。未尽事宜或需变更内容时，须经双方协商同意。

九、本合同一式两份，甲、乙双方各执一份。

甲　方:________________(签章)　　　　乙　方:________________(签章)

法定代表人:____________(签章)　　　　法定代表人:____________(签章)

电　话:__________________　　　　电　话:__________________

签约日期:________年____月____日

签约地点:______________________

▲劳动安全卫生合同

劳动安全卫生合同

甲方：________________

乙方：________________

企业名称：________________　　工会名称：________________

经济性质：________________　　职工人数：________________

企业法定代表人：____________　　工会主席：________________

协商首席代表：____________

一、甲、乙双方为了切实提高本企业安全生产、劳动保护工作水平，维护企业和职工双方的合法权益，促进企业在安全生产的前提下经济效益不断增长，现根据《劳动法》、《工会法》、《安全生产保护法》等有关法律法规，经甲、乙双方协商同意，签订本合同。

二、本企业法定代表人为本企业劳动安全卫生第一责任人。乙方代表本企业全体职工与本企业法定代表人签订本合同。

三、甲方承担以下劳动安全卫生职责：

1. 执行国家有关劳动保护法律、法规、条例、标准，制定本企业的劳动安全卫生管理制度。

2. 向职工提供符合国家标准或行业标准的劳动条件、生产设备、设施和生产工具，以保证职工在良好环境下工作。

3. 对新建、改建、扩建企业和技术改造工程项目必须进行劳动安全卫生预评价，以保障其劳动条件和安全生产设施与主体工程实行“三同时”，即同时设计、同时施工、同时竣工投产使用，不给安全生产工作留下隐患。对工会提出的意见，企业应认真处理，并将处理结果书面通知工会。

4. 对职工进行劳动安全卫生教育和培训，并保证提供必要的经费和时间，坚持对新职工的三级教育、换岗职工培训上岗、特殊工种持证上岗；如实告知作业场所和工作岗位存在的危险因素、防范措施以及事故应急措施。

5. 按照国家规定，向职工发放符合国家标准的劳动保护用品，提供劳动安全卫生保健。

6. 推行《事故隐患和职业危害监控法》，对排查出的事故隐患和尘毒作业超标点要及时整改治理，制订有效的改进治理计划。

7. 在制定或修改劳动安全卫生规章制度时应由工会组织派员参加，涉及职工安全健康的重大问题和治理方案，必须经职代会或职工大会讨论通过后方可实施。

8. 当发生职工伤亡、急性中毒事故时，企业应保护事故现场，迅速抢救受伤者，及时通知企业工会参与调查处理，并在事发后24小时内向上级有关部门和上级工会报告。对工会提出的处理意见，企业行政应当及时研究，给予答复。

四、乙方履行以下劳动安全卫生义务，并享有以下权利：

1. 有义务组织职工排查事故隐患和尘毒作业超标点，发动职工对事故隐患和尘毒作业超标点提出整治合理化建议，供企业行政采纳、决策。

2. 在生产过程中，当发生职工伤亡、急性中毒事故时有义务协助企业保护事故现场，迅速抢救受伤者，并在事故发生后24小时内向上级工会报告。

3. 有权监督企业执行国家有关劳动保护法律、法规、条例、标准，执行本企业的劳动安全卫生管理制度。

4. 有权参加并协助政府有关部门和上级工会对本企业发生的安全事故、职业危害等事故进行调查处理，并提出处理意见。有权要求追究直接负责的主管人员和有关责任人员的责任。

5. 有权代表本企业职工就劳动安全等内容向企业行政提出协商要约，企业行政应当及时应约，依法进行集体协商，形成协商纪要，并为本合同的附件，具有同等法律效力。

6. 当发现违章指挥，强令工人冒险作业或者在生产过程中发现明显重大事故隐患和职业危害时，企业职工有权拒绝继续操作，有权向企业行政方或现场指挥人员提出解决问题的建议。当发现危及职工生命安全的紧急情况时，有权提出让职工立即停止作业，并组织职工迅速撤离危险现场。

7. 有权参加企业制定或修改劳动安全卫生规章制度和研究涉及职工安全健康等问题的会议，并发表意见。

五、企业与职工个人订立的劳务合同中劳动安全卫生等标准，不得低于本合同的规定。

六、甲、乙双方在履行本合同过程中发生争议，由双方协商解决；协商不成的，按本合同约定的下列方法之一进行解决：

1. 由________仲裁委员会仲裁；

2. 向________人民法院起诉。

七、甲、乙双方均应认真履行本合同。任何一方违反本合同，必须按照国家有关法律、法规的规定承担相应的责任。

八、本合同经双方代表协商同意，提交职工代表大会或职工大会审议通过后，由双方首席代表签字，并于7日内将本合同报送当地劳动安全监督部门和上级工会备案。

九、本合同有效期为____年，从______年____月到____年____月。合同期满前一个月双方应协商续签合同或重新签订新的合同。

十、本合同可以作为集体合同的附件，一式四份。甲、乙双方各执一份，向当地劳动安全监督部门和地方总工会各报送一份存档。

甲　方：________________（签章）　　　　乙　方：________________（签章）

法定代表人:____________(签章)

电　话:________________　　　　电　话:________________

签约日期:________年____月____日

签约地点:____________________

▲劳务承包合同

劳务承包合同

甲方（发包方）：__________________________

乙方（承包方）：__________________________

甲、乙双方本着平等、互利和协商一致的原则，就__________工程施工的劳务承包事宜，达成本合同条款，双方共同遵照执行。

一、工程概况

1. 工程名称：______________________________________

2. 工程地点：______________________________________

3. 施工面积：______________________________________

二、承包范围

人工挖运土石方、回填土；现浇砼工程（综合）、支模（含脚手架）、钢筋制作、安装；预制构件制作、安装；砌砖；铺贴花岗石、广场砖、柱面、柱头、瓜米石地面及抹灰；安砌青石路沿及草坪路沿；二布六油防水层；脚手架搭拆；梯踏步贴面砌、缸砖粘贴；建筑拆除（含除渣）、搭建临设；零星估工等。

三、承包金额

承包金额的构成＝单价×实收方量＋上、下浮比例金额。本工程劳务人工费除绿化工程外，所有工程价格均已包括，不再另立项目，若有，现场根据实际情况确定。

本工程进场前乙方向甲方缴纳______元保证金，工程顺利进场____日后甲方退还保证金。本单价已包含了管理费、工具费、交通费、保险费等一系列费用。

四、工期

1. 开工日期：______________________________________

2. 竣工日期：______________________________________

五、施工技术要求

1. 每一项工程开工前由甲方施工技术人员向乙方交底，并以书面形式由乙方代表签字。

2. 乙方代表必须指挥工人按技术交底和施工规范施工。先作样板，达标后再施工。

3. 第一道工序必须按交底、施工、检查、验收几个步骤进行，本工序完成验收合格后，方可进行下一工序工作。

六、双方责任及工作

1. 甲方工作

（1）执行国家有关劳动保护法律、法规、条例、标准，制定本企业的劳动安全卫生管理制度。

（2）提供食宿条件。

（3）在制定或修改劳动安全卫生规章制度时，应由工会组织派员参加。涉及职工安全健康的重大问题和治理方案，必须经职代会或职工大会讨论通过后方可实施。

（4）为乙方施工协调有关工作关系。

（5）派施工管理班子驻现场，对工程进度、工程质量及施工步骤进行安排，指导乙方施工，并对质量安全工作进行监督检查。

2. 乙方工作

（1）严格执行合同中对工程工期、质量、安全的要求，调配甲方要求的相应工种及工人数量，服从施工人员的安排，按规范进行施工。

（2）有义务协助企业行政对职工进行劳动安全、卫生教育和培训，有权了解其作业场所和工作岗位存在的危险因素、防范措施及事故应急措施。企业组织职工进行体检，安排有毒有害作业的职工进行疗养。

（3）加强对工人的管理，教育工人遵纪守法，办理流动人员务工的暂住证等相关手续。加强安全、防火、防盗意识。

（4）组织工人文明施工，钢筋工、电焊工等重要工种必须持证上岗，加强施工现场管理，做到工完场清。文明施工，周转材料包干使用。

七、工程验收

1. 工程质量，以国家工程质量检验评定标准的优良等级进行验收，要求以分项工程优良确保分部工程优良，分部工程确保单位工程优良。

2. 以甲方施工人员及监理工程师签证为验收依据。

八、人工费支付

1. 工程开工后，由甲方向乙方预支工人生活费。

2. 每30天根据工程进度计算工作量，若达到预计工期则支付总工作量的70%人工费用，完成工作量超出计划量，则支付80%，达不到则支付60%。付款时必须扣除预支金额。如甲方不按时支付工资，乙方有权向甲方提出发放工资的要求或罢工。

3. 工程竣工、验收合格、再计算总工作量，扣除总借支（预支代缴保险费），交还借出的全部工具，扣除损毁、短缺部分赔偿后，余款一个月后付清。

4. 本工程若经有权单位评定质量标准为优良工程，甲方按附件单价上浮30%结算；将乙方在施工期间的工具费报销作为奖励；若不能达到优良，甲方则按附件单价下浮10%与乙方作结算。

九、安全责任

乙方必须严格遵守甲方的规章制度和安全操作规程进行施工作业，因乙方违规操作造成的安全事故，由乙方全权负责，所发生的一切费用与甲方无关，工程施工期间乙方必须购买全部工人的人身意外伤害保险，保险金由乙方自理，乙方提交工人名单，甲方为乙方代办保险手续。

十、遇有本合同未尽事宜，由甲、乙双方通过协商另订补充条款，作为本合同不可分割的组成部分，且与本合同具有同等法律效力。

十一、其他约定

若乙方在施工过程中其工艺水平、工期达不到甲方要求，甲方则有权要求乙方无条件退场并不予进行结算，甲方所受的工期、信誉损失也不向乙方索赔。

十二、甲、乙双方在履行本合同过程中发生争议，由双方协商解决；协商不成的，按本合同约定的下列方法之一进行解决：

1. 由________仲裁委员会仲裁；

2. 向________人民法院起诉。

十三、本合同一式两份，甲、乙双方各执一份，具同等法律效力，双方签字（盖章）后生效，工程竣工验收合格，结清尾款后自然失效。

甲　方:________________(签章)　　乙　方:________________(签章)

法定代表人:____________(签章)　　法定代表人:____________(签章)

电　话:________________　　电　话:________________

签约日期:________年____月____日

签约地点:______________________

▲委托代缴社会保险费合同

委托代缴社会保险费合同

甲方：________________________________

乙方：________________________（服务公司）

为了明确甲、乙双方的权利和义务，双方本着自愿原则，就乙方同意接受甲方委托将其应享受的一次性领取失业保险费金余额，转为代缴基本养老保险金、基本医疗保险费的要求事宜，达成如下合同，共同遵守。

一、甲方同意将应领取的失业保险金余额，委托乙方直接从失业保险费账户划出，由乙方代缴养老保险金、医疗保险费。甲方不再按月到乙方失业保险窗口领取失业保险金。

二、乙方应按照有关社会保险和劳动事务代理的有关规定，及时为甲方代缴养老保险金、医疗保险费和劳动事务代理费，并办理相关结算手续。

三、当甲方的失业保险金余额不足以缴纳第二条所列的费用时，甲方应提前将不足资金补足，否则造成的后果与乙方无关。

四、甲、乙双方中的任何一方违约，相对方须及时通知并要求违约方纠正，违约方未纠正的，相对方可以根据实际损失要求违约方赔偿。

五、本合同仅限于甲方的失业保险金委托乙方代缴社会保险费事项的约定，不影响甲乙双方劳动事务代理合同的约定，并与原签订的劳动事务代理合同同时生效。

六、本合同有效期从本合同签订之日起至失业保险余额代缴完社会保险费时为止。

七、本合同附件作为本合同的组成部分，与本合同具有同等法律效力。

八、遇有本合同未尽事宜，由甲、乙双方通过协商另订补充条款，作为本合同不可分割的组成部分，且与本合同具有同等效力。

九、本合同执行期间，如遇国家有关规定出台，有与之抵触部分，按国家有关规定执行。

十、甲、乙双方在履行本合同过程中发生争议，由双方协商解决；协商不成的，按本合同约定的下列方法之一进行解决：

（1）由________仲裁委员会仲裁；

（2）向________人民法院起诉。

十一、本合同一式两份，甲、乙双方各执一份。自签字之日起即时生效，均具有同等法律效力。

甲　方：________________（签章）

法定代表人：____________（签章）

电　话：__________________

乙　方：________________（签章）

法定代表人：____________（签章）

电　话：__________________

签约日期：________年____月____日

签约地点：______________________

▲停薪留职合同

停薪留职合同

甲方：________________________（单位）

乙方：____________________，性别______，出生年月：____________________

为了明确甲、乙双方的权利和义务，根据国家劳动人事部〔1998〕61号用工文件规定，经协商一致，达成如下合同，共同遵守。

一、停薪留职期限：从______年______月______日起到______年______月______日止，共为______年。

二、停薪留职期间，甲方应保留乙方的国有职工的工龄，并连续计算其工龄。停薪留职期间，如遇工资调整，按工资调整政策予以评定，评定的附加条件是乙方履行本合同，如符合条件，甲方应予乙方升级，待合同期满后，乙方回原单位工作时，按调整后的工资级别执行。

三、停薪留职后，乙方可以从事各种正当的经营活动，需要办理的手续，由本人自理；如确需甲方出具证明的，甲方可以证明其实属停薪留职人员。

四、停薪留职后，乙方不再享受工资、奖金、劳保福利、医疗费、粮食副食补贴等待遇。

五、停薪留职后回本单位工作，乙方要依法服从甲方的工作调整安排。

六、停薪留职期间，乙方按基本工资的______%向甲方缴纳劳动保险基金______元，每月______日前缴纳。逾期六个月连续不按期缴纳，甲方可以对乙方作自动离职处理。

七、停薪留职期间，乙方必须遵纪守法，如从事非法活动，符合《企业职工奖惩条例》规定的条件，甲方有权按规定予以严重处罚或开除。

八、停薪留职期间，如乙方因病、残而基本丧失劳动能力，甲方按退职办法予以处理。

九、停薪留职期满，乙方愿意回原单位工作，须在一个月前提出申请，以便甲方按时予以安排工作；停薪留职期满后一个月内，乙方未申请回原单位的，甲方按自动离职予以处理。

十、本合同在履行期间，合同条款如与党和国家的有关方针、政策和法规有抵触，按党和国家的有关方针、政策和法规执行。

十一、双方应严格遵守本合同的各项条款，任何一方或双方违约都必须承担责任，负责赔偿由此产生的一切经济损失。

十二、本合同自停薪留职期限起算之日起生效，在合同执行期间，双方不得随意变更或解除合同。

十三、遇有本合同未尽事宜，由甲、乙双方通过协商另订补充条款，作为本合同不可分割的组成部分，且与本合同具有同等法律效力。

十四、甲、乙双方在履行本合同过程中发生争议，由双方协商解决；协商不成的，按本合同约定的下列方法之一进行解决：

（1）由________仲裁委员会仲裁；

（2）向________人民法院起诉。

十五、本合同正本一式两份，甲、乙双方各执一份；合同副本一式______份，交主管部门________份，如经公证，应交公证机关各留存一份。

甲　方：________________（签章）　　乙　方：________________（签章）

法定代表人：____________（签章）

电　话：__________________　　电　话：__________________

签约日期：________年____月____日

签约地点：________________________

▲志愿服务合同

志愿服务合同

甲方：______________（服 务 方）
乙方：______________（被服务方）

经全国大学生志愿服务西部计划项目管理办公室审定确认，甲方将在______省（区、市）______县（市、区）的______乡（镇）的______（服务单位）从事志愿服务。服务期为______年，自______年______月______日起至______年______月______日止。

为切实做好服务工作，维护志愿者正当权益，规范双方在服务期间的权利和义务，保证相关工作顺利进行，根据服务方此前签订的招募合同书的有关约定，受全国项目办委托，志愿者服务地所在县级项目办与志愿者签订如下合同。

第一条　甲方权利：

1. 在服务合同书所确定的岗位开展服务，并享有被服务单位正式人员同等的办公条件以及免费住宿等基本生活条件。

2. 假日待遇：甲方享受节日假、婚假、产假、丧假与乙方职工相同，工作满一年以上需要探亲的，可享受________天（不包括路途中的时间）的探亲待遇，工资照发，路费报销。

3. 及时了解全国项目办、相关省（区、市）项目办及乙方发布的有关西部计划的重要信息。

4. 服务期满，取得本人的服务鉴定等证明材料；根据本人意愿选择扎根基层，或者自主择业或流动就业；经考核合格的，享受相关支持政策。

第二条　甲方义务：

1. 按照本合同和乙方确定的时间到岗服务，并服从乙方的岗位调整。

2. 服务期间，应爱岗敬业，尽职尽责，服从管理，尊重民风民俗，自觉维护志愿者形象；严格遵守国家法律、法规和专业规章；遵守西部计划相关管理规定和服务单位的规章制度。

3. 除因不可抗力因素并向乙方提出申请，不得单方中止合同或擅自离岗；确有特殊需要或原因的，须经乙方同意。

4. 服务期满，应参加相关总结、考核工作，并递交工作总结；按时离岗的，必须做好相关的工作交接。

第三条　乙方权利：

1. 按照西部计划的有关规定对志愿者进行日常管理。

2. 对志愿者的服务工作进行考核、评估，并提出相关意见。

第四条 乙方义务：

1. 做好接送工作，确保甲方及时、顺利到岗开始服务；保证甲方在服务期间的岗位，并在服务期满后按时结束服务。

2. 保证甲方享有服务单位正式人员同等的办公条件以及免费住宿等基本生活条件，享有服务单位正式人员同等的休假待遇。

3. 负责落实全国项目办和省（区、市）项目办的相关工作要求；及时了解、掌握甲方的工作、生活情况，对甲方给予必要的指导和帮助，并适时组织交流、慰问和联欢等活动。

4. 负责监督、检查被服务单位对志愿者的管理、使用情况，做好安全保障等工作；在服务方发生意外或伤病时给予帮助，并及时上报相关情况。

第五条 因甲方无故单方中止合同或擅自离岗致使合同无法履行的，乙方有权追究其责任。

第六条 因乙方无故中止合同，致使甲方权益受到侵害的，甲方有权追究其责任。

第七条 本合同生效期间，因甲方个人原因造成的损害、损失及由此产生的法律责任，由甲方个人承担，按照国家法律、法规的规定处理。

第八条 本合同一式三份，具有同等法律效力，甲、乙双方各执一份，并由全国项目办备存一份。自双方签字盖章后生效。

第九条 如因本合同发生争议，争议各方应通过友好协商解决。协商不成，由乙方主办公场所所在地的仲裁机构裁决或法院判决。

甲方：______________（签章）　　　　乙方：______________（签章）

签约日期：____年____月____日

签约地点：__________________

第二章　办公用品、车辆买卖合同协议范本

▲办公设备销售合同

办公设备销售合同

合同编号：______

甲方（卖方）：________

乙方（买方）：________

双方根据《合同法》等相关法律法规规定，经友好协商，签订本合同后信守下列条款，共同严格履行。甲方向乙方销售如下产品：

商品编号	商品名称及规格	单位	单价（元）	数量	金额小计（元）
	NEC850 投影机	台	24186	1	24186
合计人民币（大写）：贰万肆仟壹佰捌拾陆元整				小写（合计）￥24186	

相关条款：

第一条　合同必须填写工整，不得涂改，并经甲、乙双方指定有关负责人签字盖章后方可生效，否则合同无效。

第二条　交货时间：2002 年 1 月 2 日

交货地点：

第三条　付款方式：支票

第四条　质量保证与验收：甲方所代理货物保证原厂正货、原厂包装及未使用过的新货，享受厂家承诺保修，否则乙方无条件退货。乙方在验收中如发现产品品种、型号、规格、数量、质量与本合同规定条件不符，须在产品到货后七日内提出书面异议和处理意见，否则视为验收合格。

第五条　保修：三年整保修，灯泡三个月包换。

第六条　解决合同纠纷的方式：双方协商或调解不成由提起诉讼方所在地的法院裁决。

甲　方(盖章)：____________

代表人(签字)：____________

电　话：__________________

乙　方(盖章)：____________

代表人(签字)：____________

电　话：__________________

签约日期：_______年____月____日

签约地点：______________________

▲办公设备买卖合同

办公设备买卖合同

合同编号：____________

甲方（买受方）：____________

乙方（出卖方）：____________

甲乙双方就下列设备买卖事项，根据《合同法》及其他相关法律法规，经双方充分友好协商，达成如下协议，以供双方恪守履行。

乙方必须严格按照双方约定的质量要求、技术标准以及产品图纸或者样件的要求进行供货。

本合同产品的质量保证期不少于 12 个月。

合同总价款￥____________（大写：________________________）

付款方式________________________

1. 合同签订后预付总价款的 30%（其中 20% 为定金），初验收合格发货前付总价款的 30%，终验收合格后 10 天内付总价款的 30%，设备使用一年无质量问题（自终验收合格之日起）支付 10% 的质保金。

2. 国内产品或合资厂的产品必须具备出厂合格证

甲方应将所供物品的用户手册、保修手册、有关资料及配件、随机工具等交付给乙方。

3. 包装方式：产品的价格已包含包装费用。本合同项下的产品包装，必须符合国家标准或者行业标准；没有国家标准或者行业标准的，适用双方约定标准；甲方无特别要求的，适用商业惯例，乙方应当保证产品包装能够使产品安全地运输和储存。乙方需回收包装物的，费用由乙方承担。

4. 交付地点

浙江吉利汽车有限公司变速器工厂车间内。

5. 交付日期

乙方保证在合同签订后，收到预付款之日起三个月内设备初验收合格并发货。

乙方交货后应在七日内完成设备的安装和调试工作并通过甲方验收。

6. 运输

乙方负责设备的运输和费用。

7. 售后服务

在质量保证期内，设备出现质量问题或技术故障的，乙方应在接到甲方通知后48小时内无条件进行维修或更换。甲方出现技术问题向乙方咨询的，乙方应提供技术支持。质量保证期满后出现质量问题或技术故障的，乙方应以优惠价格继续提供服务。

8. 违约责任

乙方交付的设备质量不符合约定的，应支付合同总金额的10%的违约金。

乙方延期交付设备的（包括返修、更换、补交等），应当按照合同总金额的0.5%乘以逾期天数向甲方支付违约金。乙方逾期超过15天的，甲方有权解除合同并要求乙方赔偿损失，损失赔偿额为本合同总金额的20%。如有未尽事宜，双方再另行协商。

9. 如附设备清单或技术协议的，则作为合同组成部分，与合同规定不一致的，以合同为准。本合同一式六份，甲方持四份，乙方持二份。本合同经双方签字盖章后生效。

10. 双方其他约定事项

对本合同正文或附件作任何更改，必须签订补充协议，并应由双方授权代表签字并加盖公司合同专用章或公章。

出卖人(签章):__________	买受人(签章):__________
法定代表人:__________	法定代表人:__________
委托代理人:__________	委托代理人:__________
住　　所:__________	住　　所:__________
电　　话:__________	电　　话:__________
传　　真:__________	传　　真:__________
开户银行:__________	开户银行:__________
账　　号:__________	账　　号:__________

签订时间:______年______月______日

签订地点:____________________

▲终端设备销售合同

终端设备销售合同

甲方：____________________技术公司

乙方：________________________公司

为了明确甲、乙双方的权利和义务，依据《合同法》规定，甲乙双方在平等、自愿、协商一致的基础上，就乙方购买甲方产品事宜，达成如下协议，共同遵守。

一、产品的型号、数量、价格

二、产品的技术指标（包括质量要求），按以下第______项执行

1. 按国家标准执行；

2. 按部颁标准执行；

3. 按企业标准执行；

4. 按甲乙双方约定技术要求执行，以甲方样品和产品说明书的技术标准为准。

三、产品的交货方法、运输方式和到货地点

1. 交货方法和运输方式，按下列第______项执行，乙方选择送货方式送货，运费由乙方承担。

（1）甲方代办托运；

（2）运费由乙方承担或双方协商；

（3）乙方自提自运；

（4）运费自理。

2. 到货地点和收货单位（或收货人）：指乙方每批订单上指定的到货地点和收货单位。收货单位所属部门在货物交接单上盖章或收货人签名后均视为送达。

四、产品的交货期限，按下列第______项执行

1. 甲方根据每个订单上双方具体约定的期限发货，采取代办托运方式送货，甲方不承担运输途中的意外风险导致的延期交货责任，如出现延期交货，甲方负责向运输部门追究。

2. 本合同签订后，乙方______日内提货。

3. 本合同签订后，甲方______日内货发到乙方。

五、货款结算按下列方式执行

除非双方有特别约定，乙方订货时一般按以下方式付款：

1. 订货时乙方向甲方预付合同全款或定金款（厂家供货价的30%），实际提货量的余款在发货前一次性付清，款汇至供货厂商，或汇至甲方指定账户时甲方给乙方开具发票。

2. 乙方也可以根据销售预测对甲方或供货商一次性下订单，然后在约定的期限内以分期分批的方式提货，每次提货时将所提分批货物的货款结清，具体金额和付款日期详见乙方每次的订单。

六、产品的验收办法和异议期限

1. 甲方应将所供物品的用户手册、保修手册、有关资料及配件、随机工具等交付给乙方。

2. 乙方在提出产品异议后，应负责妥善保管完整包装的产品，因保管不善等造成产品质量下降或损毁、丢失的，甲方不作退换处理。

七、质量保证及售后服务

甲方承诺向乙方售出的产品均为符合双方质量约定的合格产品。在质量保证期内，

设备出现质量问题或技术故障的，乙方应在接到甲方通知后48小时内无条件进行维修或更换。甲方出现技术问题向乙方咨询的，乙方应提供技术支持。质量保证期满后出现质量问题或技术故障的，乙方应以优惠价格继续提供服务。

八、违约责任

1. 乙方根据自己的实际销售能力向甲方下订单，订单一旦确定，将具有法律效力，如果乙方超过订单中双方约定的最后付款期限仍不履行支付余款义务，视为乙方违约，甲方有权扣除相应的定金款。

2. 甲方如果未能按期交货（以甲方或其指定供货商的发货日期为准），每逾期一天，甲方向乙方支付未按期交货货款总额的千分之一的违约金。

3. 合同双方应按照本合同规定的条款执行，如果违约将按照《合同法》的有关规定承担经济责任和法律责任。

不可抗力

甲、乙双方的任何一方由于不可抗力的原因不能履行合同时，应及时向对方通报不能履行或不能完全履行的理由，在取得有关主管机关证明以后，允许延期履行、部分履行或者不履行合同，并根据情况可部分或全部免予承担违约责任。

甲、乙双方在履行本合同过程中发生争议，由双方协商解决；协商不成的，按本合同约定的下列方法之一进行解决：

1. 由________仲裁委员会仲裁；

2. 向________人民法院起诉。

九、本合同（代理商自购终端设备的除外）作为主合同之一与附件一、附件二同时成立，本合同自双方签订后立即生效，有效期______年，到期后双方无异议则自动顺延。合同执行期内，乙方每次所下订单（附件二）经甲方盖章确认后作为本合同的一部分与本合同具有同等法律效力。

十、本合同于有效期限自________年________月________日起至________年________月________日止。甲、乙双方不得擅自修改或解除合同。合同执行中如有未尽事宜，须经双方协商，作出补充规定。补充规定与本合同具有同等法律效力。

甲　方（盖章）：____________　　　　乙　方（盖章）：____________

代表人（签字）：____________　　　　代表人（签字）：____________

电　话：__________________　　　　电　话：__________________

签约日期：________年____月____日

签约地点：______________________

附件一　终端设备售后服务条款

一、保修服务

1. 产品承诺为乙方提供三个月包换，时间从乙方收货之日起算。但要在外观无损伤，内部没有使用不当而烧毁元器件的情况以及产品的底部封帖没有撕毁。

2. 产品承诺一年免费保修，时间从乙方收货之日起算。但不包括特殊情况引起的损伤。

3. 因使用不当或超过保修期的产品提供的维修服务，甲方将按一定的收费标准向乙方收费。

4. 因质量问题的包换或免费维修的运费和寄费由甲、乙双方承担，因使用不当或超过包修期的运费和寄费由乙方承担。

5. 用户定期回访制度：保修期内，产品销售部采取定期电话回访制度，第一年为两次，以后每年一次。

二、保修范围

1. 所有保修部件必须为甲方提供的产品的原装部件。

2. 人为原因（使用不当烧毁等）造成的部件损坏和软件故障，不含在免费保修范围内。

3. 由于运输的原因引起之损坏及故障由发货方负责追究责任。

4. 由于搬运、移动及其他原因造成的部件物理性损坏不含在免费保修范围内。

5. 不可抗力：

所有地震、火灾等自然灾害或意外事故（被盗、丢失等）不可抗力引起的设备不能正常工作不含在免费保修范围内。

6. 下列操作属于违章：

（1）未经甲方同意，私自做软件升级与不同协议间的软件升级。

（2）未经甲方同意升级，在升级过程中断电造成的死机。

（3）未经甲方同意使用了非原配电源而使主机或电源部分烧损。

附件二　订单

订单号：NetPhone－2005－001

一、甲方：____________________技术公司（盖章）

二、乙方：_______________________公司（盖章）

三、产品型号、数量、价格：

____

四、包装：以生产厂家提供的____________________为准。

五、订货日期：______年_____月_____日。

六、付款条款：订货总数_____台。其中现货_____台，乙方付全款计人民币_____元。订货_____台，订货当日乙方预付定金款计人民币_____元，余款计人民币_____元在接到甲方通知发货日期前付清，最后付款期限为______年_____月_____日。

七、违约责任：

1. 甲方未能交付物品或交付的物品不符合合同规定的，则向乙方支付物品总金额5%的违约金。

2. 乙方无正当理由拒收物品，拒付货款的，乙方向甲方偿付物品总金额5‰的违约金。

3. 甲方逾期交付物品，则每日按合同总额5‰向乙方偿付违约金。逾期交付超过15天，乙方有权终止合同。

4. 乙方逾期付款，则每日按合同总额5‰向甲方偿付违约金。

八、发货时间：乙方全款到达甲方指定账户后______日内发货。

九、到货地点：____________，运费由甲方承担。

十、收货单位/收货人：____________。

▲应用软件买卖协议书

应用软件买卖协议书

甲方：____________电子公司（买方）

乙方：____________软件公司（卖方）

经甲、乙双方协商同意，达成如下协议，共同遵守。

一、双方的责任和义务

1. 乙方必须保证数据的安全性和准确性，负责对该软件进行安装、调试，对甲方相关人员进行培训。免费咨询，确保该软件能正常运行。

2. 该软件的版权归乙方所有，甲方只有使用权。未经乙方许可，甲方不得私自拷贝给其他单位或个人使用，否则为侵权行为，承担相应责任。

3. 乙方负责对该软件进行适当修改。

二、培训时间和要求

自本协议签订之日起，乙方负责对甲方相关人员进行为期____天的培训。

第____天至第____天：对所有相关操作员上机操作培训，主要包含系统的数据流程及启动、录单、修改、查询、退出等。

第____天至第____天：对所有相关操作员上机操作培训，主要包含系统的万能查询报表的设定、打印模板的设置等。

第____天至第____天：对该系统管理员进行高级培训，主要包含系统的辅助功能设置、操作员名称、密码、权限等。

第____天至第____天：解决具体操作中遇到的实际问题，使相关操作员能基本独立完成自己的工作。

具体培训的日期由双方商定。一经商定，不得随意更改。如确需更改，应提前__天通知对方。

三、维护要求

1. 自本协议签订之日起，乙方提供该软件三年免费维护。

2. 甲方应正确使用该软件并按时备份数据，防止病毒感染或人为破坏而丢失数据。

3. 系统一旦出现故障，乙方必须作出迅速反应进行维护。

四、费用及支付方式

该软件的全部费用共计人民币______万元整。含____元软件修改费（不含税）。

本协议签订之日，甲方预付软件费计人民币____万元整给乙方。乙方在一周内按协议要求修改好该软件，并到甲方安装、调试，使该软件能正常运行，甲方再付软件费计人民币____万元整给乙方。余款计人民币____元整，待协议签订满____年再付。

五、如有未尽事宜，双方再另行协商。

六、甲、乙双方在履行本合同过程中发生争议，由双方协商解决；协商不成的，按本合同约定的下列方法之一进行解决：

1. 由________仲裁委员会仲裁；

2. 向________人民法院起诉。

七、本协议一式两份，甲、乙双方各执一份，自签字之日起即时生效，均具有同等法律效力。

甲　方：____________　　　　乙　方：____________

代　表：____________　　　　代　表：____________

电　话：____________　　　　电　话：____________

签约日期：________年____月____日

签约地点：______________________

▲电脑配件购销合同

电脑配件购销合同

甲方（供货单位）：________________

乙方（购货单位）：________________

签订时间：________________________

签订地点：________________________

甲方与乙方签订合同，经双方协商同意下列条款：

第一条　供货物品：扫描仪

品牌	型号	数量	单位	随机配件（备用工具）	单价	总价
				1 2 3 4		
总金额（人民币）						

第二条　物品质量要求及甲方对质量负责条件和期限：

1. 乙方必须严格按照双方约定的质量要求、技术标准以及产品图纸或者样件的要求进行供货。

2. 甲方提供的物品必须是全新的，表面无划伤。

3. 因物品的质量问题发生争议，由××市质量技术监督部门进行质量鉴定。物品符合质量标准的，鉴定费由乙方承担；物品不符合质量标准的，鉴定费由甲方承担。

4. 在质量保证期内，设备出现质量问题或技术故障的，乙方应在接到甲方通知后48小时内无条件进行维修或更换。甲方出现技术问题向乙方咨询的，乙方应提供技术支持。质量保证期满后出现质量问题或技术故障的，乙方应以优惠价格继续提供服务。

第三条　交货及验收

1. 交货时间：签订合同后3个工作日内，由甲方免费将货物送至用户安装调试。

2. 进口产品必须具有××省商检局的检验证明。

3. 国内产品或合资厂的产品必须具备出厂合格证。

4. 甲方应将所供物品的用户手册、保修手册、有关资料及配件、随机工具等交付给乙方。

第四条　付款

乙方验收货物合格后一次性全部付齐货款。发票则由甲方开给乙方。

第五条　违约责任

1. 甲方未能交付物品或交付的物品不符合合同规定的，则向乙方支付物品总金额5%的违约金。

2. 乙方无正当理由拒收物品，拒付货款的，乙方向甲方偿付物品总金额5‰的违约金。

3. 甲方逾期交付物品，则每日按合同总额______‰向乙方偿付违约金。逾期交付超过15天，乙方有权终止合同。

4. 乙方逾期付款，则每日按合同总额______‰向甲方偿付违约金。

第六条　本合同发生争议，由双方协商或调解解决，协商或调解不成时由合同签订所在地仲裁机构仲裁或向签订合同所在地人民法院起诉（仲裁或起诉任选一种）。

第七条　本合同一式三份，均为正本，具有同等法律效力，甲、乙双方各执一份，××市政府采购中心一份。

甲　　方：________________
地　　址：________________
法定代表人：______________
委托代理人：______________
电　　话：________________
邮政编码：________________
开户银行/账号：__________

乙　　方：________________
地　　址：________________
法定代表人：______________
委托代理人：______________
电　　话：________________
邮政编码：________________
开户银行/账号：__________

▲软件销售合同

软件销售合同

甲方：________________________________

乙方：________________________技术公司

为了明确甲、乙双方的权利和义务，依据《合同法》规定，甲乙双方在平等、自愿、协商一致的基础上，就甲方向乙方订购________________________软件事宜达成如下协议，共同遵守。

一、本合同总金额人民币__________元（大写：________________________元）。

二、双方的权利和义务

1. 乙方销售给甲方的软件仅限于甲方自用，甲方保证不对乙方所开发的软件进行拷贝、复制、泄露、销售给第三方使用，或以非自用为目的，以乙方的软件为基础进行开发，否则乙方将追究甲方法律责任及违约责任。

2. 若乙方向甲方出售的软件系统存在知识产权纠纷，甲方不承担任何连带责任。

3. 乙方提供的软件包含安装光盘一张、说明书一本。

4. 服务：

（1）乙方仅就销售给甲方的软件为甲方提供一年期的免费服务（从软件安装日起）。服务包含软件系统的版本升级和补丁代码升级，软件系统的远程或现场技术支持。

（2）乙方通过电话、E－mail、现场服务等方式向甲方提出技术服务要求，乙方有义务及时响应和认真服务，努力确保甲方所购系统的正常使用。

（3）乙方软件是通用软件，甲方需要改动或需要委托乙方进行二次开发，甲方应同乙方另订协议，作为合同的附件，另收开发费用。

三、服务期满后的收费标准

服务期满后，甲方可自愿同乙方签订系统服务合同，服务费用为______/年，若需现场服务，差旅费另计。乙方则通过良好服务体系，保证软件质量和正常运行。

四、软件系统的安装和验收

1. 在签订合同当日后，乙方在24小时内负责在指定服务器上安装调试系统保证正常运行。

2. 乙方不负责甲方的内部网络组建和调试。

五、其他

1. 遇有本合同未尽事宜，由甲、乙双方通过协商另订补充条款，作为本合同不可分割的组成部分，且与本合同具有同等法律效力。

2. 争议发生后，双方应本着平等自愿的原则，按照合同的约定分清各自的责任，采用协商的办法解决争议。

3. 本合同一式两份：甲方一份，乙方一份，经双方签字盖章后生效，均具有同等法律效力。

对本合同正文或附件作任何更改，必须签订补充协议，并应由双方授权代表签字并加盖公司合同专用章或公章。

甲　方(盖章):____________
代表人(签字):____________
电　话:________________

乙　方(盖章):____________
代表人(签字):____________
电　话:________________

签约日期:________年____月____日
签约地点:________________

▲售后服务协议书

售后服务协议书

甲方：×××有限公司

乙方：×××

本着“竞争的一半是服务”的经营理念，为共同开拓市场，做好×××产品的售后服务工作，乙方在经销×××产品时，必须承担售后服务工作，经双方协商，就×××产品在乙方经销区域内的售后服务达成以下协议：

一、甲方的责任与权利。

1. 积极配合乙方开展售后服务维修工作及执行国家新“三包”的有关规定。

2. 负责为乙方培训维修技术人员。

3. 向乙方及时准确地提供新产品维修技术资料。

4. 甲方售后服务中心定期和不定期对乙方的服务质量和执行协议情况进行检查。

二、乙方的责任与权利。

1. 必须设立×××产品售后服务机构，配备足够数量的合格维修人员、设备及服务场地。

2. 明确维修负责人和专职维修人员，如有变动应及时通知甲方。

3. 乙方必须对所辖区域内的×××产品提供售前、售中及售后服务，不得以任何借口推诿。

4. 不得擅自改变产品原设计和擅自改变燃气具原适用气源，若有因擅自改造以致引起产品故障和事故及造成的一切后果自负。

5. 若出现产品重大故障和事故发生时，应迅速通知甲方并协助甲方进行调查和技术鉴定。

6. 接受甲方的指导与监督，每月的维修质量信息反馈单于15日前寄回或传真至甲方售后服务中心。

7. 接受甲方的维修指令并按时、按质、按量完成任务。

8. 乙方维修点积极开展用户回访活动，回访量不得低于当月维修数量的25%。

三、保修范围。

1. 凡属×××产品，自售出之日起，免费保修一年，对个别地方需延长保修期的，必须经甲方批准方可。

2. 对保修期内的因用户自身原因造成的产品故障和事故，乙方按甲方规定费用标准收取工本费。

3. 在保修期外，乙方必须严格按甲方所规定的有关收费标准收费。

4. 其他事宜，均按国家新“三包”规定的有关条款执行。

四、服务要求。

1. 乙方必须为用户提供上门服务，做到叫修后市区48小时，郊县76小时提供上门维修。

2. 为用户提供维修服务时，必须统一填写维修单，维修完毕后，由用户签名。

3. 乙方必须严格执行甲方制定的售后服务管理制度。

五、维修费用的标准。

1. 所有灶具产品均按年销售灶具产品实际结算金额的1%返回，作为维修费用。

2. 抽油烟机、热水器产品（包括电热水器）每台在保修期内，无大、中、小均按13元计，如为用户提供上门服务，无论远近均按7元计。

六、产品维修配件的铺底与发放。

1. 灶具配件都必须购买，费用由乙方承担，不能以旧换新。

2. 热水器、抽油烟机维修配件按该经销商3个月销量的1%铺底，以后所需都必须以旧换新，无旧配件返回，由乙方按成本价购买。

3. 消毒柜配件以旧换新。

4. 抽油烟机和热水器5元以下的配件免费提供。

七、退货的规定和处理。

1. 所有的产品不能退回公司。如出现成批质量问题（同一故障），经甲方技术部门鉴定后，可退货处理。

2. 新灶具产品上市六个月内出现的质量问题，原则上由乙方修理，由甲方负责免费提供配件。因成批量的质量问题而无法修复的可以按退货处理。

八、维修费用的结算。

1. 炉具产品，每年年底按实际结算金额的1%结算。

2. 抽油烟机、热水器维修费用结算程序：

（1）乙方维修点凭当月原始维修记录单进行初次回访确认，并填写月维修费用结算单；

（2）每月的原始维修单连同填写好的月维修费用结算单，在每月15—20日间用特快寄至甲方售后服务中心；

（3）甲方售后服务中心根据乙方提供的原始维修单进行第二次回访和抽查；

（4）由甲方售后服务中心调查确认无误后，由营销经理审批后交财务部；

（5）维修费用每月结算一次，时间按实际收到乙方提供的用户资料和月结算单20天内汇出；

(6) 甲方财务部每月按实际维修费用电汇至乙方指定的账号上。

3. 如乙方连续3个月未按原始维修单和月结算单返回甲方售后服务中心的，按放弃维修费用处理。

4. 乙方如对维修费用有疑问的，须在3个月内提出，逾期不予受理。

5. 维修费用作为专项费用，不现金支付、不冲抵货款。

九、质量信息反馈和新产品质量跟踪。

1. 乙方在每月15日前将所有产品的实际维修情况填写质量信息和维修状况统计表传真或邮寄至甲方售后服务中心。

2. 质量信息反馈和维修状况统计表，应注明发生故障的产品型号、气源、发生故障的数量、故障原因及维修方法。

3. 如乙方连续3个月未将质量信息反馈表交至甲方售后服务中心的，甲方则年底扣除灶具总维修费用的10%作为处罚。

4. 甲方新产品上市，由乙方负责质量跟踪，提供新产品用户的详细资料，报至甲方售后服务中心。

5. 甲方售后服务中心根据乙方提供的新产品用户的资料进行电话和信函跟踪调查。

6. 乙方必须积极配合甲方的有关调查活动。

十、甲方每年进行一次售后服务评选活动，优秀售后服务单位的评选条件是：

1. 用户投诉率低于1/1000（根据销量）。

2. 甲方对乙方的用户回访的调查中，用户满意率为98%。

3. 乙方的售后服务网络健全，设施和维修人员相对完备。

4. 质量信息反馈每年不低于90%。

5. 无媒体曝光和技术监督部门不良通报的情况发生。

十一、违反“协议”规定的处罚。

1. 在结算抽油烟机、热水器费用对用户回访时，发现乙方提供的资料不详，视此单无效。

2. 在结算抽油烟机、热水器维修费用进行调查回访时，发现乙方提供虚假信息或信息与事实严重不符，将作“假一罚十”处理。

3. 乙方在执行本协议期间，多次违反协议规定，甲方有权终止协议并设立其他维修点以替代该维修点，并将维修费用指标转给新的维修点。

4. 凡因本协议引起的调解、诉讼，双方及连带责任人均同意以×××市地方法院为第一管辖法院。

十二、本协议自签订之日起______年内有效，有效期满另行签订。

十三、本协议一式两份，甲、乙双方各执一份，自签订之日起开始生效。

委托方（甲方）：____________　　被委托方（乙方）：____________

甲方代表签字、盖章：________　　乙方代表签字、盖章：__________

________年____月____日　　________年____月____日

▲软件捆绑合作协议

软件捆绑合作协议

甲方：______________

乙方：______________

为了明确甲、乙双方的权利和义务，依据《合同法》规定，甲、乙双方在平等、自愿、协商一致的基础上，就捆绑销售产品事宜达成如下协议，共同遵守。

一、合作宗旨

甲、乙双方为了最大限度地满足广大消费者的需求，提高双方产品的知名度及竞争力，扩大双方产品的市场占有率，甲、乙双方经友好协商，决定在销售中进行合作。

二、协议概述

1. 乙方提供软件名称为：______________

2. 甲方向乙方支付软件单价：______________

3. 乙方提供的软件包装：______________

4. 甲方向乙方订购数量：______________

5. 交货地点：______________

6. 交货时间：______________

7. 付款方式：______________

三、甲方的权利与义务

1. 甲方保证所购进的乙方的软件只能用于甲方计算机的捆绑销售或免费赠送，而不能单独定价销售，否则，因此而发生的经济纠纷，甲方有责任对乙方造成的经济损失予以赔偿。

2. 甲方保证未经过乙方同意不得对本软件产品进行任何内容或形式的修改。

3. 甲方有权在产品制作、宣传过程中使用乙方上述软件产品的商标、名称或其他相关文字、图形及标志。

4. 甲方有义务在发现有人侵犯了乙方软件时进行阻止，并有义务向乙方提供第三方侵犯乙方版权的证据。

5. 甲方有义务在与乙方软件有关的文件、通知、产品包装或宣传材料中声明本软件开发单位及版权拥有者为乙方。

四、乙方的权利与义务

1. 乙方保证甲方所购乙方的软件具有合法版权，并有责任出示一切相关的证明材料给甲方，如发生版权及相关事宜等纠纷，乙方负全部责任，并对甲方因此而受到的损失予以赔偿。

2. 乙方在收到甲方的产品后，应立即进行产品性能测试或调试，如发现质量问题，乙方可在15天内提出退货要求。

3. 正常情况（质量无问题），乙方对甲方订购的产品不承担退货、调货、换版本升级的义务。

4. 乙方负责上述软件最终用户的产品售后服务。

五、违约责任

1. 甲方根据自己的实际销售能力向乙方下订单，订单一旦确定，将具有法律效力，如果甲方超过订单中双方约定的最后付款期限仍不履行支付余款义务，视为甲方违约，乙方有权扣除相应的定金款。

2. 乙方如果未能按期交货（以甲方或其指定供货商的发货日期为准），每逾期一天，乙方向甲方支付未按期交货货款总额的千分之一的违约金。

3. 合同双方应按照本合同规定的条款执行，如果违约将按照《合同法》的有关规定承担经济责任和法律责任。

六、不可抗力

甲、乙双方的任何一方由于不可抗力的原因不能履行合同时，应及时向对方通报不能履行或不能完全履行的理由，在取得有关主管机关证明以后，允许延期履行、部分履行或者不履行合同，并根据情况可部分或全部免予承担违约责任。

七、其他

1. 甲、乙双方均有责任对本协议内容保守秘密，对因协议内容的公开而造成经济和名誉损失的，有责任的一方承担法律责任。

2. 甲方在签订本协议前，应对乙方提供的软件样品作兼容性测试，若不进行测试，则需承担由于可能不兼容所带来的后果。乙方保证所提供的 OEM 产品与此次供测试的产品内容完全一致（包装及载体除外）。

八、遇有本合同未尽事宜，由甲、乙双方通过协商另订补充条款，作为本合同不可分割的组成部分，且与本合同具有同等法律效力。

九、甲、乙双方在履行本合同过程中发生争议，由双方协商解决；协商不成的，按本合同约定的下列方法之一进行解决：

1. 由________仲裁委员会仲裁；

2. 向________人民法院起诉。

十、协议期限：本协议有效期限自________年______月______日起至________年______月______日止，为期________年。

甲　方(盖章)：____________　　乙　方(盖章)：____________

代表人(签字)：____________　　代表人(签字)：____________

电　话：________________　　电　话：________________

签约日期：________年____月____日

签约地点：________________________

▲试用买卖合同

试用买卖合同

甲方（出卖人）：____________

乙方（买受人）：____________

经甲、乙双方协商同意，达成如下协议，共同遵守。

第一条　乙方向甲方购买后列标示机械，于合同成立日起一星期内，由甲方将买卖标的物运到乙方工厂，双方约定，若试用后乙方认为合意，即行成交。

第二条　试用期间以____日为限，自接到机械翌日起算。

第三条　前项试用，如乙方认为不合意，应立即将机械退回，以示买卖不成立。

退回所需运费由乙方负担。

第四条　在试用期间，乙方对机械有自由使用之权，因此而有所损害的，乙方应负赔偿之责。

若其损害系制造欠妥所致或属运输中之损坏的，不在赔偿之列。

第五条　试用期届满，乙方不立刻表示不合意，并将机械退还与甲方，视为试用合格，买卖即应成立。

第六条　买卖价款议定为人民币________元整，于合同成立同时由乙方缴付保证金人民币________元整。

如买卖成立，保证金应冲作价金的一部分；如买卖不成立，由甲方全数返还乙方。

第七条　试用后乙方认为不合格，或需要继续试用时，可以要求甲方调换或延长试用期，甲方若不同意可拒绝。

第八条　试用后如乙方认为合格的，应于试用期终止日起算____日内将货款全部付清，不得拖延。

本合同一式两份，甲、乙双方各执一份为凭。

甲　方(盖章)：____________　　　　乙　方(盖章)：____________

代表人(签字)：____________　　　　代表人(签字)：____________

电　话：__________________　　　　电　话：__________________

签约日期：________年____月____日

签约地点：______________________

▲凭样买卖合同

凭样买卖合同

出卖人：__________（以下简称甲方）
买受人：__________（以下简称乙方）
兹为订购货物，双方议定条件如下：

第一条 乙方向甲方订购____货物，甲方应于____日内交付乙方。

第二条 甲方如不能按期交付或仅能交付一部分，应于____日前通知乙方延缓日期；乙方若不同意，可解除合同。

第三条 如因天灾或其他不可抗力，致使甲方不能按期交货或不能全数交付，可延长交货期，但延缓日数应经双方议定。

第四条 买卖价款议定每件人民币____仟____佰元，共人民币____万____仟____佰元，于甲方交货同时悉数付清。

如乙方不能付清，甲方可停止交货，直至解除合同。

甲方因此所受的损失，由乙方赔偿。

第五条 乙方预知届期不能付款的，可于____日前通知甲方延缓交货日期，倘甲方不同意时，乙方可以解除合同，但如给甲方造成损害，乙方应负赔偿之责。

第六条 甲方所交付货物如与样品不相同时，乙方可要求更换或解除买卖合同，由此给乙方造成的损失，由甲方负责赔偿。

第七条 市场价格如有升降变动，各方不得主张增减货价，或借故解除合同。

本合同一式两份，甲、乙双方各执一份为凭。

甲　方(盖章)：__________
代表人(签字)：__________
电　话：__________

乙　方(盖章)：__________
代表人(签字)：__________
电　话：__________

签约日期：________年____月____日
签约地点：__________

▲家具买卖合同

家具买卖合同

出卖人：__________

合同编号：__________
签订地点：__________

买受人：____________　　　　签订时间：______年______月______日

第一条　家具名称、数量、价款：

家具名称	商标或品牌	规格型号	材质	颜色	生产厂家	数量	单价	金额
合计人民币金额（大写）								

注：空格如不够用，可以另接。

第二条　质量标准：____。

第三条　家具保修期为______个月，在保修期内出现家具质量问题，由出卖人在______天内修理好或更换，修理不好或不能更换的，予以退货。

第四条　定做家具图纸提供办法及要求：____________________。

第五条　交货时间：____。

第六条　交（提）货方式、地点：____________________________。

第七条　运输方式及费用负担：______________________________。

第八条　检验标准、方法及提出异议的期限：__________________。

第九条　付款方式及期限：__________________________________。

第十条　违约责任：____。

第十一条　合同争议的解决方式：本合同在履行过程中发生的争议，由双方当事人协商解决；也可由当地有关部门调解；协商或调解不成的，按下列第______种方式解决：

（1）提交__________仲裁委员会仲裁；

（2）依法向__________人民法院起诉。

第十二条　其他约定事项：__________________________________。

买受人：____________（章）	出卖人：____________（章）
法定代表人：________	法定代表人：________
委托代理人：________	委托代理人：________
地　址：____________	地　址：____________
开户银行：__________	开户银行：__________
账　号：____________	账　号：____________
电　话：____________	电　话：____________

▲汽车买卖合同

汽车买卖合同

出卖人：______________ 合同编号：______________

签订地点：______________

买受人：______________ 签订时间：______年______月______日

一、汽车型号及金额：

汽车品牌	型号	发动机号	合格证号	车牌号	海关单号	商检单号	颜色	价格	备注

二、交车地点、方式：

交车地点：____

交车时间：____

付款方式：____

付款时间：____

三、质量、维修：

1. 出卖人向买受人出售的汽车，其质量必须符合国家颁布的汽车质量标准。

2. 出卖人向买受人出售的汽车，必须是在《全国汽车、民用改装车和摩托车生产企业及产品目录》上备案的产品或经过交通管理部门认可的汽车。

3. 出卖人向买受人出售汽车时要真实、准确地介绍所销售车辆的基本情况。

4. 出卖人在买受人购买车辆时必须向买受人提供：

(1) 销售发票；

(2)（国产车）车辆合格证、（进口车）海关证明和商品检验单；

(3) 保修卡或保修手册；

(4) 说明书；

(5) 随车工具及备胎。

以上 (3)、(4)、(5) 项如没有，售前应说明。

5. 买受人在购买车时应认真检查出卖人所提供的车辆证件、手续是否齐全。

6. 买受人在购车时应对所购车辆的功能及外观进行认真检查、确认。

7. 汽车在购买后，如发现属于生产厂家的质量问题，可由出卖人协助买受人与生产厂家的维修站联系、解决。

8. 如属于在汽车售出前流通过程中出现的质量问题，出卖人未向买受人明示的，依法承担责任。

9. 如买受人使用、保管或保养不当造成的问题，由买受人自行负责。

四、违约责任（双方协商）：________________________________。

五、合同争议的解决方式：

因本合同引起的或与本合同有关的任何争议，由双方当事人协商解决；也可向有关部门申请调解；协商或调解不成的，按下列第________种方式解决：

1. 提交仲裁委员会仲裁；

2. 依法向人民法院起诉。

六、本合同一式三份，双方各执一份，汽车交易市场主办单位留存一份（市场留存期一年）。

七、本合同经买卖双方签字盖章后生效。

买受人姓名（章）：________　　出卖人姓名（章）：________

地　址：________________　　地　址：________________

电　话：________________　　电　话：________________

▲旧机动车买卖合同

北京市旧机动车买卖合同

合同编号：__________

提示：本合同适用于在我市行政区域内进行的旧机动车买卖交易。签订合同前，当事人请仔细阅读合同各项条款，并根据自身情况如实填写。

第一条　卖方依法出卖具备以下条件的旧机动车

车主名称：________；车牌号码：________；厂牌型号：________；养路费缴付有效期至________；初次登记日期：________；行驶公里数：________。

车辆使用性质：□客运、□货运、□出租、□租赁、□非营运、□其他。

车辆状况：____________。

第二条　车辆成交价格及交验车车辆成交价格为（不含税费）______元，大写：________元；车辆过户、转籍过程中发生的税、费负担方式为□买方负责、□卖方负责、□______。

买方应于________年______月______日在________（地点）同卖方当面验收车辆及审验相关文件，并自验收、审验无误起______日内向卖方支付车价款。

卖方应在收到车价款后向买方交付车辆及相关文件，并在______日内协助买方办理完车辆过户、转籍手续。（双方约定分期付款的，可就付款时间及车辆交付等问题在第六条中约定。）

相关文件包括：机动车行驶证、机动车登记证书、车辆购置税证明、税讫证明、车辆年检证明、养路费缴付凭证、________________。

第三条　双方权利义务

1. 卖方应保证对出卖车辆享有所有权或处置权，且该车符合相关规定能够依法办理过户、转籍手续。

2. 卖方应保证向买方提供的相关文件真实、有效及其对车辆状况的陈述完整、真实，不存在隐瞒或虚假成分。

3. 买方应按约定时间、地点与卖方当面验收车辆及审验相关文件，并按约定支付车价款。

4. 卖方收取车价款后，应开具合法、有效的收款凭证。

5. 车辆交付后办理过户、转籍过程中，因车辆使用发生的问题由______负责。

第四条　违约责任

1. 第三人对车辆有主张权利并有确实证据的，卖方应承担由此给买方造成的一切损失。

2. 买方未按约定支付车价款的，应每日按未交车价款______%的标准支付违约金。

3. 卖方未按约定交付车辆及相关文件的，应每日按车价款______%的标准支付违约金。

4. 因卖方原因致使车辆在规定期限内不能办理过户、转籍手续的，买方有权要求卖方返还车价款并承担一切损失；因买方原因致使车辆在规定期限内不能办理过户、转籍手续的，卖方有权要求买方返还车辆并承担一切损失。

第五条　合同争议的解决办法

本合同项下发生的争议，由双方当事人协商或申请调解解决；协商或调解不成的，依法向______人民法院起诉，或按另行达成的仲裁条款或仲裁协议提起仲裁。

第六条　其他约定事项：________________。

本合同一式三份，买方一份，卖方一份，备案部门一份。本合同在双方签字盖章后生效。

买方（章）：________________
住　　所：________________
电　　话：________________
证照号码：________________
委托代理人：________________
电　　话：________________

卖方（章）：________________
住　　所：________________
电　　话：________________
证照号码：________________
委托代理人：________________
电　　话：________________

签订时间：________年____月____日
签订地点：____________________

第三章　租赁、融资租赁合同协议范本

▲企业租赁经营合同书

____________公司租赁经营合同书

甲方：____________公司（出租单位）

乙方：____________（承租人）

经甲、乙双方协商同意，达成如下协议，共同遵守。

一、甲方同意乙方的要求，将原______五金门市部租给乙方经营使用。

二、原______五金门市部共有固定资产______元，其中房屋建筑面积100平方米，经营面积65平方米，货架11个，柜台20节，保险柜1个，办公用具若干。乙方每月按固定资产总额4%的比例向甲方缴纳固定资产占用费。乙方每月向甲方缴纳占用国家流动资金使用费______元。

三、原______五金门市部属微利企业，近五年来平均月赢利额千元左右，经乙方充分考虑，同意每月向甲方上缴实现利润的10%作为统筹基金，每月一般不低于____元。

四、本租赁合同有效期为两年，自________年6月1日起至________年6月1日止。

五、合同履行期间，甲方对乙方的经营方向进行监督，负责对乙方的业务指导，组织乙方参加各种政治活动，保障乙方在不违反国家政策和规定的前提下自主经营，赢利除足数缴纳租金外自主使用。乙方要及时向甲方汇报业务经营情况，按月足数向甲方缴纳租金，未能按月缴纳时，按应缴金额每日罚____%的滞纳金。

六、乙方在租赁经营期间，身份不变，各种政治待遇不变，拥有自主经营的权利。

七、乙方向甲方缴纳的租金总额为____元。每月前五天内向公司财务科缴纳，一般缴纳转账支票，如没有在银行另立账户，也可以缴纳现金。

八、违约责任。（略）

九、如遇纠纷，将纠纷交被租赁企业所在地法院受理审判解决。

十、本合同正本三份，甲乙及鉴证机关各一份，副本五份，甲方三份，乙方两份，分别交有关部门备查。从双方签字之日起即时生效，均具有同等法律效力。

甲　方：____________　　　　乙　方：____________

代　表：__________　　　　代　表：__________
电　话：__________　　　　电　话：__________

签约日期：______年____月____日

▲财产租赁协议

财产租赁协议

甲方（出租人）：______________
乙方（承租人）：______________

经甲、乙双方协商同意，达成如下协议，共同遵守。

第一条　租赁财产及附件的名称、数量、质量与用途。

第二条　租赁期限

租赁期共______年零____月，出租人从______年____月____日起将交付承租人使用，至____月____日收回。

第三条　租金和租金的缴纳期限________________________________。

第四条　租赁期间租赁财产的维修保养____________________________。

第五条　出租人与承租人变更。

1. 在租赁期间，出租人如将出租财产所有权转移给第三方，不必征求承租人同意，但应告知承租人所有权转移情况。所有权转移后，出租财产所有权取得方即成为本合同的当然出租人，享有原出租人享有的权利，承担原出租人承担的义务。

2. 承租人如因工作需要，将租用财产转让给第三方承租使用，必须事先征得出租人的同意。

第六条　违约责任：____
____。

第七条　争议的解决方式：____
____。

第八条　其他约定事项：____
____。

第九条　本协议在规定的租赁期届满前____日内，双方如愿意延长租赁期，应重新签订合同。

第十条　本协议未尽事宜，一律按《中华人民共和国合同法》的有关规定，经协议双方共同协商，作出补充规定，补充规定与本协议具有同等效力。

第十一条　在本协议的履行过程中发生的争议，由双方协商解决；协商不成的，按本合同约定的下列方法之一进行解决：

1. 由______仲裁委员会仲裁；

2. 向________人民法院起诉。

本协议一式____份，甲、乙双方各执____份；协议副本____份，送____备案。

鉴（公）证意见： 经办人：鉴（公）证机关（章） 年　月　日 注：除国家另有规定外，鉴（公）证实行自愿原则。

有效期限：____年____月____日

至____年____月____日

甲　方：____________　　乙　方：____________

代　表：____________　　代　表：____________

电　话：____________　　电　话：____________

签约日期：________年____月____日

签约地点：______________________

▲设备租赁协议

设备租赁协议

甲方（出租方）：____________

乙方（承租方）：____________

经甲、乙双方协商同意，达成如下协议，共同遵守。

一、甲方根据乙方上级批准的项目和乙方自行选定的设备和技术质量标准，向________购进以下设备租给乙方使用。

1. ____。
2. ____。
3. ____。
4. ____。

二、甲方根据与生产厂（商）签订的设备订货合同规定，于____年__季交货。由供货单位直接发运给乙方。乙方直接到供货单位自提自运。乙方收货后应立即向甲方开回设备收据。

三、设备的验收、安装、调试、使用、保养、维修管理等，均由乙方自行负责。设备的质量问题由生产厂负责，并在订货合同中予以说明。

四、设备在租赁期间的所有权属于甲方。乙方收货后，应以甲方名义向当地保险公司投保综合险，保险费由乙方负责。乙方应将投保合同交甲方作为本合同附件。

五、在租赁期内，乙方享有设备的使用权，但不得转让或作为财产抵押，未经甲方同意亦不得在设备上增加或拆除任何部件和迁移安装地点。甲方有权检查设备的使用和完好情况，乙方应提供一切方便。

六、设备租赁期限为____年，租期从供货厂向甲方托收货款时算起，租金总额为人民币____元（包括手续费____%），分____期交付，每期租赁金____元，由甲方在每期期末按期向乙方托收，如乙方不能按期承付租金，甲方则按逾期租金总额每天加收万分之三的罚金。

七、本协议一经签订不能撤销。如乙方提前交清租金，结束合同，甲方给予退还一部分利息的优惠。

八、本协议期满，甲方同意按人民币____元的优惠价格将设备所有权转让给乙方。

九、乙方上级单位____________同意作为乙方的经济担保人，保证乙方切实履行本协议各条款规定，如乙方在合同期内不能承担合同中规定的经济责任时，担保人应向甲方支付乙方余下的各期租金和其他损失。

十、本协议经双方和乙方担保人盖章后生效。本协议正本两份，甲、乙双方各执一份，副本__份，乙方担保人和乙方开户银行各一份。

甲　方：____________　　乙　方：____________
代　表：____________　　代　表：____________
电　话：____________　　电　话：____________

签约日期：________年____月____日
签约地点：______________________

▲柜台租赁协议

柜台租赁协议

甲方（出租人）：____________
乙方（承租人）：____________

经甲、乙双方协商同意，达成如下协议，共同遵守。

第一条　出租人将以下柜台出租给承租人使用，承租人按约定从事经营活动。

序　号	名　称	位　置	质　量	柜台长度	占用面积（不含柜台）	用途	配套设施

注：空格如不够用，可以另接。

第二条　租赁期限：从____年____月____日起出租人将柜台交付承租人使用，到____年____月____日收回。

第三条　租金及交付的时间、方式。

租金每月（大写）________________元

租金____个月交一次，第一次租金于合同生效后____天内交给出租人，第二次租金于________交清，以后交付方式依此类推。

第四条　租赁柜台的用途是：____。

第五条　租赁柜台的维修。

由出租人维修的，出租人在接到承租人通知后________日内维修好。如出租人未尽维修义务，承租人可自行维修，维修费用由出租人负担。

第六条　出租人（是/否）允许承租人对柜台进行改善或增设他物。合同期满，柜台的改善或增设他物的处理是：____。

第七条　出租人（是/否）允许承租人转租租赁柜台。出租人同意转租的，转租合同终止期不得超过原租赁合同期限，因第三人造成损失的，承租人应当赔偿损失。

第八条　合同解除的条件：____。

第九条　违约责任：____。

第十条　合同争议的解决方式：本协议在履行过程中发生的争议，由双方当事人协商解决；也可由当地工商行政管理部门调解。协商或调解不成的，按下列第________种方式解决：

1. 提交________仲裁委员会仲裁；

2. 依法向人民法院起诉。

第十一条　其他约定事项：____。

甲　方：____________　　乙　方：____________

代　表：____________　　代　表：____________

电　话：____________　　电　话：____________

签约日期：________年____月____日

签约地点：______________________

▲土地使用权租赁协议

土地使用权租赁协议

甲方：____________集团公司

乙方：____________股份有限公司（等）

经甲、乙双方协商同意，达成如下协议，共同遵守。

一、甲方是具有中国法人地位的国有企业，持有工商行政管理部门颁发的企业法人营业执照，乙方是经有关政府主管部门批准，由甲方作为独家发起人拟定设立的股份有限公司；

二、甲方已以出让方式取得本协议所列的各宗土地的使用权，土地使用期限为________年；

三、乙方在正式设立后将使用本协议附件所列的各宗土地和有关房屋。经双方协商，甲方同意向乙方出租上述的各宗土地使用权，乙方同意向甲方承租该等土地使用权。

为明确甲、乙双方的权利和义务，保护双方的合法权益，根据有关法律、法规的规定，甲、乙双方当事人本着平等、自愿、等价有偿的原则，订立本土地使用权租赁协议。

1. 租赁范围

（1）甲方向乙方出租的土地共________宗，总面积为____平方米。甲方租给乙方的土地的使用证号、宗地位置、宗地面积、批准用途等内容以附件表格形式列出（详见本协议附件）。

（2）地下资源、埋藏物和市政公用设施均不属于本协议租赁范围。

2. 租赁期限

本协议项下的土地使用权租赁期限为________年，自乙方正式设立之日起计算。

3. 租金标准

（1）乙方每年应向甲方支付租金总额为____元。

（2）本协议项下各宗土地租金标准详见附件。该租金标准是依据________省地产咨询评估中心《土地评估报告》确定的。

（3）租赁期间，如遇有国家政策调整，则租金应作相应调整。

4. 土地用途

本协议项下的各宗土地应用于股份公司生产经营，即必须作与其生产经营活动相配套或相关的用途使用（租赁土地被批准的用途见附件）。

5. 甲方的权利、义务

（1）甲方的权利

①甲方有权按本协议约定向乙方收取相关的租金。

②在租赁期间，甲方有权对各宗土地的开发、利用情况进行检查、监督。

（2）甲方的义务

①甲方有义务按本协议的约定向乙方移交租赁物并进行查验。

②甲方有义务协助乙方办理相关手续。

③在租赁期间，甲方不得随意收回土地使用权。

6. 乙方的权利、义务

（1）乙方的权利

①乙方有权按本协议的约定要求甲方移交租赁物并进行查验。

②乙方有权利在本协议约定的范围、时间内使用附件所列各宗土地。

③乙方有权要求甲方协助办理相关手续。

（2）乙方的义务

①乙方有义务按照本协议约定的时间、方式和数量向甲方支付租金。

②乙方有义务按照本协议约定的范围使用土地。乙方如果需要改变土地用途的，应事先征得甲方同意并由甲方按有关规定报批后，重新订立合同。

③乙方未经甲方的同意，不得将本协议项下的各宗土地转租或许可任何第三人使用。

7. 甲方的承诺

（1）甲方保证在本协议存续期间合法拥有该宗土地的使用权，并有权出租该等土地使用权。

（2）甲方同时保证该等土地使用权没有进行任何抵押。

（3）如果因该等土地使用权存在异议，致使乙方在本协议项下的权利无法实现或者遭到其他损失，甲方应给予赔偿，而乙方此时有权解除本协议。

8. 声明

（1）本协议存续期间，甲方不得随意收回具土地使用权；但在特殊情况下，根据社会公共利益的需要，甲方可以依照法定程序提前收回某宗土地使用权，但应按有关规定及乙方开发利用土地的实际情况给予乙方相应的补偿。

（2）本协议项下的某宗土地使用权租赁关系的终止，不影响其他宗土地的租赁关系。

9. 续租

（1）租赁期限届满后，在同等条件下，乙方享有优先承租权。

（2）乙方如需继续使用各宗土地，应在各宗土地租赁期满前 6 个月向甲方提出续租申请，双方应重新签订租赁合同。

10. 租金的支付

（1）本协议项下的土地使用权租金在依本协议第 3 条确定后，乙方应于每年 12 月 31 日将租金划入甲方指定的账户上。

（2）有关土地的土地使用税、费等由甲方自行负担。

11. 违约责任

甲、乙双方任何一方不履行本协议项下的任一义务，均构成违约，应承担违约责任，即应向对方赔偿其违约行为造成的一切直接的和可预见的损失。若双方均有过错的，按双方各自过错大小来承担违约责任。

12. 本协议的解除

（1）双方均有权解除

①双方同意可以解除本协议。

②因不可抗力，本协议已无法履行或履行已没有意义，双方均有权解除。

（2）甲方有权解除

①乙方未经甲方同意擅自转租、转借本协议项下的土地使用权；

②乙方违反协议规定欠交租金3年以上；

③乙方利用有关土地进行违法活动时。

（3）乙方有权解除

①由于本协议生效以后国家有关立法的变动，乙方须提前解除本协议；

②由于国家产业政策的变更，乙方须提前解除本协议。

13. 争议的解决

（1）甲、乙双方如果因履行和解除本协议而发生争议时，应首先通过友好协商解决。

（2）若双方在30天内未能协商一致的情况下，任何一方均有权向________市中级人民法院提起诉讼。

14. 附则

（1）本协议未尽事宜，可由甲、乙双方订立补充协议，该等补充协议与本协议具有同等法律效力。

（2）本协议附件为本协议不可分割的一部分，与本协议具有同等法律效力。

（3）本协议由双方签字、盖章并依法经有关土地管理部门办理本协议的登记备案手续之日起生效。

（4）本合同一式六份，具有同等法律效力，甲、乙双方各执两份，其他文本报有关部门备案核查。

甲　方：____________　　　　乙　方：____________

代　表：____________　　　　代　表：____________

电　话：____________　　　　电　话：____________

签约日期：________年____月____日

签约地点：______________________

附件：租赁土地基本情况（略）

▲场地租用协议

场地租用协议

甲方（出租方）：________________________

乙方（承租方）：________________________

本着互惠互利、共同发展的原则，经双方协商决定，乙方在规定的时间段内租用的部分场地，用于上____________________课和开____________________会议。

一、乙方租用甲方场地从________年______月______日起至________年______月______日止为期限。

二、在签约后，乙方须付清第一季度的租用费总计人民币____________元。同时，乙方必须在下一季度交清租用费。

三、租金为人民币____________元/月，每季度一付。

四、在租用期内乙方只限作以上用途。一旦接到物业或其他人的投诉通知，甲方有权终止本协议，乙方必须立即退出，甲方除没收剩余租用金外，乙方须赔偿甲方由此造成之损失。

乙方如欲在租用期满后继续租用，必须在租约期满前通知甲方。

五、甲、乙双方不得在租赁期内终止本协议，如任何一方需退租，须向对方支付违约金，违约金额为一个月的租用费。

六、因自然灾害或任何其他不可抗力事件，而导致乙方租赁场地不能使用时，本协议即自动失效。

七、在租用期内，对场内的设施乙方要爱护使用，对人为的损坏，乙方须全额赔偿。如乙方拒不赔偿，甲方有权终止本协议。

八、甲、乙双方都有义务共同管理好场地，合理使用和安排，对外要以良好形象出现，对不适宜的行为都有权加以阻止。

九、双方就本协议未尽事宜，由双方协商解决，经协商不能解决的，按合同法办。

十、本协议经甲、乙双方签字后生效。协议生效后，甲、乙双方应严格履行。

甲　方（盖章）：____________　　　　乙　方（盖章）：____________

代表人（签字）：____________　　　　代表人（签字）：____________

电　话：___________________　　　　电　话：___________________

签约日期：________年____月____日

签约地点：______________________

▲停车场租用协议

停车场租用协议

甲方：____________房地产开发公司

乙方：____________搬屋公司

经甲、乙双方协商同意，达成如下协议，共同遵守。

第一条　租借方向出租方租借停车用地为3000平方米，地点：____________。

第二条　交租方式由银行办理转账入户，账户为____________

第三条　出租金额应按月计算，而每月3号定为交租日期，租金为每月5万元人民币，交租期限不得超过每月的12号。

第四条　租借方逾期付款，应按每日1‰的利息计算。

第五条　乙方对其车辆自己行使保管责任。

第六条　乙方除了停放其车队的车辆外，还有权对外经营车辆保管业务。

第七条　乙方自行办理消防、公安、工商、税务等一切相关的法律手续。

第八条　乙方延迟两个月未交清租金，合同自动解除，甲方收回场地。

第九条　水电费由乙方自理。

第十条　租借方对该土地仅作停车用地使用，并没有出售权，在使用期间不得擅自改变土地用途。

出租方不得在租借途中擅自改变土地使用或违约，否则要赔偿租借方的一切经济损失。

本合同在履行过程中发生争议，由双方当事人协商解决，协商不成的，按下述第____种方式解决。

1. 提交仲裁委员会仲裁；
2. 依法向人民法院起诉。

第十一条　本合同未尽事项，可由双方约定后签订补充协议。

第十二条　合同附件与本合同具有同等法律效力，本合同及其附件内，空格部分填写的文字与印刷文字具有同等效力。

第十三条　本合同连同附件共____页，一式____份，具有同等法律效力。合同持有情况如下：

出租方、租借方各持一份。

第十四条　本合同自双方签字之日起生效。

甲　方：____________	乙　方：____________
代　表：____________	代　表：____________
电　话：____________	电　话：____________

签约日期：________年____月____日

签约地点：________________________

▲广告牌租用协议

广告牌租用协议

甲方（出租方）：____________

乙方（承租方）：____________

经甲、乙双方协商同意，就租用______广告牌一事，达成如下协议，共同遵守。

一、广告牌要求

甲方将位于____路边的______个广告牌，每个规格为______，面积为______平方米，提供给乙方作为其经营范围的商品宣传之用，有关广告内容的责任全由乙方自负。

二、广告牌租用期限

广告牌租赁期限为1年（从____年____月____日起至____年____月____日止）。乙方缴纳广告牌射灯的电费。向工商、税务部门申报安装广告事宜由甲方代办，但因此而发生的费用，则由乙方自行承担。

三、乙方所发布的广告内容必须符合如下要求

1. 所发布的广告内容必须与____产品相关。

2. 广告内容及画面必须与工商登记内容、画面一致，不能违反国家政令法规。

3. 乙方必须在签订本合同即日起______（____年____月____日前）将广告画安装完毕。若乙方不能按时上广告画，甲方则有权立即将广告牌收回，另行安排，乙方不得有任何异议。

四、广告画的设计、制作、安装

1. 广告画统一使用喷画形式设计、制作、安装，均由乙方负责，由此发生的费用亦全由乙方自负。

2. 在安装广告画前，乙方必须将要制作的广告画样本交付甲方审核，经甲方书面同意后，方可制作安装。否则，由此造成的一切后果由乙方自负。

五、其他规定

1. 广告发布后，若乙方要求修改广告画的规格、内容、版面等，须以书面形式通知甲方。经甲方同意后，才能重新确定修改，由此造成的设计、制作、安装费用均全由乙方自负。

2. 因政府行为、场地拆迁或不可抗力因素从而导致广告终止发布，本协议立即终止，双方不负任何违约责任，甲方已收费用不退还。

3. 在同等的条件下，乙方有优先承租原广告牌位置的权利。

本合同一式两份，甲、乙双方各执一份，从双方签字日起即时生效，均具有同等法律效力。

甲　方：____________　　　　乙　方：____________
代　表：____________　　　　代　表：____________
电　话：____________　　　　电　话：____________

签约日期：________年____月____日
签约地点：______________________

▲路牌广告设置合同

路牌广告设置合同

甲方：____________
乙方：____________

经甲、乙双方协商同意，现就乙方在______路________物业大楼两侧安装广告牌一事，达成如下协议，共同遵守。

一、甲方同意乙方在________物业大楼两侧各安装广告牌 1 个，广告牌板面为长____米，宽____米，合计为____平方米。

二、乙方必须按双方商定的尺寸位置为准进行广告牌安装。广告牌及其内容要符合《广告法》的规定。

三、因特殊情况需要拆除乙方安装的广告牌的，乙方应按甲方规定的时间，无条件自行拆迁完毕，拆迁的一切费用由乙方负责。

四、乙方在本物业大楼两侧安装广告牌时间定为一年，即从________年____月____日起至________年____月____日止。

五、甲方收取乙方占用费，人民币______元整。

六、本协议一式两份，甲、乙双方各持一份。自签字之日起即时生效，均具有同等法律效力。

甲　方：____________　　　　乙　方：____________
代　表：____________　　　　代　表：____________
电　话：____________　　　　电　话：____________

签约日期：________年____月____日
签约地点：______________________

▲媒体广告发布协议

媒体广告发布协议

甲方（广告客户或代理单位）：____________

乙方（广告发布单位名称）：____________

经甲、乙双方协商同意，现就媒体广告发布事宜，达成如下协议，共同遵守。

一、甲方委托乙方于____年____月____日至____年____月____日期间发布____广告。

二、广告发布媒介：____________________。

三、单位广告规格：____________________。

四、广告采用样稿（样带），乙方未经甲方同意，不得改动广告样稿（样带）。

五、乙方有权审查广告内容和表现形式，对不符合法律、法规的广告内容和表现形式，可要求甲方作出修改，乙方在甲方作出修改前，有权拒绝发布。

六、广告样稿（样带）为合同附件，与本合同一并保存。

七、广告单价______元，其他费用______元，扣除优惠______元，扣除代理费______元，播出（刊登）次数______，总计______元。

八、甲方应在____年____月____日前将广告发布费付给乙方。

九、违约责任：____________________。

十、甲、乙双方在履行本合同过程中发生争议，由双方协商解决；协商不成的，按本合同约定的下列方法之一进行解决：

1. 由____仲裁委员会仲裁；

2. 向____人民法院起诉。

十一、其他。

十二、广告的编排方式和发布时间表。（略）

十三、本合同一式两份，经甲、乙双方代表签字后生效。

甲　方：____________　　乙　方：____________

代　表：____________　　代　表：____________

电　话：____________　　电　话：____________

签约日期：________年____月____日

签约地点：______________________

▲广告板设置协议

广告板设置协议

甲方（广告业者）：____________

乙方（设置场所提供者）：____________

经甲、乙双方协商同意，现就________大厦屋顶设置广告看板事宜，达成如下协议，共同遵守。

一、设置地点规定于乙方大厦屋顶南侧，面积______平方米。

广告看板须根据本协议所附图面设计的尺寸设置，其重量及结构须以不影响本大厦的安全为原则。

二、甲方须在广告板设置完毕后第2日内一次性支付乙方广告板设置费____元整。

三、有关广告看板的设置、维护、管理、拆除及拆除后大厦设置部分的原状恢复等，一切费用与责任由甲方负担。

四、若甲方支付设置费逾期或未善尽管理、维护之责时，乙方得催告甲方解除本协议，请求撤除广告看板。

五、甲方应尽拆除广告看板的义务，若于指定期限内未能完全拆除，乙方可要求甲方支付每日______元整的损害赔偿，直至拆除完毕之日为止。乙方亦得代甲方拆除广告看板，并要求甲方支付一切拆除费用。

六、本协议有效期间自________年____月____日起至________年____月____日止，为期____年。本协议一式两份，甲、乙双方当事人各执一份为凭。自双方签字之日起即时生效，均具有同等法律效力。

甲　方：____________　　乙　方：____________

代　表：____________　　代　表：____________

电　话：____________　　电　话：____________

签约日期：________年____月____日

签约地点：______________________

▲融资租赁合同

融资租赁合同

甲方（出租人）：____________

乙方（承租人）：____________

经甲、乙双方协商同意，达成如下协议，共同遵守。

一、甲方同意租出，乙方同意租进附件所列的设备；该附件是本合同不可分割的部分。

二、租期为两年，从乙方验收设备之日起算。

三、总租金________万元，从乙方接收所租设备之日开始计租。在租赁期间，月租金为______万元，应于每月____日前汇入________银行的甲方账户。

在租赁期间，任何一方不得要求加租或减租。如果乙方不准时交租，则应向甲方交付比该行长期贷款利率多____%的利息作为处罚。

签约后一个月内承租人应向甲方提交________银行出具的保函，担保乙方按合同规定交租金。

四、甲方必须按____________条件在附件规定的时间内把所租设备运交乙方。

五、甲方应于装船后把合同号码、品名规格、件数、毛重、净重、发票总值、载货船名、预计到达时间和目的地以电传通知乙方，以便提货。同时还要向乙方邮寄下列单据：

1. 提单正本两份；

2. 发票四份；

3. 装箱单四份；

4. 出租人的厂家出具的关于所租设备的品质、数量检验证一份。

六、到目的地后，乙方要委托当地检验机构检验所租货物，如品质、规格、数量等与合同规定不符，乙方有权在货到______天内凭该检验机构的检验证书向甲方提出索赔；或者要求甲方自费及时更换不合格的零件或机器。

七、在租赁期间，甲方必须办理必要的保险；保险应包括第三者责任险，以使在事故中遭受损失和伤亡的其他有关方也可受益。

八、在租赁期间，甲方应免费提供租后服务，包括所租设备的安装、运转、修理和保养。乙方必须妥善爱护所租设备，保持经久耐用。如果由于乙方人员的错误操作造成设备损坏，修理费应由乙方承担。

九、甲方应按优惠价格向乙方提供原料、燃料和部件。

十、在设备到达厂房一个月内，甲方要派出两名技术员到____________工厂指导所租设备的安装，然后培训乙方的技术员和工人，使他们掌握有关操作、修理和保养所租设备的技术。在这种情况下，乙方同意付给每人月薪人民币______元；其他一切费用则由甲方承担。

十一、为达到第十条所述的目的，有关安装、调试、检查、修理、操作和保养的技术资料应由甲方免费提供乙方。

十二、甲方的技术人员每季至少要对所租设备检验一次，以确保设备正常开动。乙方则要给予他们必要的协助。

十三、如果乙方涉及第三者的专利纠纷，甲方应对其后果负责。

十四、没有甲方书面同意，乙方不得将设备转租给第三方。

十五、当合同期满时，乙方可作以下不同的选择：

——继续再租两年；

——改签融资租赁合同，租用更长的时间；

——按照双方同意的优惠价格直接购买设备。

十六、如果一方受到不可抗力的阻挡而不能履行合同义务，执行合同的时限应作相应的延长。

十七、如果一方严重违反合同的任一条款并在______天内未作纠正时，另一方可提前______天向违约方提交书面通知而终止本合同。违约的一方应对有权终止合同的一方所受的经济损失负责赔偿。

十八、甲、乙双方在履行本合同过程中发生争议，由双方协商解决；协商不成的，按本合同约定的下列方法之一进行解决：

1. 由________仲裁委员会仲裁；

2. 向________人民法院起诉。

甲　方：____________	乙　方：____________
代　表：____________	代　表：____________
电　话：____________	电　话：____________

签约日期：________年____月____日

签约地点：______________________

▲网站空间租用协议

网站空间租用协议

甲方：________________________公司

乙方：____________________网络公司

经甲、乙双方协商一致，就甲方租用乙方网站事宜，达成如下协议，共同遵守。

一、租用内容

1. 甲方可任意挑选一套模板作为客户的网站模板，以后也可以随意更换。

2. 甲方租用网站空间的大小自行决定，价格参照价格表。

3. 甲方租用网站空间后如需乙方代为制作，应另行交费，价格参照价格表。

4. 乙方提供的是一套先进的建站系统，甲方如会打字就可自行维护。不需要请专业人员维护网站。也可由乙方代为维护，价格参照价格表。

二、网站价格

支付人民币______元/年（大写：______元），网站空间______兆，国际域名______个，国内域名______个，企业邮箱______兆。

三、租用时间

自______年______月______日起至______年______月______日。

四、双方的权利和义务

1. 甲方先付租金后使用；为防止到期后网站无法访问，甲方至少应提前支付下一期的租金。

2. 如果乙方利用本协议服务空间进行的经营、活动须获得国家有关部门的认可或批准的，乙方应获得有关的认可或批准。但甲方没有义务审查乙方是否具有该认可或批准，出现相关问题也由乙方自行解决或者承担相关责任，与甲方无关。

3. 乙方提供系统安装调试服务，保障甲方网站的正常运行。

4. 甲方对服务器进行日常维护监控，以保证乙方信息服务器空间的正常运行，由于硬件故障，甲方应提供备用服务器，保障乙方站点的正常运行 。

5. 乙方应做好网站数据备份。如因服务器原因导致网站文件损坏，甲方提出后，乙方在24小时内进行系统文件恢复；如因备份原因导致部分时段的数据无法恢复，乙方以减免相应时段租金的方式进行赔偿。

6. 如乙方对系统进行了升级，同时对甲方的网站进行同步升级。

7. 乙方应注重对甲方客户资料的保密工作。不得以任何形式将客户资料提供给他人。

8. 如因不可抗力导致服务器无法访问，乙方不承担任何责任。

五、法律效力

1. 本合同条款与法律、法规、规章政策有抵触的，按国家现行的法律、法规、规章政策执行。

2. 本协议经甲、乙双方签字后生效。协议生效后，甲、乙双方应严格履行。

3. 遇有本合同未尽事宜，由甲、乙双方通过协商另订补充条款，作为本合同不可分割的组成部分，且与本合同具有同等效力。

4. 甲、乙双方在履行本合同过程中发生争议，由双方协商解决；协商不成的，按本合同约定的下列方法之一进行解决：

（1）由________仲裁委员会仲裁；

（2）向________人民法院起诉。

5. 本协议一式两份，甲、乙双方各执一份。自签字之日起即时生效，均具有同等法律效力。

6. 本协议有效期限自______年____月____日起至______年____月____日止，为期______年。

7. 合同期限届满，双方不再续约的，本合同自然终止。

甲　方（盖章）：______________

代表人（签字）：______________

电　话：______________________

乙　方（盖章）：______________

代表人（签字）：______________

电　话：______________________

签约日期：________年____月____日

签约地点：________________________

▲视频会议系统租用协议

视频会议系统租用协议

甲方：____________________

乙方：____________________公司

一、服务项目

1. 详细技术说明见技术说明书。

2. 系统注册人数不限。

3. 系统同时在线人数。

4. 会议自助管理。供甲方自己配置会议室类型、数量、会议时间长度，用户的增删改。

5. 系统提供功能，见技术说明书。

二、甲方的权利和义务

1. 甲方必须遵守《计算机信息网络安全保护管理办法》、《计算机信息网络国际联网管理暂行规定》、《计算机信息系统安全保护条例》、《电信条例》、《互联网信息服务管理办法》和国家其他有关法律、法规、条例，不得做任何违法经营活动。甲方对其经营行为和发布的信息违反上述规定而引起的任何政治责任、法律责任和给乙方造成的经济损失承担全部责任。

2. 甲方按协议的约定向乙方支付各项费用。

3. 甲方应按约定的方式使用相关服务，乙方不承担因甲方使用或管理不当造成服务不能有效获得的后果。

4. 甲方为其对服务的使用方式负责，包括但不限于：

（1）遵守中国有关法律、法规和行政规章；

（2）不侵犯他人知识产权，商业秘密；

（3）不侵犯他人合法权益和违背社会公共道德；

（4）甲方须提供及时、有效的联系人及联络信息，由于甲方的疏忽造成甲方所提供的指定联系人的联络信息已经过时、不准确或因甲方通信设施原因造成联系不到的，乙方不承担违约责任；

（5）甲方应依本合同的约定支付价款，按时为虚拟空间交费，乙方不负有提前通知的义务。甲方迟付款项超过一个月的，乙方有权删除其网站，甲方承担由此产生的全部法律责任和一切经济损失。

三、乙方的权利和义务

1. 乙方应依本协议规定向甲方提供视频会议服务。

2. 自计费起始日起，如因非甲方原因（不可抗力事件除外）造成甲方网络不连通或电力中断，未能获得本协议项下所述服务，并符合协议中所述条件的，乙方至多以免收相应月份的服务费作为对甲方损失的赔偿。

3. 本协议所确定的服务以订购单中选定的服务为准。

四、网络安全

1. 各方应遵守国家关于网络安全的各项管理规定。

2. 一方为保护己方网络安全之目的，当有合理理由相信己方网络将要或正在受到来自对方或其他网络的安全威胁时应及时通知对方，并有权切断己方网络与对方网络的连接。

3. 甲方应对乙方视频服务器的 IP 地址进行严格管理，保证 IP 地址的合理、合法使用，各方有权采取合理措施制止如下邮件的发送、扩散：

（1）未经接收者许可的电子邮件广告、刊物或其他资料；

（2）没有明确的发信人、回信地址等发信方信息的邮件；

（3）违反其他 ISP 安全策略或服务条款的邮件。

五、付款方式

1. 甲方于提出设置申请之日，一次性支付一个计费周期的费用。

2. 服务期开始当月的服务费自计费起始日起按当月应接受服务的天数计，于计费起始日支付。

3. 若甲方未按约付费，每迟付一天，乙方有权按应交费用的______%收取滞纳金。甲方迟延付费，乙方有权中止对甲方的部分或全部服务，待甲方补交欠费及滞纳金后，再行恢复服务。

六、不可抗力

由于地震、台风、战争、罢工、政府行为、非因各方原因发生的火灾、基础电信网络造成的及其他各方不能预见并且对其发生和后果不能防止并避免的不可抗力原因，致使任何一方不能履行其在本协议项下的义务，该方不承担由此给他方造成的损失；该方应及时通知他方不可抗力发生的情况，各方按不可抗力对本协议的影响程度，协商是否终止本协议，免除或部分免除本协议的义务。

七、争议解决

甲、乙双方在履行本合同过程中发生争议，由双方协商解决；协商不成的，或由________仲裁委员会仲裁，或向________人民法院起诉。

八、其他

1. 本合同可有不同语言文本，中文版本优先。

2. 遇有本合同未尽事宜，由甲、乙双方通过协商另订补充条款，作为本合同不可分割的组成部分，且与本合同具有同等效力。

3. 本协议文本及各项附件，及各方不时发生的对本协议的补充文件均为本协议的组成部分。

4. 本协议经甲、乙双方签字后生效。协议生效后，甲、乙双方应严格履行。

甲　方（盖章）：____________　　　　乙　方（盖章）：____________

代表人（签字）：____________　　　　代表人（签字）：____________

电　话：________________　　　　电　话：________________

签约日期：________年____月____日
签约地点：____________________

▲门面商铺租赁合同

门面商铺租赁合同

甲方（出租方）：______________________
乙方（承租方）：______________________

为了明确甲、乙双方的权利和义务，根据《合同法》及有关规定，双方在平等的基础上，经过协商一致，就甲方愿意将产权属于自己的商铺一套出租给乙方，具体事宜达成如下协议，共同遵守。

一、甲方将位于__________路__________号商铺一套出租给乙方，水、电、暖设施齐全，甲方将防盗门、地砖修好。

二、租金：乙方须一次性付半年房租，每月房租__________元，不包含水、电、暖费用和卫生费用。

三、租赁期限：租期为__________年，自________年______月______日起至________年______月______日止。

四、乙方权利和义务

1. 使用期间不得损坏水池、水表、电表以及屋内设施，否则甲方有权要求赔偿。

2. 不得破坏防盗门及瓷砖、地砖、电话、宽带接入口。

3. 乙方须在房租还剩 1 个月之前交下 6 个月房租，未交就表明已退房，甲方有权收回使用权。

五、甲方的权利和义务

1. 负责对房屋定期安全检查，承担除乙方应负担房屋维修费以外的其他维修费用；因甲方维修责任而延误房屋维修造成他人人身伤亡、财产损失的，应负责赔偿。

2. 租赁期内，甲方须提前解除本合同，应事前征得乙方同意。

3. 租赁期届满须收回出租房屋，应在租赁期届满之日前 3 个月书面通知乙方；如该房屋继续出租，乙方可在同等条件下有优先承租权。

六、本合同于________年________月________日起生效。甲、乙双方不得擅自修改或解除合同。合同执行中如有未尽事宜，须经双方协商，作出补充规定。补充规定与本合同具有同等法律效力。

七、甲、乙双方在履行本合同过程中发生争议，由双方协商解决；协商不成的，按本合同约定的下列方法之一进行解决：

1. 由________仲裁委员会仲裁；

2. 向________人民法院起诉。

八、本协议一式两份，甲、乙双方各执一份。自签字之日起即时生效，均具有同等法律效力。

九、本协议有效期限自________年______月______日起至________年______月______日止，为期________年。

十、合同期限届满，双方不再续约的，本合同自然终止。

甲　方（盖章）：____________　　乙　方（盖章）：____________

代　表（签字）：____________　　代　表（签字）：____________

电　话：___________________　　电　话：___________________

签约日期：________年____月____日

签约地点：______________________

第四章　委托、代理、中介合同协议范本

▲委托合同

委托合同

甲方（委托人）：____________

乙方（受托人）：____________

经甲、乙双方协商同意，达成如下协议，共同遵守。

第一条　委托人委托受托人处理______________事务。

第二条　受托人处理委托事务的权限与具体要求：________________。

第三条　委托期限自______年____月____日起至______年____月____日止。

第四条　委托人（是/否）允许受托人把委托处理的事务转委托给第三人处理。

第五条　受托人有将委托事务处理情况向委托方报告的义务。

第六条　受托人将处理委托事务所取得的财产转交给委托人的时间、地点及方式：____。

第七条　委托人支付受托人处理委托事务所付费用的时间、方式：____。

第八条　报酬及支付方式：____。

第九条　本合同解除的条件：____。

第十条　违约责任：____。

第十一条　合同争议的解决方式：本合同在履行过程中发生的争议，由双方当事人协商解决；协商不成的，按下列第________种方式解决：

1. 提交________仲裁委员会仲裁；
2. 依法向人民法院起诉。

第十二条　其他约定事项：________________________________

____

____

____。

第十三条　本合同未作规定的，按《中华人民共和国合同法》的规定执行。

甲　方：____________　　　　乙　方：____________
代　表：____________　　　　代　表：____________
电　话：____________　　　　电　话：____________

签约日期：________年____月____日
签约地点：______________________

▲委托拍卖合同

委托拍卖合同

甲方（委托人）：____________
乙方（拍卖人）：____________

经甲、乙双方协商同意，达成如下协议，共同遵守。

第一条　甲方就下述物品委托乙方依法公开拍卖：

1. 拍卖物名称：____

2. 品种规格：____

3. 数量：____

4. 质量：____

5. 包装：____

6. 存放地点：____

第二条　拍卖物的交付方式：____________________________________

第三条　拍卖物的估价和底价：__________________________________

第四条　拍卖方式：____

第五条　拍卖期限：____

第六条　拍卖地点：____

第七条　甲、乙双方的权利和义务：______________________________

1. 甲方应保证对拍卖物拥有无争议的处分权，并向乙方提供有关的证明文件和拍卖物的详尽资料。必要时，乙方可随时向甲方要求提供咨询，甲方不得拒绝。

2. 甲方可在法律允许的情况下确定拍卖物的底价；乙方不得以低于该底价的价格进行拍卖，但因此而造成不能成交的，乙方不承担责任。

3. 甲方在交付拍卖物时，应当向乙方指出其知道或应当知道的拍卖物瑕疵。否则，由此造成的后果由甲方负责。

4. 甲方应向乙方预付受理费________元，用于对拍卖物进行估价、仓储保管、运输、保险和公告、广告等项费用开支，由乙方按实际开支多退少补。

5. 拍卖成交后，甲方应向乙方支付拍卖成交价 5% 的佣金，该款可由乙方从拍卖所得中直接扣除；拍卖未成交的，甲方应向乙方支付拍卖费用________元。

6. 乙方应对拍卖物的底价保密，不得委托或代理他人参加竞价，亦不得委托他人进行拍卖。

7. 乙方对其保管的拍卖物负妥善保管责任，并应将拍卖物的变动情况及时通知甲方；确因乙方的过错造成拍卖物损失的，由乙方负赔偿责任。

8. 拍卖过程结束，乙方在收齐全部应收款项后，应通过其银行账户，将拍卖所得价金一次全部付给甲方，不得延误。

9. 对需要征税的拍卖物，由甲方交付税金，经税务机关同意，税金可以从拍卖所得价款中扣缴。

10. 拍卖成交后，由乙方按成交价金额开具给竞买人发票或符合税务机关规定的收据。

第八条　有关拍卖程序的中止和终止问题，根据《拍卖法》之规定予以处理。

第九条　合同经双方签字后生效，不得违约。否则，由违约方向他方按拍卖底价的________% 支付违约金。因合同履行产生纠纷时，双方同意由________仲裁委员会仲裁。

第十条　其他需要约定的事项：____

____

____

____。

第十一条　本合同有效期自________年____月____日始，至________年____月____日止。

甲　方：____________　　　　乙　方：____________

代　表：____________　　　　代　表：____________

电　话：____________　　　　电　话：____________

签约日期：________年____月____日

签约地点：______________________

附件：有关拍卖物的证明文件及资料影印件共________件。

1. ____。

2. ____。

3. ____。

4. ____。

▲委托培训合同

委托培训合同

甲方（培 训 单 位）：____________学院（或学校）
乙方（委托培训单位）：____________
丙方（职工或干部）：____________

经甲、乙、丙三方协商同意，达成如下协议，共同遵守。

第一条 甲方对丙方的授课内容，应按照教育部对同类本科生（或大专、中专生）所规定（部属学校按其系统的有关规定）的科目、学时安排，不得降低对丙方的要求。甲方对丙方在校期间的德、智、体发展情况，应于每学期末向乙方作一次详细介绍。

第二条 甲方如发现丙方有违反校纪校规的行为，应及时与乙方取得联系，共同研究处理办法。丙方在期末思想品德评为“差”等、学期内有三门功课不及格、一年之内有两门功课补考不及格，甲方有权劝告其退学或取消其学籍。

第三条 甲方负责丙方奖学金的评定和发放。奖学金每学期评定一次，分一、二、三等，具体评定和发放方法、标准，按甲方的统一规定办理。

第四条 乙方承担丙方在校学习期间的全部学费和奖学金费。学费每人每学期______元，奖学金每人每学期______元，其他费用每人每学期______元。丙方的以上费用，乙方应于每学期学生报到时直接汇给甲方，或由丙方代交给甲方。

第五条 乙方应按规定发给丙方工资（标准工资加地区生活费补贴，不发奖金）和其他福利待遇。丙方如在甲方食宿，乙方按规定每天补助丙方生活费______元（如国家有新规定，按新规定执行），向甲方支付丙方的寄宿费和伙食费。丙方节假日回家的来回路费，乙方按规定给予报销。丙方如不在甲方食宿，其家离甲方两公里以上，乙方应按国家规定按月发给交通费补贴。

第六条 乙方要加强对丙方的管理和教育，经常了解丙方的学习和思想品德状况，如发现丙方有问题，应及时配合甲方教育和处理。

第七条 丙方学习结束，经甲方考核、考试合格准予毕业后，乙方应根据丙方所学专业和甲方提供的丙方德、智、体发展情况，合理安排其工作。

第八条 丙方必须自觉接受甲方和乙方的教育和管理，努力学习，遵纪守法，从德、智、体三方面全面发展，争当“三好学生”。丙方如违反校规校纪，要自觉接受甲方和乙方的处理。丙方如中途退学，或被甲方劝其退学或取消学籍的，应承担向甲方交付的各项费用，丙方如不交付，乙方有责任代丙方交付。

第九条 丙方学习结束经考核、考试合格准予毕业后，必须到乙方单位工作，一般在______年内不得提出调离乙方单位。丙方如因特殊情况必须调出，必须符合上级的有关规定，经乙方同意后，方可办理调离手续。丙方毕业后不回乙方单位工作，或回乙方单位工作不到______年要求调离工作的，应向乙方偿付丙方在校期间乙方支付的各类费用和工资。

本合同自甲、乙、丙三方签字之日起生效，于丙方学习期满毕业后自行失效。甲、乙、丙三方不得擅自修改或解除合同。合同中如有未尽事宜，须经三方共同协商，作出补充规定。补充规定与本合同具有同等效力，但不得与本合同内容抵触。

本合同正本一式三份，甲、乙、丙三方各执一份；合同副本一式______份，交______市教育局等单位各留存一份。

甲　方：____________　乙　方：____________　丙　方：____________
代　表：____________　代　表：____________　代　表：____________
电　话：____________　电　话：____________　电　话：____________

签约日期：________年____月____日
签约地点：______________________

▲委托收费协议书

委托收费协议书

甲方：____________
乙方：____________
丙方：____________

经甲、乙、丙三方同意，达成以下协议，共同遵守。

一、甲方委托乙方采用转账扣款方式，为甲方代收进驻企业的房租、综合管理服务费、水电费和电话费；同时，丙方委托乙方采用转账付款方式，代扣缴丙方应支付给甲方的上述费用。上述费用每月集中一次性扣划。

二、为方便资金划转，加速资金周转，甲、丙双方应在乙方开立公司（或单位）的基本存款账户或一般结算账户；乙方将从丙方的账户中代扣缴应支付给甲方的费用，同时，乙方为甲方代收的上述费用存入甲方账户。

三、甲、丙双方共同委托乙方作为本项业务的承办银行，乙方派专人负责与甲、丙双方联系工作及处理工作中出现的问题。

四、乙方采用转账收费方式为甲方代收房租、综合管理服务费、水电费和电话费的操作流程及注意事项：

1. 乙方负责在每月13—15日（含13、15日，遇节假日顺延）代甲方收取丙方的费用；丙方在乙方开立的账户中，应有足够的资金，用于支付当月应缴纳给甲方的费用，若在上述扣款时间由于丙方账户资金不足而扣不到款，乙方将不再为甲方代扣，由丙方自行向甲方缴纳。甲方将按与丙方签订协议的有关条款处理。

2. 甲方每月13日前（遇节假日顺延）将采用转账付款方式将企业名单、账号、金额等资料制成书面表格清单，如盖公章后交乙方，乙方凭此办理转账。

3. 乙方根据甲方提供的清单数据资料，填制一式四联“特种转账凭证”进行银行转账，转账完毕后，乙方留存二联，甲方、丙方各执收一联。

五、乙方凭甲方提供的书面表格清单资料办理转账，甲、丙双方之间对转账金额有异议，由双方协商解决，乙方对此不负任何责任；甲、丙双方发生的任何经济纠纷与乙方无关；若由于乙方员工操作失误或电脑系统错误的，则由乙方负责解决。

六、乙方通过转账的方式为甲方代收房租等费用和为丙方代扣费用，乙方不收甲、丙双方的手续费。

七、本协议有效期为一年，自三方签字之日起生效。

八、签约三方中的一方若要求终止本协议，必须提前 30 天通知另外两方，在此期间三方应继续履行本协议。

九、在执行本协议过程中出现的问题，由三方协商解决。

十、本协议一式三份，甲、乙、丙三方各执一份，从签字之日起即时生效，均具有同等法律效力。

甲　方：＿＿＿＿＿＿　乙　方：＿＿＿＿＿＿　丙　方：＿＿＿＿＿＿
代　表：＿＿＿＿＿＿　代　表：＿＿＿＿＿＿　代　表：＿＿＿＿＿＿
电　话：＿＿＿＿＿＿　电　话：＿＿＿＿＿＿　电　话：＿＿＿＿＿＿

签约日期：＿＿＿＿年＿＿月＿＿日
签约地点：＿＿＿＿＿＿＿＿＿＿

▲户外广告发布委托协议

户外广告发布委托协议

甲方（广告经营单位）：＿＿＿＿＿＿
乙方（广告刊登客户）：＿＿＿＿＿＿

经甲、乙双方协商同意，乙方就委托甲方发布广告事宜达成如下协议，共同遵守。

一、双方就有关广告业务达成下列项目：

1. 广告种类：＿＿＿＿＿＿＿＿＿＿＿＿＿＿＿＿＿＿＿＿＿＿；
2. 广告内容：＿＿＿＿＿＿＿＿＿＿＿＿＿＿＿＿＿＿＿＿＿＿；
3. 广告面积：＿＿＿＿＿＿＿＿＿＿＿＿＿＿＿＿＿＿＿＿＿＿；
4. 设置位置：＿＿＿＿＿＿＿＿＿＿＿＿＿＿＿＿＿＿＿＿＿＿；
5. 广告字数：＿＿＿＿＿＿＿＿＿＿＿＿＿＿＿＿＿＿＿＿＿＿；
6. 起止日期：＿＿＿＿＿＿＿＿＿＿＿＿＿＿＿＿＿＿＿＿＿＿；
7. 广告费用：＿＿＿＿＿＿＿＿＿＿＿＿＿＿＿＿＿＿＿＿＿＿；
8. 结算方法：＿＿＿＿＿＿＿＿＿＿＿＿＿＿＿＿＿＿＿＿＿＿。

二、乙方应提供的证明文件：＿＿＿＿＿＿。

三、本协议签订后不得更改，但遇特殊情况，经双方同意方可更改，并按规定赔偿损失费。

本协议一式____份，甲方____份，乙方____份，报有关部门____份。从双方签字之日起即时生效，均具有同等法律效力。

甲　方：____________　　乙　方：____________
代　表：____________　　代　表：____________
电　话：____________　　电　话：____________

签约日期：________年____月____日
签约地点：______________________

▲总代理协议书

总代理协议书

甲方（委 托 人）：____________
乙方（总代理人）：____________

经甲、乙双方协商同意，达成如下协议，共同遵守。

第一条　总代理人权限

总代理人负责委托所生产的全部产品（或指定产品，需要明确约定）在指定地区的营销管理，包括指定分代理人，建立营销网络；进行广告宣传和其他促销活动；参加各种展览会和交易会；等等。

总代理人在指定地区有权代表委托人签署买卖合同，并协助委托人履行所有的合同。

总代理人负责指定地区的市场信息调查、客户意见反馈等市场信息工作。

总代理人负责所在地区的售后服务，向所有厂商或消费者提供零配件，处理产品质量引起的纠纷。

总代理人可以代表委托人向不履行合同的客户提起诉讼，也可以代理委托人应诉。

第二条　总代理人专营权

在协议有效期内，委托人不得指定其他任何人为其在指定地区的任何形式的代理人，处理已授权代理人的任何事项。

总代理人在本协议的有效期间，不得代表任何其他与委托人相竞争的厂商代理相同或相近似的产品。

第三条　总代理人的职责

在协议期间总代理人：

1. 应忠实于委托人的利益，努力尽责地履行委托事项，审慎地行使代理权限。

2. 保存任何与委托业务有关的决议、账册、通信等重要商业文件，接受委托人的监督。

3. 有效地监督分代理人的工作，协调分代理人之间的冲突，统一地区内的商品销售条件。

4. 保护委托人的无形资产，特别是商号、商标等，保守商业秘密。

第四条　委托人的职责

委托人应当提供所售产品的品质，提供真实的产品和宣传资料，并及时向总代理人提供有关业务所需的信息。

在产品广告策划、产品销售价格条件、合同履行方式等方面，积极配合总代理人，在总代理人就有关问题提出要求时，委托人须立即向总代理人给予指示。

第五条　佣金和费用

委托人同意支付给总代理人价格的____%的佣金。佣金每月按交易量结算给付。

佣金内含总代理人的广告费、行政办公费等事务开支。

佣金不包括包装、运输、仓储、保险、海关税费等费用，这些费用由委托人负担，任何总代理人提供的有效发票，每月同佣金一起与委托人结算。

第六条　期限

本代理合同有效期为3年；期满后，任何一方未向对方提出解除合同请求，本协议将自动延长，每次延长1年，并可依此方法连续续展。

本协议在自动续展年满10年后，双方可以考虑重新签订协议，给予代理人以更优惠的代理条件。

第七条　终止

任何一方在期满（包括每一个续展年度）前6个月内均有权终止本合同。

若遇有下列任何事件或情况时，委托人须以书面方式通知总代理人；按协议规定，总代理人不履行或不遵守其职责或义务时，或当收到委托人就代理人不履行或不遵守其职责的通知后的30天内，仍置之不理，立刻终止本协议对总代理人的委托。

按照本协议规定，期满或终止对总代理人的委托，不论出于何种原因，均不妨碍协议各方的赔偿权利。

当届满和终止时，总代理人应立即将持有的与委托人业务有关的票据、备忘录、记录稿件或其他文件交还给委托人。

按照本协议规定，委托人在提出终止委托关系后的1个月内，委托人将佣金按第五条支付给总代理人。

不论出于何种原因而使本协议终止，总代理人在协议终止后的3年内都不得代理与委托产品相同的产品，从事相关的贸易活动。

第八条　分代理和转让

非经委托人预先书面同意，总代理人不得将协议之任何权利、义务或责任转让或转移给第三人。

总代理人有权指定分代理人，但须经委托人事先书面同意，并报委托人备案。不论经委托人如何同意的由总代理人委托的分代理，根据协议的规定不得免除总代理人的任何权利、义务或责任。

非经总代理人预先书面同意，委托人不得将本协议规定的任何权利、义务或责任予以转让或转移给他人。

本协议对委托人、总代理人及各方指定的继承人均具有同等的约束力并确保实施。

第九条　协议完全性和修改

本协议所附的产品销售条件及其他附件是本协议的组成部分，在代理过程中，双方达成的补充协议或备忘录均当然地成为本协议不可分割的部分。

除非经本协议双方当事人达成一致协议，本协议书不得作任何修改和变更。

本合同的变更、修改和增补，应采取书面形式。

第十条　适用的法律

本协议的一切条款，是根据签字时______现行的有关法律、法令和条例制定的。然而，在协议生效之后，由于______颁布了新的法律、法令、条例，或对原有的法律、法令和条例进行了修改，致使委托人和总代理人中任何一方的经济利益发生重大的变化，应及时协商，并对本协议的有关条款作必要的修正和调整，以维护委托人、总代理人在协议中的正常的经济权益。

第十一条　争议的解决

在执行本协议所发生的或与本协议有关的一切争执，首先应由委托人和总代理人友好协商解决。

若协商不能解决，可进行调解，如调解无效，最终将根据仲裁程序仲裁。

在争执发生时及争执提交仲裁过程中，除所争执并提交仲裁的问题外，委托人和总代理人都必须按本协议的规定继续行使自己的权利，履行各自的义务。

仲裁的裁决是终局的，对委托人和总代理人都有约束力。仲裁费（不包括各自聘请律师的费用）由败诉方负担或由仲裁机构裁决。

第十二条　语言

本协议以英文和中文书就，两种文字均为正式文本。

第十三条　通知

凡有关本协议的通知、请求或其他通信往来，须以文字为准，可用书信、电传、电报方式按对方所列地址寄至对方。

第十四条　其他条款

以本合同当事人同时签署日期或最后签署日期为正式生效日期。

如本合同一条或一条以上的条款无效，其余条款仍然有效。

合同一式两份，双方各执一份，具有同等效力。

甲　方：____________　　　　乙　方：____________

代　表：____________　　　　代　表：____________

电　话：____________　　　　电　话：____________

签约日期：________年____月____日

签约地点：______________________

▲一般代理协议书

一般代理协议书

甲方（制造商）：____________

乙方（代理商）：____________

经甲、乙双方协商同意，达成如下协议，共同遵守。

一、委任

兹委任乙方为______地区船舶修理及销售之代理商。

二、代理商之职责

1. 向该地区寻求船主欲购船和修船的询价单并转告 KDSZ；

2. 报道本地区综合市场概况；

3. 协助安排工厂经销人员的业务活动；

4. 代表甲方定期做市场调查；

5. 协助甲方回收货款（非经许可，不得动用法律手段）；

6. 乙方按商定的方式，向甲方报告在本地区所开展的业务状况。

三、范围

为了便于工作，甲方应把代理区域业主名录提供给代理商，代理商对此名录给予评述，提出建议或修正，供甲方备查；

由于个别船舶收取佣金造成地区之间的争执时，甲方应是唯一的公证人，他将综合各种情况给出公平合理的报酬。

四、佣金

甲方向该地区乙方支付修理各种船舶结算总价值____%的佣金，逢有大宗合同须另行商定佣金支付办法，先付____%，余额待修船结算价格收款后支付。

当需要由甲方付给业主（船主）的经纪人及第三方介绍人等佣金时，必须由乙方事先打招呼；同时由甲方决定是否支付。

五、费用

除下述者外，其余费用由乙方自理：

1. 在甲方指定的时间内对甲方的走访费用；

2. 特殊情况下的通信费用（长电传、各种说明书等）；

3. 甲方对该地区进行销售访问所发生的费用。

六、甲方的职责

甲方应：

1. 向乙方提供样本和其他销售宣传品；

2. 向乙方提供重点客户的船舶名录以使其心中有数；

3. 通知乙方与本地区有关船主直接接洽；

4. 将所有从业主处交换来的主要文件之副本提供给乙方，并要求乙方不得泄露商业秘密。

七、职权范围

代理无权就合同之价格款、时间、规格或其他合同条件，干涉甲方的决定，其业务承接之决定权属甲方。

八、利害冲突

兹声明，本协议有效期内，乙方不得作为其他修船厂的代表而损害甲方利益。乙方同意在承签其他代理合同前须征求甲方的意见；乙方担保，未经甲方许可，不得向第三方泄露有损于甲方商业利益的情报。

九、终止

不拘何方，以书面通知3个月后，本协议即告终止；协议履行期间乙方所承接船舶的佣金仍然支付，不论这些船舶在此期间是否在厂修理。

十、泄密

协议执行中或执行完毕，乙方担保，不经甲方事先同意，不向任何方泄露甲方定为机密级的任何情报。

十一、仲裁

除第三条所述外，双方凡因协议及其解释产生争执或经双方努力未能满意解决之纠纷，应提交双方确认的仲裁员进行仲裁，如双方对仲裁员的确认不一致，则暂由海事仲裁委员会主席临时指定仲裁员。

甲　方：____________　　　　乙　方：____________

代　表：____________　　　　代　表：____________

电　话：____________　　　　电　话：____________

签约日期：________年____月____日

签约地点：______________________

▲独家代理协议书

独家代理协议书

甲方（公　司）：____________

乙方（代理人）：____________

经甲、乙双方协商同意，达成如下协议，共同遵守。

一、甲方授予乙方在日本东京经销陀螺仪的独家代理权，以自本协议签字日起3年为期。

二、乙方保证竭力履行其向甲方的订货，非经公司同意，乙方不得违背甲方关于装运订货的任何命令。

三、本协议履行期间，乙方将收取佣金。

订单额少于____美元，按____%收取佣金；

订单额超过____美元，按____%收取佣金。

四、乙方提供的发票金额，包括佣金和除邮寄、小额费以外的开支，甲方将具不可撤销跟单信用证予以支付。

五、任何一方提前3个月用挂号信书面通知对方或任一方在任何时候违背本协议任何条款，无须通知，本协议即告终止。

协议双方于上述时间签字盖章为证。

甲　方：____________　　乙　方：____________

代　表：____________　　代　表：____________

电　话：____________　　电　话：____________

签约日期：________年____月____日

签约地点：____________________

▲货物经纪合同

货物经纪合同

甲方（委托人）：____________

乙方（经纪人）：____________

经甲、乙双方协商同意，达成如下协议，共同遵守。

第一条　代办事项：____________________________________。

第二条　代办事项的具体要求（凡属寄售和代购代销货物，应明确具体货物品名、规格、型号、质量、数量，以及最低销价或最高购价和时间要求）：

____。

第三条　货物保管责任及费用承担：____________________________。

第四条　酬金的计算给付方式、给付时间：________________________。

第五条　违约责任：

____

____

____。

第六条　争议解决方式：

____

____

____。

第七条　其他约定事项：

____

____

____

____

____

____。

第八条　本合同有效期自______年____月____日至______年____月____日

甲　方：____________　　　　乙　方：____________
代　表：____________　　　　代　表：____________
电　话：____________　　　　电　话：____________

签约日期：________年____月____日
签约地点：______________________

▲商务中介合同

商务中介合同

甲方（委托人）：________________
乙方（中介人）：________________

经甲、乙双方协商同意，达成如下协议，共同遵守。

一、委托事项

委托人委托中介人帮助推销______产品，介绍客户，协助签订合同。

二、中介服务的内容和要求：____

____。

三、有关保密事项、信用事项：____

____。

四、履行期限、地点、方式：____

____。

五、中介报酬、活动经费、支付方式：______________________________________

____。

六、违约责任：____

____。

七、违约金或赔偿金的数额或计算方法：____。

八、合同争议的解决方式：本合同在履行过程中发生的争议，由双方当事人协商解决；也可由当地工商行政管理部门进行调解。协商或调解不成的，按下列第______种方式解决：

1. 提交____________仲裁委员会仲裁。

2. 依法向人民法院起诉。

九、双方商定的其他事宜：____。

甲　方：____________　　乙　方：____________

代　表：____________　　代　表：____________

电　话：____________　　电　话：____________

签约日期：________年____月____日

签约地点：______________________

第五章　技术开发、转让、专利合同协议范本

▲技术开发合同

技术开发合同

甲方（委托方）：________________

乙方（研究开发方）：____________

有效期限：自______年____月____日至______年____月____日

经甲、乙双方协商同意，达成如下协议，共同遵守。

一、标的技术的内容、形式和要求：____

____

____。

二、应达到的技术指标和参数：____

____

____

____。

三、研究开发计划：____

____

____。

四、研究开发经费、报酬及其支付或结算方式：

1. 研究开发经费是指完成本项研究开发工作所需的成本；报酬是指本项目开发成果的使用费和研究开发人员的科研补贴。

本项目研究开发经费及报酬：________元。

其中：甲方提供________元，乙方提供________元。

如开发成本实报实销，双方约定如下：____________________________________

____

____

____

____。

2. 经费和报酬支付方式及时限（采用以下第________种方式）：

（1）一次总付：________元，时间：________。
（2）分期支付：________元，时间：________。
________元，时间：________。
（3）按利润________%提成，期限：________。
（4）按销售额________%提成，期限：________。
（5）其他方式：____________________。

五、利用研究开发经费购置的设备、器材、资料的财产权属：
____
____
____
____。

六、履行的期限、地点和方式

本合同自________年____月____日至________年____月____日在____（地点）履行。

本合同的履行方式：____
____
____。

七、技术情报和资料的保密：____
____
____。

八、技术协作和技术指导的内容：____
____
____。

九、风险责任的承担

在履行本合同的过程中，确因在现有水平和条件下难以克服的技术困难，导致研究开发部分或全部失败所造成的损失，风险责任由________承担。（1. 乙方；2. 双方；3. 双方另行商定）

经约定，风险责任甲方承担________%，乙方承担________%。

本项目风险责任确认的方式为：____
____
____
____。

十、技术成果的归属和分享

1. 专利申请权：____
____
____
____。

2. 非专利技术成果的使用权、转让权：______________________________________

____
____
____。

十一、验收的标准和方式

研究开发所完成的技术成果，达到了本合同第二条所列技术指标，按________标准，采用________方式验收，由________方出具技术项目验收证明。

十二、违约金或者损失赔偿额的计算方法

1. 违反本合同第________条约定，________方应承担违约责任，承担方式和违约金额如下：____
____
____
____
____。

2. 违反本合同第________条约定，________方应当承担违约责任，承担方式和违约金额如下：____
____
____
____
____。

3. ____
____
____
____。

十三、争议的解决办法

在本合同履行全过程中发生争议，双方应当协商解决，也可以请求进行调解。

双方不愿协商、调解解决或者协商、调解不成的，双方商定，采用以下第________种方式解决。

1. 因本合同所发生的任何争议，申请仲裁委员会仲裁；

2. 按司法程序解决。

十四、名词和术语的解释：____
____
____。

十五　其他（含中介方的权利、义务、服务费及其支付方式、定金、财产抵押、担保等上述条款未尽事项）。

甲　方：____________	乙　方：____________
代　表：____________	代　表：____________
电　话：____________	电　话：____________

签约日期：________年____月____日
签约地点：________________________

▲技术培训合同

技术培训合同

甲方（委托方）：____________
乙方（培训方）：____________

经甲、乙双方协商同意，达成如下协议，共同遵守。

一、项目名称。（略）

二、培训内容和要求。（略）

三、培训计划、进度、期限。（略）

四、培训地点和方式。（略）

五、培训方教员的水平和能力要求。（略）

六、学员的人数和质量。（略）

七、教员、学员的食宿、交通、医疗费用的支付和安排。（略）

八、工作条件和协作事项。（略）

九、报酬及其支付方式。（略）

十、考核标准和办法。（略）

十一、违约责任。（略）

十二、争议的解决方法。（略）

十三、其他。（略）

甲　方：____________
代　表：____________
电　话：____________

乙　方：____________
代　表：____________
电　话：____________

签约日期：________年____月____日
签约地点：________________________

▲科技协作合同

科技协作合同

甲方（委托单位）：____________
乙方（科研单位）：____________

经甲、乙双方协商同意，达成如下协议，共同遵守。

一、甲方委托乙方研究的项目名称及主要内容。

二、项目的技术指标及应实现的经济效果。

三、项目的技术关键、采用的实验方法及技术路线（包括工艺流程）。

四、经费、物资概算及拨付方法。

五、项目的研究进度及研究期限。

六、专家评议意见。

七、研究成果的转让方式、转让时间和转让地点。

八、结算办法。

九、经济责任。

1. 乙方的责任。

2. 甲方的责任。

十、其他条款。

十一、本合同自双方签订盖章，并经鉴证机关鉴证后生效。在乙方转让研究成果并结清费用后失效。

十二、本合同一式________份，由双方各执一份，送鉴证机关________份。

甲　方：____________　　　　乙　方：____________

代　表：____________　　　　代　表：____________

电　话：____________　　　　电　话：____________

签约日期：________年____月____日

签约地点：______________________

▲技术服务合同

技术服务合同

（含技术培训、技术中介）

甲方（委托人）：____________

乙方（受托人）：____________

有效期限：____年____月____日至____年____月____日

填写说明

1.“合同登记编号”的填写方法：

合同登记编号为十四位，左起第一、二位为公历年代号，第三、四位为省、自治区、直辖市编码，第五、六位为地、市编码，第七、八位为合同登记点编号，第九至十四位为合同登记序号，以上编号不足位的补零，各地区编码按____________规定填写（合同登记序号由各地区自行决定）。

2. 技术服务合同是指当事人一方以技术知识为另一方解决特定技术问题所订立的合同。技术服务合同中包括技术培训合同和技术中介合同。

技术培训合同是指当事人一方委托另一方指定的专业技术人员进行特定项目的技术指导和专业训练所订立的合同。

技术中介合同是指当事人一方以知识、技术、经验和信息为另一方与第三方订立技术合同进行联系，介绍、组织工业化开发并对履行合同提供服务所订立的合同。

3. 计划内项目应填写国务院部委、省、自治区、直辖市、计划单列市、地（县）级计划，不属于上述计划的项目此栏画“/”表示。

4. 服务内容、方式和要求：

包括技术服务的特征、标的范围及效益情况；特定技术问题的难度、主要技术经济指标；具体的做法、手段、程序以及交付成果的形式。

属技术培训合同的，此条款填写培训内容和要求，以及培训计划、进度。

属技术中介合同，此条款填写中介内容和要求。

5. 工作条件和协作事项：

包括甲方为乙方提供的资料、文件及其他条件，双方协作的具体事项。

属技术培训合同，此条款填写培训所需必要场地、设施和实验条件，以及当事人各方应当约定提供和管理有关场地、设施和实验条件的责任。

6. 其他：

合同如果是通过中介机构介绍签订的，应将中介合同作为本合同的附件。如果双方当事人约定定金、财产抵押担保的，应将给付定金、财产抵押及担保手续的复印件作为本合同的附件。

7. 委托代理人签订本合同时，应出具委托证书。

8. 本合同中，凡是当事人约定认为无须填写的条款，应在该条款填写的空白处画“/”表示。

经甲、乙双方协商同意，达成如下协议，共同遵守。

一、服务内容、方式和要求：____

____。

（属技术培训合同应当填写培训内容和要求、培训计划、进度，属技术中介合同应当填写中介内容和要求）

二、工作条件和协作事项：____

____。

三、履行期限、地点和方式：____

____。

四、验收标准和方式：

技术服务或者技术培训按______标准，采用______方式验收，由______人出具服务或者培训项目验收证明。

本合同服务项目的保证期为______。保证期内发现服务质量缺陷的，乙方应当负责返工或者采取补救措施。但因甲方使用、保管不当引起的问题除外。

五、报酬及其支付方式：

1. 本项目报酬为（服务费或培训费）______元。

乙方完成专业技术工作，解决技术问题需要的经费，由______人负担。

2. 本项目中介人活动经费为______元，由______人负担。

中介人的报酬为______元，由______人支付。

3. 支付方式（按以下第______种方式）：

（1）一次总付：______元，时间：____________

（2）分期支付：______元，时间：____________

______元，时间：____________

（3）其他方式：____。

六、违约金或者损失赔偿额的计算方法：

技术服务违反本合同约定，违约方应当按《合同法》第 362 条规定，承担违约责任。

技术培训、技术中介违反本合同约定，违约方应当按技术合同行政法规的有关规定，承担违约责任。

1. 违反本合同第____条约定，______人应承担违约责任，承担方式和违约金额如下：____。

2. 违反本合同第______条约定，______人应承担违约责任，承担方式和违约金额如下：____。

3. ____。

七、合同争议的解决方式：

本合同在履行过程中发生的争议，由双方当事人协商解决；协商不成的，按下列第______种方式解决：

1. 提交________________仲裁委员会仲裁；

2. 依法向人民法院起诉。

八、其他（含中介人的权利、义务、服务费及其支付方式、定金、财产抵押及担保等上述条款未尽事宜）：________________________________。

甲　方：____________　　　　乙　方：____________

代　表：____________　　　　代　表：____________

电　话：__________　　　　　　电　话：__________

登记机关审查登记栏： 技术合同登记机关（专用章） 经办人：（签章）

签约日期：________年____月____日

签约地点：______________________

▲专有技术转让合同

专有技术转让合同

（参考文本）

一、合同名称

________专有技术转让许可证合同

二、签约时间与地点

本许可证合同于____年____月____日在中国____签订。

三、合同当事人及法定地址

中国____进出口总公司（以下简称受方）为一方，____国技术公司（以下简称供方）为另一方，同意就下列条款签订本合同（以下称本合同）。

（双方法定地址以及电报、电传号）

四、鉴于条款

鉴于供方拥有设计、制造、安装____产品的专有技术，供方是该项技术的合法所有者，愿将该技术转让给受方。

五、合同中所涉及的关键名词的定义

本合同所用下述用语的定义是：

专有技术（Know－How）系指制造____产品所需的，为供方所掌握的一切知识、经验和技能，包括技术资料和不能形成文字的各种经验和技能。

技术资料系指上述专有技术的全部文字资料（或扼要指明资料的范围）。

合同产品系指受方根据本合同使用供方所转让的专有技术制造和销售的产品。

净销售价系指销售合同产品的发票金额扣除产品税、交易折扣以及因退货、拒收所引起的退款剩余的价款。

合同期限系指本合同生效日起算至第十年为止的期限。

六、合同范围与内容

1. 供方同意受方在中国设计、制造、使用和销售合同产品的专有技术（或专利技术）。在该地区受方享有利用该技术独占性制造产品和销售产品的权利（或这是一项非独占的许可证）。

2. 供方负责向受方提供____技术的研究报告、设计、计算、产品图纸、制造工艺、质量控制、试验、安装、调试、运行、维修等一切技术数据、资料（详见附件____）和经验，以便受方能实施制造产品（产品的型号、规格、技术参数详见附件____）。

3. 供方负责自费派遣技术人员赴受方进行技术指导和参加____的性能考核（详见附件____）。

4. 供方负责接受受方有关人员自费赴供方进行培训，使受方人员能掌握合同规定的上述技术（详见附件____）。

5. 在合同有效期限内，受方在合同产品上有权使用属于供方所有的____商标（或牌号）。

6. 供方有责任（或同意）以最优惠的价格向受方提供为制造合同之产品所必需的设备、测试仪器、原材料及零部件（或供方有责任帮助受方为实施制造合同产品所需的配套件，从第三方取得有关技术许可证，或者与第三方进行合作生产）。

七、价格或许可证使用费

1. 根据本合同规定，供方向受方提供的技术和技术服务等，受方应向供方支付的合同总价为____万美元，其中：技术使用费____元；技术服务费____元。

……上述价格为固定价格。

2. 受方有义务对根据许可证转让的技术支付下列费用：

（1）入门费____美元。

（2）受方在合同有效期内应向供方支付常年提成费，其提成率为合同产品净销售价的____%。

八、技术资料的交付

1. 供方应按本合同附件____的规定向受方提供技术资料。

2. 供方用空运把技术资料送达中国____机场，该机场在收到技术资料而在空运提单上加盖的印戳日期为技术资料的实际交付日期。受方将带有到达印戳日期的空运提单影印本一份寄送供方。

3. 在技术资料发运后的十四小时（或四十八小时）内，供方应将合同号、空运提单号与日期、资料项号、件数、重量、航班号用电报或电传通知受方，并将空运提单正本一份、副本两份和技术资料装箱清单三份航空邮寄给受方。

4. 如受方收到技术资料后发现不符本合同附件________的规定，包括在空运中丢失或损坏，应在三十天内通知供方，说明所缺或损坏的资料，供方应在收到通知后立即

（或三十天内）免费补寄或重寄给受方。如果受方在收到技术资料后六十天内没有提出资料不足或损坏的书面通知，即视为受方对技术资料验收。

5. 技术资料使用的包装要适应长途运输与搬运，防雨、防潮。每箱上应以英文标明下述内容：合同号（许可证合同编号 LIS 85001）、收货人（中国____进出口总公司____分公司）、目的地（中国____市机场）、毛重（____公斤）、箱号（或件号）以及运输标志等。

九、交换改进技术及技术资料的修改

1. 供方在合同有效期内改进和发展的技术资料，应免费提供给受方。受方改进和发展的技术也应按对等原则提供给供方，但改进和发展的技术所有权属于受方，对方不得申请专利或转让给第三方，双方交换技术资料，均不附加任何限制。

2. 供方提供的技术资料，如有不适合于受方生产条件的，供方有责任协助受方修改技术资料，并加以确认。

十、性能考核和验收

1. 在合同产品首批生产后，由双方根据本合同附件________的规定，共同进行产品性能考核。

2. 经考核合同产品的性能符合本合同技术文件规定的技术指标，即通过验收，双方签署合同产品性能考核合格证明书一式四份。双方各执两份。

3. 如经考核，合同产品性能不符本合同技术文件规定的技术指标时，双方应共同研究，分析原因，澄清责任。如责任在供方，供方应自负费用，采取措施，消除缺陷。缺陷消除后进行第二次考核。如第三次考核仍不合格时，受方有权终止本合同。如果考核不合格责任在于受方，受方在供方协助下，采取措施，消除缺陷，并进行第二次或第三次试验。如第三次考核仍不合格时，则由双方协商如何再执行合同的问题。供方协助受方消除缺陷派遣技术人员的交通和食宿费用由受方负担。

十一、保证与索赔

1. 供方保证按本合同附件________的规定提供给受方的技术资料是供方所掌握的最新资料，并保证向受方及时提供任何发展改进的技术资料。

2. 供方保证所提供的资料是正确的、完整的、清晰的和可靠的，与供方生产使用的技术资料完全一样。

3. 供方应按本合同规定日期交付技术资料，如果未按时交付资料，按下述比例向受方支付罚款：

（1）拖延一至四周，每周为本合同总价格（或技术使用费）的 0.5%；

（2）拖延五至八周，为本合同总价格（或技术使用费）的 1%；

（3）拖延八周以上，为本合同总价格（或技术使用费）的 1.5%。

4. 供方向受方支付罚款并不解除供方继续交技术资料的义务。

5. 如果供方迟交技术资料超过六个月，受方有权终止本合同，此时供方应将受方已支付的金额，并按年利____%的利息，一并退还给受方。

6. 如果合同产品考核验收三次仍不合格的，受方除有权终止本合同外，受方还有权收回已付给供方的全部金额，并加年利____%的利息。如果产品只有部分性能指标达不到合同的规定时，受方减少支付合同总价的____%。

7. 供方保证合同中转让的一切权利，包括制造、使用、销售以及其他有关技术的合法性，并保证不受第三方的指控。如发生第三方指控侵权，供方应负责与第三方交涉，并承担法律上和经济上的一切责任。

十二、税收

1. 凡因执行本合同有关的一切税款，在受方国内的由受方负担。在受方以外的则均由供方负担。

2. 供方因履行本合同而在中国境内取得的许可证使用费的收入，必须按中国税法（或按____国与____国的税收协定）纳税。

十三、仲裁

1. 因执行本合同所发生的或与本合同有关的一切争议，应通过双方友好协商解决。如协商仍不能解决时，应提交仲裁解决。

2. 仲裁地点在瑞典的斯德哥尔摩，由斯德哥尔摩商会仲裁院根据该院的仲裁规则进行仲裁（或仲裁在被诉方的国家进行。如在中国，由中国国际经济贸易仲裁委员会按该会仲裁程序暂行规则进行仲裁。如在____国，则由____仲裁协会按该会的仲裁规则进行仲裁）。

3. 仲裁裁决是终局的，对双方均有约束力。

4. 仲裁费用，除进行仲裁另有规定外，由败诉方负担。

5. 在仲裁过程中，除进行仲裁的部分外，本合同的其他部分应继续执行。

十四、不可抗力

1. 本合同的任何一方，由于战争、严重水灾、火灾、台风以及地震等不可抗力的事故，致使本合同不能执行时，可延迟履行本合同，延迟的期限相当于事故影响的期限。

2. 发生不可抗力事故后，受不可抗力影响的一方，应在十五天内以航空挂号信将有关当局出具的证明文件提交给另一方确认。

3. 如不可抗力缘故持续一百二十天以上，双方应通过友好协商解决继续执行本合同的问题。

十五、合同的生效、期限、终止及其他

1. 本合同由双方代表于____年____月____日在____市签字。签字后由各方分别向本国政府有关当局申请批准，争取在六十天内获得批准，以最后批准的日期为合同生效日期。如签字后六个月仍得不到批准，双方有权撤销本合同。

2. 本合同从生效日起____年内有效，有效期满后合同自动失效。如合同期满前三个月内，经一方提出，另一方同意后可延长____年。

3. 本合同期满后，债务人对债权人未了债务应继续予以支付。

4. 本合同条款的任何修改、补充，须经双方协商同意后授权代表签署书面文件，作为本合同的组成部分。

5. 本合同附件一至附件____，为本合同的组成部分，与合同正文具有同等效力。

6. 本合同用中文和____文两种文字写成，正文一式四份，具有同等效力，双方各执两份。

7. 本协议在履行过程中发生争议，由协议人协商解决；协商不成的，按本合同约定的下列方法之一进行解决：

1. 由________仲裁委员会仲裁；

2. 向________人民法院起诉。

受方：
中国____进出口总公司
代表（签字）：________
电　话：____________

供方：
____国____公司
代表（签字）：________
电　话：____________

签约日期：________年____月____日
签约地点：______________________

（附件略）

▲技术转让合同

技术转让合同

甲方（受让方）：____________
乙方（转让方）：____________

有效期限：______年____月____日至______年____月____日

经甲、乙双方协商同意，达成如下协议，共同遵守。

一、非专利技术的内容、要求和工业化开发程度：________________。

二、技术情报和资料及其提交期限、地点、方式：

乙方自合同生效之日起________天内，在________（地点），以________方式，向甲方提供下列技术资料：____。

三、本项目技术秘密的范围和保密期限：____。

四、使用非专利技术的范围：________________________________。

五、验收标准和方法：____。

甲方使用该项技术，试生产________后，达到了本合同第一条所列技术指标，按________标准，采用________方式验收，由________方出具技术项目验收证明。

六、经费及其支付方式：

1. 成交总额：________元。

其中技术交易额（技术使用费）：________元。

2. 支付方式：（采用以下第________种方式）

（1）一次总付：________元，时间：________

（2）分期支付：________元，时间：________

________元，时间：________

（3）按利润________%提成，期限：________

（4）按销售额________%提成，期限：________

（5）其他方式：____________________。

七、违约金或者损失赔偿额的计算方法：

1. 违反本合同第________条规定，________方应当承担违约责任，承担方式和违约金额如下：

____

____

____

____。

2. 违反本合同第________条规定，________方应当承担违约责任，承担方式和违约金额如下：

____

____

____

____。

3. ____

____

____。

八、技术指导的内容（含地点、方式费用）：________________________________

____。

九、后续改进的提供与分享：

本合同所称的后续改进，是指在本合同有效期内，任何一方或者双方对合同标的技术成果所作的革新和改进。双方约定，本合同标的技术成果后续改进由________方完成，后续改进成果属于________方。

十、争议的解决办法：

在合同履行过程中发生争议，双方应当协商解决，也可以请求调解。

双方不愿协商、调解解决或者协商、调解不成的，采用以下第________种方式解决。

1. 因本合同所发生的任何争议，申请________仲裁委员会仲裁；

2. 按司法程序解决。

十一、名词和术语的解释：____。

十二、其他（含中介方的权利、义务、服务费及其支付方式、定金、财产抵押、担保等上述条款未尽事项）。

甲　方：____________　　　　乙　方：____________

代　表：____________　　　　代　表：____________

电　话：____________　　　　电　话：____________

签约日期：________年____月____日

签约地点：______________________

▲专利申请委托协议书

专利申请委托协议书

甲方（委托人）：________

乙方（受托人）：____________

经甲、乙双方协商同意，达成如下协议，共同遵守。

一、委托事项：

发明创造名称：

□发明

□实用新型

□外观设计

二、本所工作人员在申请公布或公布前有保密义务。

三、委托人通信地址若有变更，请立即通知代理人，以防失去联系。

四、本协议书自签字并缴纳代理费和代收款后生效；本协议自专利授权之日起终止，授权后的各项事务由委托人自理。

五、费用

1. 申请代理费：________元，实审代理费：________元，申请代理加急费：________元，其他费用：________元。

2. 代收款项：

实用新型申请费□元　　　　发明申请费□元

外观设计申请费□元　　　　实质审查费□元

公布费　　　　□元

3. 代理费、代收费合计：______元。

4. 交款方式和期限：

现金：________元

支票：________元

日期：　　年　月　日

备注：

甲　方：____________　　　　乙　方：____________

代　表：____________　　　　代　表：____________

电　话：____________　　　　电　话：____________

签约日期：________年____月____日

签约地点：______________________

▲专利实施许可合同

专利实施许可合同

甲方（让与方）：____________

乙方（受让方）：____________

有效期限：______年____月____日至______年____月____日

经甲、乙双方协商同意，达成如下协议，共同遵守。

一、专利技术内容（包括实施该专利有关的一般技术秘密）、要求和工业化开发程序：____。

二、技术资料及其提交期限、地点和方式：

甲方自合同生效之日起____天内在____________（地点）以________方式，向乙方提供下列资料：____。

三、本项目技术秘密的范围和保密期限：________________________________。

四、专利实施许可的种类：____。

五、验收标准和方法：

乙方使用该项技术，试生产后达到本合同规定的技术性能指标，采取________方法验收，由双方签署合同技术验收合格协议书。

如产品验收不合格，双方协商各派代表调查原因并确定双方的责任。

（参照《专利实施许可合同签订指南》第六条）

六、使用费及支付方法：

1. 一次性支付方法：

总金额：________元，________年____月____日。

（1）一次性支付：________元，________年____月____日。

(2) 分散支付：________元，________年____月____日；

________元，________年____月____日。

2. 入门费加提成费方式：

入门费________元　　　　　　支付日期________

(1) 按销售额____%提成　　　支付日期________

(2) 按纯利润____%提成　　　支付日期________

七、技术服务（地点、方式及费用）：

（参照《专利实施许可合同签订指南》第五条）

八、后续改进的提供和分享：

（参照《专利实施许可合同签订指南》第八条）

九、专利权无效和侵权的处理方法：

（参照《专利实施许可合同签订指南》第九条）

十、违约金或者损失赔偿额的计算方法：

1. 违反本合同第________条约定，________方应当承担违约责任，承担方式和违约金额如下：____。

2. 违反本合同第________条约定，________方应当承担违约责任，承担方式和违约金额如下：____。

3. 违反本合同第________条约定，________方应当承担违约责任，承担方式和违约金额如下：____。

4. 其他

十一、合同的变更和终止：______________________________。

（参照《专利实施许可合同签订指南》第十条）

十二、争议的解决办法：

在合同履行过程中发生争议，双方应当协商解决，也可以请求专利管理机关进行调解。

双方不愿协商、调解解决或者协商、调解不成的，采用以下第____种方式解决：

1. 因本合同发生的任何争议，申请________仲裁委员会仲裁；

2. 任何一方可以根据《民事诉讼法》的规定，向人民法院起诉。

十三、名词和术语的解释：

（参照《专利实施许可合同签订指南》第一条）

十四、其他（含中介方的权利、义务、服务费及其支付方式、入门费、财产抵押、担保等上述条款未尽事项）。

甲　方：____________　　　　乙　方：____________

代　表：____________　　　　代　表：____________

电　话：____________　　　　电　话：____________

登记机关审查登记栏：
技术合同登记机关（专用章） 经办人　　（盖章）　　＿＿年＿＿月＿＿日

填写说明

一、“合同登记编号”的填写方式：

合同登记编号为14位，左起第一、第二位为公历年代号，第三、第四位为省、自治区、直辖市编码，第五、第六位为地、市编码，第七、第八位为合同登记点编号，第九至第十四位为合同登记序号，以上编号不足位的补零。各区域编码按GB2260—84规定填写。(合同登记序号由各地区自行决定)

二、计划内项目应填写国务院部委、省、自治区、直辖市、计划单列市、地（县）级计划，不属于上述计划的项目此栏画“/”表示。

三、专利技术内容是指专利说明书和权项保护范围中所涉及的全部技术内容。

四、技术秘密的范围是指各方承担技术保密义务的内容，保密的地域范围和保密的起止时间，泄露技术秘密应承担的责任。

五、其他：

合同如果是通过中介机构介绍签订的，应将中介合同作为本合同的附件。如果双方当事人约定入门费、财产抵押及担保的，应将给付定金、财产抵押及担保手续的复印件作为合同的附件。

六、委托代理人签订本合同书时，应出具委托书。

七、本合同书中，凡是当事人约定无须填写的条款，在该条款填写的空白处画“/”表示。

八、填写时请参照《专利实施许可合同签订指南》的对应条款。

签约日期：＿＿＿＿年＿＿月＿＿日
签约地点：＿＿＿＿＿＿＿＿

▲专利权转让合同

专利权转让合同

甲方（技术受让方）：＿＿＿＿＿＿
乙方（技术转让方）：＿＿＿＿＿＿
中介方：＿＿＿＿＿＿

合同登记机关：（公章）

履行期限：________年____月____日至________年____月____日

<table>
<tr><td>研制单位
（个人）</td><td></td><td></td><td></td></tr>
<tr><td>研制完成时间</td><td>年　月　日</td><td>主要研制人员</td><td></td></tr>
<tr><td>专利申请号</td><td></td><td>专利批准号</td><td></td></tr>
<tr><td>专利申请时间</td><td>年　月　日</td><td>专利批准时间</td><td>年　月　日</td></tr>
<tr><td>专利权的有效期限</td><td colspan="3">年　月　日至　年　月　日</td></tr>
<tr><td rowspan="4">技术受让方</td><td rowspan="4">（公章）
法定代表人</td><td>地　址</td><td></td></tr>
<tr><td>电　话</td><td></td></tr>
<tr><td>账　号</td><td></td></tr>
<tr><td>开户银行</td><td></td></tr>
<tr><td rowspan="4">技术转让方</td><td rowspan="4">（公章）
法定代表人</td><td>地　址</td><td></td></tr>
<tr><td>电　话</td><td></td></tr>
<tr><td>账　号</td><td></td></tr>
<tr><td>开户银行</td><td></td></tr>
<tr><td rowspan="4">中介方</td><td rowspan="4">（公章）
法定代表人</td><td>地　址</td><td></td></tr>
<tr><td>电　话</td><td></td></tr>
<tr><td>账　号</td><td></td></tr>
<tr><td>开户银行</td><td></td></tr>
<tr><td>鉴证单位</td><td colspan="3">意见
（公章）　经办人：
年　月　日</td></tr>
<tr><td>公证单位</td><td colspan="3">意见
（公章）　经办人：
年　月　日</td></tr>
</table>

第六章　房屋租赁、装修合同协议范本

▲房地产租赁协议

房地产租赁协议

甲方（出租人）：____________

乙方（承租人）：____________

甲、乙双方经充分协商，同意就下列房地产租赁事项，订立本协议，共同遵守。

一、甲方自愿将坐落在____区____路（街）____房屋（房屋建筑面积____ m^2；土地使用面积____ m^2）出租给乙方使用。该房地产的基本情况已载于本协议附件一（略）。乙方对甲方所要出租的房地产作了充分了解，愿意承租该房地产。

二、甲、乙双方议定的上述房地产月租金为人民币（大写）____元，¥____。租赁期限自____年____月____日起至____年____月____日止。租金按月（季）结算，由乙方在每月（季）的前____日内交付给甲方。

付款方式：____

____

____

____。

三、上述房屋承租给乙方使用时，该建筑物范围内的土地使用权同时由乙方使用。

四、甲方保证上述房地产权属清楚。若发生与甲方有关的产权纠纷或债务，概由甲方负责清理，并承担民事诉讼责任，因此给乙方造成的经济损失，甲方负责赔偿。乙方保证承租人上述房屋仅为____用房使用。

五、房地产租赁期内，甲方保证并承担下列责任：

1. 上述房地产符合出租房屋使用要求。

2. 负责对房屋及其附着物的定期检查并承担正常的房屋维修费用。由甲方延误房屋维修而使乙方或第三人遭受损失，甲方负责赔偿。

3. 如需出卖或抵押上述房地产，甲方应提前____个月通知乙方。

六、房地产租赁期内，乙方保证并承担下列责任：

1. 如需对房屋进行装修或增扩设备时，应征得甲方书面同意。费用由乙方自理。

2. 如需转租第三人使用或与第三人互换房屋使用时，必须取得甲方同意。

3. 因使用不当或其他人为原因而使房屋或设备损坏的，乙方负责赔偿或给予修复。

4. 乙方将对甲方正常的房屋检查和维修给予协助。

5. 乙方将在租赁期届满时把房地产交还给甲方，如需继续承租上述房地产，应提前____个月与甲方协商，双方另签订协议。

七、违约责任：任何一方未能履行本协议规定的条款或违反国家和地方房地产租赁的有关规定，另一方有权提前解除本协议，所造成的损失由责任一方承担，乙方逾期交付房租，每逾期一日，由甲方按月租金额的____%向乙方加收违约金。

八、如因不可抗力而使承租房屋及其设备损坏的，双方互不承担责任。

九、本协议在履行中若发生争议，甲、乙双方应采取协商办法解决。协商不成时任何一方均可向房地产仲裁委员会申请调解或仲裁，也可向有管辖权的人民法院起诉。

十、上述房地产在租赁期内所需缴纳的税费，由甲、乙双方按规定各自承担。

十一、本协议未尽事项，甲、乙双方可另行议定，其补充议定书经双方签章后与协议具有同等效力。

十二、本协议经双方签章并经房地产租赁管理机关审查批准后生效。

十三、本协议一式__份，甲乙双方各执__份。协议副本__份，送____房地产交易管理所（处）。

十四、双方约定的其他事项。

甲　方：____________	乙　方：____________
代　表：____________	代　表：____________
电　话：____________	电　话：____________

签约日期：________年____月____日

签约地点：______________________

▲建筑承包合同

建筑承包合同

甲方（建设单位）：____________

乙方（建筑单位）：____________

经甲、乙双方协商同意，达成如下协议，共同遵守。

一、甲方委托乙方修建办公楼一栋，由乙方按照甲方提出的图样（附件一）建造。

二、全部修建费（包括材料、人工）共人民币×××万元。

三、甲方在订立合同后三周内，先付给乙方全部修建费的70%，其余30%，待办公楼建成验收合格后10天内全部付清。

四、建筑材料由乙方按照双方协议筹备（附件二）。

五、如质量不符合国家规定标准，由乙方返修。原材料低于协议标准，乙方应按材料差价两倍赔偿损失。如不能按期完工，延期一个月，甲方扣除付给乙方的建筑费1%，延期三个月扣除4%，延期半年扣除10%，延期一年扣除30%。

六、本合同一式两份，双方各执一份。

甲　方：____________　　　　乙　方：____________
代　表：____________　　　　代　表：____________
电　话：____________　　　　电　话：____________

签约日期：________年____月____日
签约地点：______________________

附：1. 办公楼图纸一张；
　　2. 建筑材料单一份。

▲建设工程设计合同

建设工程设计合同

（民用建设工程设计合同）

工 程 名 称：____________
工 程 地 点：____________
合 同 编 号：____________
（由设计人编填）
设计证书等级：____________
发　包　人：____________
签 订 日 期：____________
发　包　人：____________
设　计　人：____________

发包人托设计人承担____________工程设计，经双方协商一致，签订本合同。

第一条　本合同依据下列文件签订：

1. 《中华人民共和国合同法》、《中华人民共和国建筑法》、《建设工程勘察设计市场管理规定》。

2. 国家及地方有关建设工程勘察设计管理法规和规章。

3. 建设工程批准文件。

第二条　本合同设计项目内容：

名称、规模、阶段、投资及设计费等见下表。

序号	分项目名称	建设规模		设计阶段及内容			估算总投资（万/元）	费率%	估算设计费（元）
		层数	建筑面积（m^2）	方案	初步设计	施工图			
说明									

第三条　发包人应向设计人提交的有关资料及文件：

序号	资料及文件名称	份数	提交日期	有关事宜

第四条　设计人应向发包人交付的设计资料及文件：

序号	资料及文件名称	份数	提交日期	有关事宜

第五条　本合同设计收费估算为______元人民币。设计费支付进度详见下表：

付款次序	占总设计费%	付费额（元）	付费时间（由交付设计文件所决定）
第一次付费	20%定金		本合同签订后三日内
第二次付费			
第三次付费			
第四次付费			
第五次付费			

说明：1. 提交各阶段设计文件的同时支付各阶段设计费。

2. 在提交最后一部分施工图的同时结清全部设计费，不留尾款。

3. 实际设计费按初步设计概算（施工图设计概算）核定，多退少补。实际设计费与估算设计费出现差额时，双方另行签订补充协议。

4. 本合同履行后，定金抵作设计费。

第六条　双方责任。

1. 发包人责任：____。

（1）发包人按本合同第三条规定的内容，在规定的时间内向设计人提交资料及文件，并对其完整性、正确性及时限负责，发包人不得要求设计人违反国家有关标准进行设计。

发包人提交上述资料及文件超过规定期限在15天以内时，设计人按合同第四条规定交付设计文件时间顺延；超过规定期限15天以上时，设计人员有权重新确定提交设计文件的时间。

（2）发包人变更委托设计项目、规模、条件或因提交的资料错误，或所提交资料作较大修改，以致造成设计人设计需返工时，双方除需另行协商签订补充协议（或另订合同）、重新明确有关条款外，发包人应按设计人所耗工作量向设计人增付设计费。

在未签订合同前发包人已同意，设计人为发包人所做的各项设计工作，应按收费标准，相应支付设计费。

（3）发包人要求设计人比合同规定时间提前交付设计资料及文件时，如果设计人能够做到，发包人应根据设计人提前投入的工作量，向设计人支付赶工费。

（4）发包人应为派赴现场处理有关设计问题的工作人员，提供必要的工作、生活及交通等方便条件。

（5）发包人应保护设计人的投标书、设计方案、文件、资料图纸、数据、计算机软件和专利技术。未经设计人同意，发包人对设计人交付的设计资料及文件不得擅自修改、复制或向第三人转让或用于本合同以外的项目，如发生以上情况，发包人应负法律责任，设计人有权向发包人索赔。

2. 设计人责任：____。

（1）设计人应按国家技术规范、标准、规程及发包人提出的设计要求，进行工程设计，按合同规定的进度要求提交质量合格的设计资料，并对其负责。

（2）设计人采用的主要技术标准是：____。

（3）设计合理使用年限为______年。

（4）设计人按本合同第二条和第四条规定的内容、进度及份数向发包人交付资料及文件。

(5) 设计人交付设计资料及文件后，按规定参加有关的设计审查，并根据审查结论负责对不超出原定范围的内容作必要的调整补充。设计人按合同规定的时限交付设计资料及文件，本年内项目开始施工，负责向发包人及施工单位进行设计交底、处理有关设计问题和参加竣工验收。在一年内项目尚未开始施工，设计人仍负责上述工作，但应按所需工作量向发包人适当收取咨询服务费。收费额由双方商定。

(6) 设计人应保护发包人的知识产权，不得向第三人泄露、转让发包人提交的产品图纸等技术经济资料。如发生以上情况并给发包人造成经济损失，发包人有权向设计人索赔。

第七条　违约责任

1. 在合同履行期间，发包人要求终止或解除合同，设计人未开始设计工作的，不退还发包人已付的定金；已开始设计工作的，发包人应根据设计人已进行的实际工作量支付费用，不足一半时，按该阶段设计费的一半支付，超过一半时按该阶段全部设计费支付。

2. 发包人应按本合同第五条规定的金额和时间向设计人支付设计费，每逾期支付一天应承担支付金额千分之二的逾期违约金。逾期超过30天以上时，设计人有权暂停履行下阶段工作，并书面通知发包人。发包人的上级或设计审批部门对设计文件不审批或本合同项目暂停缓建，发包人均按本条第1款规定支付设计费。

3. 设计人对设计资料及文件出现的遗漏或错误，负责修改或补充。由于设计人员错误造成工程质量事故损失，设计人除负责采取补救措施外，应免收直接受损失部分的设计费。损失严重的，根据损失的程度和设计人责任大小，向发包人支付赔偿金，赔偿金由双方商定为实际损失的______%。

4. 由于设计人自身原因，延误了按本合同第四条规定的设计资料及设计文件的交付时间，每延误一天，应减收该项目应收设计费的千分之二。

5. 合同生效后，设计人要求终止或解除合同，设计人应双倍返还定金。

第八条　其他

1. 发包人要求设计人派专人留驻施工现场进行配合与解决有关问题时，双方应另行签订补充协议或技术咨询服务合同。

2. 设计人为本合同项目所采用的国家或地方标准图，由发包人付费向有关出版部门购买。本合同第四条规定设计人交付的设计资料及文件份数超过《工程设计收费标准》规定的份数，设计人另收工本费。

3. 本工程设计资料及文件中，建筑材料、建筑构配件和设备，应当注明规格、型号、性能等技术指标，设计人不得指定生产厂、供应商。发包人需要设计人配合加工订货时，所需费用由发包人承担。

4. 发包人委托设计人配合引进项目的设计任务，从询价、对外谈判、国内外技术考察直至建成投产的各个阶段，应吸收承担有关设计任务的设计人参加。出国费用，除制装费外，由发包人付。

5. 发包人委托设计人承担本合同内容之外的工作服务，另行支付费用。

6. 由于不可抗力致使合同无法履行时，双方应及时协商解决。

7. 本合同在履行过程中发生的争议，由双方当事人协商解决，协商不成的，按下列第______种方式解决：

（1）提交______仲裁委员会仲裁；

（2）依法向人民法院起诉。

8. 本合同一式______份，发包人______份，设计人______份。

9. 本合同经双方签章并在发包人向设计人支付定金后生效。

10. 本合同生效后，按规定到项目所在省建设行政管理部门规定的审查部门备案。双方认为必要时，到项目所在地工商行政管理部门申请鉴证。双方履行完合同规定的义务后，本合同即行终止。

11. 本合同未尽事宜，双方可签订补充协议，有关协议及双方认可的来往电报、传真、会议纪要等，均为本合同的组成部分，与本合同具有同等的法律效力。

12. 其他约定事项：____。

发包人名称:(盖章)______
法定代表人:(签字)______
委托代理人:(签字)____
住　　所:______
邮政编码:______
电　　话:______
传　　真:______
开户银行:______
银行账号:______
建设行政主管部门备案:______
备　案　号:______
备案日期:____年__月__日

设计人名称:(盖章)______
法定代表人:(签字)______
委托代理人:(签字)____
住　　所______
邮政编码:______
电　　话:______
传　　真:______
开户银行:______
银行账号:______
鉴证意见:(盖章)______
经办人:______
鉴证日期:____年__月__日

▲二手房买卖协议

二手房买卖协议

甲方（出卖人）：____________

乙方（买受人）：____________

甲、乙双方就房屋买卖事项经过多次协商，一致同意订立合同条款如下，以资共同遵守。

一、甲方愿将自有坐落________市________路________号________房屋______间、建筑面积____________平方米，卖给乙方。

二、甲方出售给乙方的房屋东至______________，南至______________，西至____________，北至____________（附：四至平面图一张）。其房屋阳台、走道、楼梯、卫生间、灶间及其他设备。

三、上列房屋包括附属设备，双方议定以人民币____________万元，由甲方出售给乙方。

四、房屋价款乙方分三期付给甲方。第一期，在双方签订买卖合同之日，付人民币____________万元；第二期在交付房屋之日，付人民币____________万元；第三期在房屋产权批准过户登记之日付清。每期付款，甲方收到后出具收据。

五、甲方应自本合同签订日起______天内将房屋腾空，连同原房屋所有权证等有关证件，点交给乙方，由乙方出具收到凭证。

六、在办理房屋产权移转过户登记时，甲方应出具申请房屋产权移转给乙方的书面报告。如需要甲方出面处理的，不论何时，甲方应协助。如因甲方的延误，以致影响产权过户登记而遭受的损失，由甲方负赔偿责任。

七、本合同签订前，该房屋应缴纳的一切捐税、费用，概由甲方负责。本合同发生的过户登记费、契税、估价费、印花税由乙方负担。其他税费按有关法律规定各自承担。

八、甲方如不按合同规定的日期交付房屋，每逾期 1 天按房价总额的____‰计算违约金交给乙方。逾期超过____个月时，乙方可解除本合同。解约时，甲方除将已收的房价款全部退还乙方外，另付给乙方与已收房价款等额的违约金。

九、乙方全部或一部分不按本合同第四条规定的日期给付房价款时，其逾期部分，乙方应按日加付 5‰计算的违约金给予甲方。逾期超过 3 个月时，甲方可解除本合同。解约时，乙方已付的房价款作为赔偿金归甲方所有。

十、甲方保证其出卖给乙方的房屋，产权清楚，绝无其他项权利设定或其他纠纷。乙方买受后，如该房屋产权有纠葛，以致影响乙方权利的行使，概由甲方负责处理，并赔偿乙方损失。

十一、交屋时，乙方发现房屋构造或设备与合同约定的不符，经鉴定属实，甲方应于____个月内予以修理，如逾期不修理，乙方可自行修理，费用在房价款中扣除。如修理仍达不到合同约定的要求，乙方可解除合同。解约时，甲方除返还全部房价款外，并按本合同第八条规定承担违约责任。

十二、房屋所占用的土地（包括庭院围墙等）所有权属于国家。乙方取得上述房屋，占有相应比例的土地使用权，并依照国家法律的规定缴纳土地使用税及其他有关费用。

十三、甲、乙双方在履行本合同过程中发生争议，由双方协商解决；协商不成的，按本合同约定的下列方法之一进行解决：

1. 由________仲裁委员会仲裁；

2. 向________人民法院起诉。

十四、本合同的附件与合同有同等效力。

十五、本合同一式四份，甲、乙双方各执一份，另两份分别送交房产和土地管理机关，办理产权过户登记手续。

甲　方：____________　　　　乙　方：____________
代　表：____________　　　　代　表：____________
电　话：____________　　　　电　话：____________

签约日期：________年____月____日
签约地点：______________________

附：四至平面图一张（略）

▲一般房屋租赁合同

一般房屋租赁合同

甲方（出租人）：____________
乙方（承租人）：____________

第一条　租赁房屋坐落在________________、间数____、建筑面积________、房屋质量________。

第二条　租赁期限从________年____月____日至________年____月____日。

（提示：租赁期限不得超过20年。超过20年的，超过部分无效）

第三条　租金（大写）：____

第四条　租金的支付期限与方式：____
____
____
____
____。

第五条　承租人负责支付出租房屋的水费、电费、煤气费、电话费、光缆电视收视费、卫生费和物业管理费。

第六条　租赁房屋的用途：____
____
____
____。

第七条　租赁房屋的维修：____
____

____

____。

出租人维修的范围、时间及费用负担：____________________________________

____

____

____。

第八条　出租人（是/否）允许承租人对租赁房屋进行装修或改善增设他物。装修、改善增设他物的范围是：______________________________________

____

____

____。

租赁合同期满，租赁房屋的装修、改善增设他物的处理：____________________

____。

第九条　出租人（是/否）允许承租人转租租赁房屋。

第十条　定金（大写）__________元。承租人在____前交给出租人。

第十一条　合同解除的条件

有下列情形之一，出租人有权解除本合同：

1. 承租人不交付或者不按约定交付租金达____个月以上；
2. 承租人所欠各项费用达（大写）________元以上；
3. 未经出租人同意及有关部门批准，承租人擅自改变出租房屋用途的；
4. 承租人违反本合同约定，不承担维修责任致使房屋或设备严重损坏的；
5. 未经出租人书面同意，承租人将出租房屋进行装修的；
6. 未经出租人书面同意，承租人将出租房屋转租第三人的；
7. 承租人在出租房屋进行违法活动的。

有下列情形之一，承租人有权解除本合同：

1. 出租人迟延交付出租房屋________个月以上；
2. 出租人违反本合同约定，不承担维修责任，使承租人无法继续使用出租房屋。
3. ____。
4. ____。

第十二条　房屋租赁合同期满，承租人返还房屋的时间是：__________________

____

____

____。

第十三条　违约责任：____

____

____

____

____。

出租人未按时或未按要求维修出租房屋造成承租人人身受到伤害或财产毁损的，负责赔偿损失。

承租人逾期交付租金，除应及时如数补交外，还应支付滞纳金。

承租人违反合同，擅自将出租房屋转租第三人使用的，因此造成出租房屋毁坏的，应负损害赔偿责任。

第十四条　合同争议的解决方式：本合同在履行过程中发生的争议，由双方当事人协商解决；也可由有关部门调解。协商或调解不成的，按下列第____种方式解决。

1. 提交________仲裁委员会仲裁；

2. 依法向人民法院起诉。

第十五条　其他约定事项：____

____。

甲　方：____________　　　　乙　方：____________

代　表：____________　　　　代　表：____________

电　话：____________　　　　电　话：____________

签约日期：________年____月____日

签约地点：______________________

▲商品房租赁合同

商品房租赁合同

甲方（出租人）：____________

乙方（承租人）：____________

甲、乙双方通过友好协商，就房屋租赁事宜达成如下协议，共同遵守。

一、乙方租用甲方坐落在______度假村______组团内______楼房______栋，建筑面积为______平方米。租用期三十年，自本合同生效之日开始计算。

二、租用期限内房屋租金为______元人民币。乙方分两次支付。本合同生效后的十天内，乙方支付房屋租金的60%为______万元，房屋验收合格后的十天内，乙方支付房屋租金的剩余款额。

三、租用期内，房屋由乙方使用管理，房屋的房产税、土地使用税和其他合理税费由乙方承担。

四、租用期内乙方所用的水、暖、电、热水、通信、室外环卫、房屋修缮、绿化维护等由甲方统一管理，发生的费用由乙方承担。

五、第三、四条所发生的费用，甲方凭单据、发票和有关规定文件，按各规定的期限向乙方结算。

六、乙方所租用房屋，在乙方验收合格并付清房屋租金后，归乙方使用。

七、在房屋保修期内（水电设施半年，土建一年，采暖设施一个采暖期，自乙方使用之日算起）甲方对房屋质量问题保修。

八、乙方服务人员的临时户口等生活上所需办理的手续，由甲方帮助与当地有关单位联系解决。

九、违约责任

1. 本合同生效后，如乙方违约，乙方已缴房屋租金不退，并一次性支付违约罚金______万元人民币。

2. 本合同生效后，如果甲方违约，甲方向乙方退还剩余租金（本合同房屋租金的三十分之一乘以剩余租期年数），并一次性支付违约罚金______万元人民币。

3. 不满半年的租期按半年计算，超过半年不满一年的租期按一年计算。

十、在租用期内，甲方不得将乙方租用的房屋转租给任何第三者，如果甲方出售乙方租用的房屋，乙方应享受优先购置权，并无须另行支付购房款，同时甲方应协助乙方办理正式过户手续，由此发生的有关费用由乙方承担。

十一、乙方需要安装电话，由甲方解决，费用由乙方承担。

十二、在租用期内，如遇不可抗力的灾害，房屋遭到毁坏，按照房屋建设程序，甲方重新建造房屋。

十三、甲方已声明本合同所指标的楼房是符合国家有关政策和法令而建造和经营的，甲、乙双方在符合国家现行的有关政策和法令的基础上签订本合同的。如在租赁期限内遇与国家新的政策、法令、规定相悖，使本合同不得不解除时，甲方每年按房租总金额的百分之十乘以乙方实际租用年数计扣房租。

十四、本合同在履行过程中发生的争议，由双方当事人协商解决；协商不成的，按下列第______种方式解决：

1. 提交______仲裁委员会仲裁；

2. 依法向人民法院起诉。

十五、本合同一式八份。正本两份，双方各执一份；副本六份，双方各执三份。正、副本具有同等法律约束力。

十六、本合同双方签字盖章经公证后生效。本合同未尽事宜双方另行商定。

十七、本合同附件（由甲方提供）。

1. 房屋平面位置及占用土地范围图。（略）

2. ______度假村别墅暂行管理办法。（略）

甲　方：______________　　　　乙　方：______________

代　表：______________　　　　代　表：______________

电　话：______________　　　　电　话：______________

签约日期：________年____月____日

签约地点：________________________

▲写字楼（商铺）租赁协议书

写字楼（商铺）租赁协议书

甲方（出租方）：____________

乙方（承租方）：____________

经甲、乙双方协商同意，达成如下协议，共同遵守。

一、出租房屋坐落地址：________________________。

二、房屋面积

使用面积（按建筑面积，下同）______平方米，内含厨房______间，卫生间______间；房内设备有电表______个，检漏开关______个，电话线______条，电话机______台（号码：______），洗手盆______个，抽水马桶______个，淋浴器______个，光管______支，插座______个。

三、租用期限

乙方租用期为______年，即从______年______月______日起至______年______月______日止。

四、费用及交纳期限

1\. 乙方每月向甲方交纳房租为人民币____拾____万____仟____佰____拾______元（小写：______元），在当月15日前交清，交纳地点在甲方财务部。

2\. 甲方向乙方提供电话使用（不代办查阅电话费用明细账）、供水、供电、电梯、保安，公共设施的管理、维修及公共场所清洁卫生等综合服务，甲方向乙方收取综合服务费，按______元/月 · m^2 的标准收取，即每月收取综合服务费______仟______佰______拾______元（小写：______元）。乙方必须在当月15日前交清，交纳地点在甲方财务部。

3\. 乙方使用工作用房期间，其水电费、电话费由乙方负担，乙方当月的水电费和电话费按水电及电信部门收取的金额在下一个月15日前由甲方代收，收费地点在甲方财务部。

五、甲方的责任

1\. 甲方负责对工作用房的维修（如属乙方使用不当造成需维修的项目，其发生的费用由乙方负责），确保工作用房的使用安全。

2\. 甲方为乙方提供电话通信设备（以下简称TEL），TEL的所有权归甲方，乙方只有使用权。

3\. 本协议期满甲方在乙方已办妥退房手续，并交齐所有有偿费用，按时迁出后，将本协议规定的保证金退还乙方（不计利息）。

4\. 在本协议有效期限内甲方向乙方收取的租金及保证金、综合服务费的标准不变。

5\. 甲方不承担因乙方对工作用房进行装修拆改，或因不可抗力的原因导致毁损工作用房和造成乙方财产、人身安全等损失的责任。

六、乙方的责任

1. 本协议在甲、乙双方签字后生效。乙方在本协议生效后5天内向甲方交付履约保证金______拾______万______仟______百______拾______元（小写：______元）；电话及通话费保证金______万______仟______佰______拾______元（小写：______元）（国际长途：3000元/部；国内长途：2000元/部；市内：1000元/部）。乙方若中途退房，保证金归甲方所有。

2. 乙方依约交付租金、综合服务费、水电费、电话费、逾期不交者须交滞纳金，即乙方每逾期一天应按应交费用总金额的30%向甲方交滞纳金。

3. 乙方使用的工作用房，只准用于开办独立核算的企业，不得将其转让、转租、擅自改变使用用途。

4. 乙方不得私自拆改工作用房。若需对房间装修的，乙方须按《____市________综合管理规定》执行（附件一），到甲方综合管理部办理填报《申请表》等手续，经甲方批准后方可组织施工。否则，乙方装修视作违约，应自行拆除，恢复原状；同时一切费用由乙方支付。本协议终止后，其墙面（含门、窗）、天花、灯具、地板、招牌底、防盗网等不动产均无偿归甲方，乙方不得自行拆除。否则，乙方必须在将其所使用的工作用房恢复原状后，方可取回保证金。房间的建筑和各种设施若因乙方装修拆改，或使用不当，或人为损坏，或下水道堵塞所造成的损失，均由乙方赔偿。

5. 乙方不得私自拆装电话，或转让、转租给他方使用。否则，甲方有权收回乙方的TEL，并按电信局有关规定处以罚款。若乙方对TEL有任何损坏，均由乙方负责维修和赔偿。

6. 乙方在使用期内必须自觉地遵守国家有关法律、法令，依法经营。注意防火安全、计划生育、治安管理，乙方若违反上述条例应承担一切经济法律责任。

7. 乙方拖欠甲方的租金、综合服务费达1个月，则作乙方自行终止协议处理。乙方应在接到甲方通知三天内自行迁出，并补交所欠甲方的一切费用。若乙方不按时迁出，则从协议终止日起计收逾期金，每逾期一天按本协议所定的日租金、综合服务费金额的两倍计收。

8. 乙方在本协议期满后续签新协议时，交费标准按新协议执行，且须在本协议终止前一个月到甲方办理续签（新协议）手续，逾期作不续签处理。乙方如无意续签，则应在本协议终止前一个月内，到甲方办理退房手续，并于本协议终止后五天内迁出。如未及时迁出，保证金归甲方，并由甲方向乙方收取违约金，每逾期一天按本协议所定的日租金额和综合服务费的两倍计收。

9. 本协议期满或乙方需中途退房，应按规定办妥退房手续，乙方须到甲方综合管理部填写《退房验收情况登记表》，在甲方验收合格后，乙方才能搬出甲方大院，否则甲方不予放行。

10. 乙方需办理进驻甲方工作用房的手续程序，并应如实填写《____市____进驻企业人员登记表》（附件二），并向甲方提交有关资料。

七、其他

____

____。

八、本协议未尽事宜，一律按《中华人民共和国合同法》有关规定执行。经双方协商后签订补充协议，与本协议有同等法律效力。

九、本合同在履行过程中发生争议，由双方协商解决；协商不成的，按本合同约定的下列方法之一进行解决：

1. 由________仲裁委员会仲裁；

2. 向________人民法院起诉。

十、以上条款若与国家新颁布的法令有抵触之处，即按国家法令的新规定执行。

十一、本协议一式四份，经双方法定代表人签字盖章后生效，甲、乙双方各执两份，均具有同等法律效力。

甲　方：____________　　乙　方：____________

代　表：____________　　代　表：____________

电　话：____________　　电　话：____________

签约日期：________年____月____日

签约地点：______________________

附件：

1.《____市________综合管理规定》（略）

2.《____市________进驻企业人员登记表》（略）

▲私房（公房）出租协议书

私房（公房）出租协议书

甲方（出租人）：____________

乙方（承租人）：____________

经甲、乙双方协商同意，达成如下协议，共同遵守。

第一条　出租房屋坐落地址______________________________。

第二条　房屋名称、规格、等级、间数、面积、单价、金额、地面质量（见下表）：

房屋名称（楼、正、厢、平、厦）	规格	等级	间数（间）	面积（m^2）	单价（元/m^2）	年租赁金额（元）	门数（合）	窗数（眼）	地面质量（土、砖、水泥）

第三条　租赁期限

租期为____年____月____日，从____年____月____日起至____年____月____日止。

甲方应按照合同规定时间和标准，将出租的房屋及时给乙方使用居住。

第四条　租金和租金交纳期限

乙方每月向甲方交纳租金人民币____元整，甲方应出具收据。租金在当月____天内交清，交租金地点在____

（房屋租金，由租赁双方按照房屋所在地人民政府规定的私有房屋租金标准协商议定；没有规定标准的，由租赁双方根据公平合理的原则，参照房屋所在地租金的实际水平协商决定。出租人不得任意抬高租金。）

第五条　出租人与承租人的变更

1. 租赁期间，甲方如将房产所有权转移给第三人，不必征得乙方同意，但应通知乙方。房产所有权转移给第三人后，该第三人即成为本合同的当然甲方，享有原甲方的权利，承担原甲方的义务。

2. 租赁期间，乙方如欲将房屋转让给第三人使用，必须征得甲方的同意。取得使用权的第三人即成为本合同的当然乙方，享有原乙方的权利，承担原乙方的义务。

第六条　甲方的责任

1. 甲方如未按本合同规定的时间向乙方提供租赁房屋，应按延迟期间内乙方应交租金的____%计算，向乙方偿付违约金。

2. 租赁期间，出租房屋的维修由甲方负责，如租赁房发生重大自然损坏或有倾倒危险而甲方又不修缮时，乙方可以退租或代甲方修缮，并可以用修缮费用收据抵消租金。

3. 出租房屋的房产税、土地使用费由甲方负担。

4. 租赁期间，如甲方确需收回房屋自住，必须提前____个月书面通知乙方，解除合同，甲方应付给乙方违约金，违约金以剩余租期内应交租金总额的____%计算。

第七条　乙方的责任

1. 乙方依约交付租金，甲方如无正当理由拒收，乙方不负迟延交租的责任；乙方如果拖欠租金，应按中国人民银行延期付款的规定向甲方偿付违约金。乙方如拖欠租金达____月以上，甲方可以从乙方履约金（如乙方付有履约金）中扣除租金，并可收回出租之房屋。

2. 租赁期间，房屋管理费、水电费由乙方负担。

3. 租赁期间，如乙方确因特殊情况需要退房，必须提前____个月书面通知甲方，解除合同，应付给甲方违约金，违约金以剩余租期内应交租金总额的____%计算。

4. 租赁期间，乙方不得擅自改变房屋的结构及用途，乙方如因故意或过失造成租用房屋和设备的毁损，应负责恢复原状或赔偿经济损失。乙方如需装修墙窗，须事先征得甲方同意，并经房屋修缮管理部门批准方能施工。乙方在租用房屋内装修墙窗的格、花、板、壁、电器等物，在迁出时可一次折价给甲方，亦可自行拆除，但应恢复房屋原状。

5. 租赁期满或合同解除，乙方必须按时搬出全部物件。搬迁____日内房屋里如仍有余物，视为乙方放弃所有权，由甲方处理。

6. 租赁期满或合同解除，如乙方逾期不搬迁，乙方应赔偿甲方因此所受的损失，必要时甲方可以向人民法院起诉和申请执行。

第八条　合同争议的解决方式

本合同在履行过程中发生的争议，应通过甲乙双方协商解决，也可由当地房管部门或工商行政管理部门调解。协商或调解不成的，按下列第____种方式解决：

1. 提交________________仲裁委员会仲裁；

2. 依法向人民法院起诉。

第九条　合同期满，如甲方的租赁房屋继续出租或出卖，乙方享有优先权。

第十条　房屋如因不可抗力的自然灾害导致毁损，本合同则自然终止，互不承担责任。

第十一条　本合同如有未尽事宜，须经双方协商作出补充规定。补充规定与本合同具有同等效力。

本合同一式两份，甲、乙双方各执一份；合同副本一式____份，交____市（县）房管局等单位各留存一份。

甲　方：____________　　　　乙　方：____________

代　表：____________　　　　代　表：____________

电　话：____________　　　　电　话：____________

签约日期：________年____月____日

签约地点：______________________

▲酒店客房租赁协议书

酒店客房租赁协议书

甲方（出租方）：____________

乙方（承租方）：____________

经甲、乙双方协商同意，达成如下协议，共同遵守。

租用房号：____________宾馆____楼____室，共____间房。

租约：自____年____月____日起至____年____月____日止。为期____年。

房租价格：自____年____月____日起至____年____月____日止。每天每房定价为______元，一年合计为______元。

预付租金：自____年____月____日起至____年____月____日止。预付____半年，合计为________元（人民币）。

付款事项：除预付租金外，乙方所有的费用可签单入账，月结一次。乙方应于每月月终（30 日前）前来前厅部办理结算，以付清当月全部账目，与此同时乙方同意付清下月的续住预付租金，否则作为自动退房处理。饭店有权把该房的物品迁移至行李库保存，待领，并终止协议，原房另行出租。

优惠项目：乙方可凭本饭店长住房房卡享受下列优惠条件：

1. 免费早餐（时间____时至____时），各餐厅均可。

2. 免费使用游泳池、健身房和桑拿浴室。

3. 卡拉 OK 可获 10% 的优惠。

4. 凡经常住房订房者，其房费可获 20% 的优惠。

乙方同意下列各点：

（1）所租客房未经饭店前厅部同意，不能分租或转租他人。

（2）乙方在饭店内住宿，必须向服务台出示有效护照或居留证件，并填写住宿登记表；乙方短期外出，须通知服务台，返回饭店时应当重新到服务台办理入住手续。乙方在外出期间，如有朋友、同事要求入住该长包时，请事先通知甲方并凭乙方书面证明和住宿者本人有效证件到服务台办理来宾住宿登记手续。

（3）客房内增住其他客人须经饭店前厅部同意并到服务台办理住宿登记手续。

（4）客房内不得存放任何易燃易爆物品；客房内严禁使用电炉或者其他功率在 500 瓦以上的电器设备。否则，由此引起的一切后果均由乙方承担全部责任。

（5）如因乙方使用、保护不当而造成客房建筑、设备的损坏等情况，应由乙方负责赔偿。

（6）乙方应按期缴纳租金及其他费用。

（7）租约期满时，在当时房价及上述各条款没有更改的情况下，同时双方也无其他异议时，本协议可自动延长一年。期满退租或甲方收回自用均应在协议终止前一个月以书面通知各方并立即办理退房协议手续，否则作续租办理。乙方如在租约（合同）期内退房须提前一个月以书面通知销售部，否则应补偿饭店______天的空房费。

（8）双方在履行本合同过程中发生争议，由双方协商解决；协商不成的，按本合同约定的下列方法之一进行解决：

①由________仲裁委员会仲裁；

②向________人民法院起诉。

（9）本合同一式两份，用中文写成，双方各执一份，自签约之日起即行生效。

甲　方：____________　　乙　方：____________

代　表：____________　　代　表：____________

电　话：____________　　电　话：____________

签约日期：________年____月____日

签约地点：______________________

▲房屋转租合同

房屋转租合同

甲方（转租人）：____________

乙方（承租人）：____________

经甲、乙双方协商同意，达成如下协议，共同遵守。

第一条　转租人经出租人的同意，就承租的坐落____市____地号（门牌____市____区____路____号）二层楼房的楼上全部____ m^2 转租与承租人居住使用，承租人依约承租。

第二条　转租期限：自____年____月____日起，至____年____月____日止，计____年。

第三条　租金：每月租金人民币__元，每月__日以前缴纳；保证金人民币__元，于转租期满交还房屋时无息返还。

第四条　使用转租物的限制。

1. 本转租房屋系供居住之用。

2. 未经甲方同意，乙方不得将转租房屋全部或一部分转租、出借、顶让，或以其他变相方法由他人使用转租房屋。

3. 乙方于转租期满后应将转租房屋交还，不得向甲方请求迁移费或任何费用。

4. 转租房屋不得供非法活动使用，或存放危险物品影响公共安全。

5. 转租房屋有改装设施的必要，乙方取得甲方的同意后方得自行装设，但不得损害原有建筑。

第五条　危险负担：乙方应以适当管理使用转租房屋，除因天灾等不可抗拒的情形外，因乙方的过失导致转租房屋损毁，应负损害赔偿之责。转租房屋因自然损坏，有修缮必要时，由甲方负责修理。

第六条　违约责任。

1. 乙方违反约定使用转租房屋，或拖欠租金达两期以上，经甲方催告限期缴纳仍不支付时，不待转租期限届满，甲方可终止租约。

2. 乙方于终止租约或转租期满不交还房屋，自终止租约或转租期满之翌日起，乙方应支付按房租一倍计算的违约金。

第七条　其他特约事项。

1. 转租房屋的税捐由甲方负担，水电费由乙方负担。

2. 乙方迁出时，如遗留家具杂物不搬的，视为放弃，可由甲方处理。

3. 乙方如觅有保证人，应与保证人负连保证责任。

4. 本合同转租期限未满，一方拟终止租约时，须得到对方的同意。

5. 双方在履行本合同过程中发生争议，由双方协商解决；协商不成的，按本合同约定的下列方法之一进行解决：

（1）由________仲裁委员会仲裁；

（2）向________人民法院起诉。

甲　方：____________　　乙　方：____________

代　表：____________　　代　表：____________

电　话：____________　　电　话：____________

签约日期：________年____月____日

签约地点：______________________

▲建筑装饰工程施工合同

建筑装饰工程施工合同

发包方（甲方）：____________________

承包方（乙方）：____________________

按照《中华人民共和国合同法》和《建筑安装工程承包合同条例》的规定，结合本工程具体情况，双方达成如下协议。

第一条　工程概况

1.1　工程名称：____

1.2　工程地点：____

1.3　承包范围：____

1.4　承包方式：____

1.5　工期：本工程自______年__月__日开工，于____年__月__日竣工。

1.6　工程质量：____

1.7　合同价款（人民币大写）：_________________________________

第二条　甲方工作

2.1　开工前______天，向乙方提供经确认的施工图纸或做法说明____份，并向乙方进行现场交底。全部腾空或部分腾空房屋，清除影响施工的障碍物。对只能部分腾空的房屋中所滞留的家具、陈设等采取保护措施。向乙方提供施工所需的水、电、气及电信等设备，并说明注意事项。办理施工所涉及的各种申请、批件等手续。

2.2　指派________为甲方驻工地代表，负责合同履行。对工程质量、进度进行监督检查，办理验收、变更、登记手续和其他事宜。

2.3　委托________监理公司进行工程监理，监理公司任命________为总监理工程师，其职责在监理合同中应明确，并将合同副本交乙方________份。

2.4　负责保护好周围建筑物及装修、设备管线、古树名木、绿地等不受损坏，并承担相应费用。

2.5 如确实需要拆改原建筑物结构或设备管线，负责到有关部门办理相应审批手续。

2.6 协调有关部门做好现场保卫、消防、垃圾处理等工作，并承担相应费用。

第三条 乙方工作

3.1 参加甲方组织的施工图纸或做法说明的现场交底，拟订施工方案和进度计划，交甲方审定。

3.2 指派________为乙方驻工地代表，负责合同履行，按要求组织施工，保质、保量、按期完成施工任务，解决由乙方负责的各项事宜。

3.3 严格执行施工规范、安全操作规程、防火安全规定、环境保护规定。严格按照图纸或做法说明进行施工，做好各项质量检查记录。参加竣工验收，编制工程结算。

3.4 遵守国家或地方政府及有关部门对施工现场管理的规定，妥善保护好施工现场周围建筑物、设备管线、古树名木不受损坏。做好施工现场保卫和垃圾处理等工作，处理好由于施工带来的扰民问题及与周围（住户）的关系。

3.5 施工中未经甲方同意或有关部门批准，不得随意拆改原建筑物结构及各种设备管线。

3.6 工程竣工移交甲方之前，负责对现场的一切设施和工程成品进行保护。

第四条 关于工期的约定

4.1 甲方要求比合同约定的工期提前竣工时，应征得乙方同意，并支付乙方因赶工采取的措施费用。

4.2 因甲方未按约定完成工作，影响工期，工期顺延。

4.3 因乙方责任，不能按期开工或中途无故停工，影响工期，工期不顺延。

4.4 因设计变更或非乙方原因造成的停电、停水、停气及不可抗力因素影响，导致停工8小时以上（一周内累计计算），工期相应顺延。

第五条 关于工程质量及验收的约定

5.1 本工程以施工图纸、做法说明、设计变更和《建筑装饰工程施工及验收规范》（JGJ73—91）、《建筑安装工程质量检验评定统一标准》（GBJ300—88）等国家制定的施工及验收规范为质量评定验收标准。

5.2 本工程质量应达到国家质量评定合格标准。甲方要求部分或全部工程项目达到优良标准时，应向乙方支付由此增加的费用。

5.3 甲、乙双方应及时办理隐蔽工程和中间工程检查与验收手续。甲方不按时参加隐蔽工程和中间工程验收，乙方可自行验收，甲方应予承认。若甲方要求复验时，乙方应按要求办理复验。若复验合格，甲方应承担复验费用，由此造成停工，工期顺延；若复验不合格，其复验返工费用由乙方承担，但工期也予顺延。

5.4 由于甲方提供的材料、设备质量不合格而影响工程质量，其返工费用由甲方承担，工期顺延。

5.5 由于乙方原因造成质量事故，其返工费用由乙方承担，工期不顺延。

5.6 工程竣工后，乙方应通知甲方验收，甲方自接到验收通知____日内组织验收，并办理验收、移交手续。如甲方在规定时间内未能组织验收，需及时通知乙方，另定验收日期。但甲方应承认竣工日期，并承担乙方的看管费用和相关费用。

第六条　关于工程价款及结算的约定

6.1　双方商定本合同价款采用第____种：

（1）固定价格。

（2）固定价格加____%包干风险系数计算。包干风险包括______内容。

（3）可调价格：按照国家有关工程计价规定计算造价，并按有关规定进行调整和竣工结算。

6.2　本合同生效后，甲方分________次按下表约定支付工程款，尾款在竣工结算时一次结清。

拨款分__次进行	拨款__%	金额

6.3　工程竣工验收后，乙方提出工程结算并将有关资料送交甲方。甲方自接到上述资料____天内审查完毕，到期未提出异议，视为同意，并在____天内，结清尾款。

第七条　关于材料供应的约定

7.1　本工程甲方负责采购的材料、设备，应为符合设计要求的合格产品，并应按时供应到现场。凡约定由乙方提供的，甲方应将提货手续移交给乙方，由乙方承担运输费用。由甲方供应的材料、设备发生了质量问题或规格差异对工程造成损失，责任由甲方承担。甲方供应的材料，经乙方验收后，由乙方负责保管，甲方应支付材料价值____%的保管费。由于乙方保管不当造成损失，由乙方负责赔偿。

7.2　凡由乙方采购的材料、设备，如不符合质量要求或规格有差异，应禁止使用。若已对工程造成损失，由乙方负责。

第八条　有关安全生产和防火的约定

8.1　甲方提供的施工图纸或做法说明，应符合《中华人民共和国消防条例》和有关防火设计规范。

8.2　乙方在施工期间应严格遵守《建筑安装工程安全技术规程》、《建筑安装工人安全操作规程》、《中华人民共和国消防条例》和其他相关的法规、规范。

8.3　由于甲方确认的图纸或做法说明，违反有关安全操作规程、消防条例和防火设计规范，导致发生安全或火灾事故，甲方应承担由此产生的一切经济损失。

8.4　由于乙方在施工生产过程中违反有关安全操作规程、消防条例，导致发生安全或火灾事故，乙方应承担由此引发的一切经济损失。

第九条　奖励和违约责任

9.1　由于甲方原因导致延期开工或中途停工，甲方应补偿乙方因停工、窝工所造成的损失。每停工或窝工一天，甲方支付乙方________元。甲方不按合同的约定拨付款，每拖期一天，按付款额的____%支付滞纳金。

9.2 由于乙方原因，逾期竣工，每逾期一天，乙方支付甲方________元违约金。甲方要求提前竣工，除支付赶工措施费外，每提前一天，甲方支付乙方________元，作为奖励。

9.3 乙方按照甲方要求，全部或部分工程项目达到优良标准时，除按本合同5.2款增加优质价款外，甲方支付乙方________元，作为奖励。

9.4 乙方应妥善保护甲方提供的设备及现场堆放的家具、陈设和工程成品，如造成损失应照价赔偿。

9.5 甲方未办理任何手续，擅自同意拆改原有建筑物结构或设备管线，由此发生的损失或事故（包括罚款）由甲方负责并承担损失。

9.6 未经甲方同意，乙方擅自拆改原建筑物结构或设备管线，由此发生的损失或事故（包括罚款）由乙方负责并承担损失。

9.7 未办验收手续，甲方提前使用或擅自动用，造成损失由甲方负责。

9.8 因一方原因，合同无法继续履行时，应通知对方，办理合同终止协议，并由责任方赔偿对方由此造成的经济损失。

第十条 争议或纠纷处理

10.1 本合同在履行期间，双方发生争议时，在不影响工程进度的前提下，双方可协商解决或请有关部门进行调解。

10.2 本合同在执行中发生的争议，双方同意由________仲裁委员会仲裁，当事人未在本合同中约定仲裁机构，事后又没有达成书面仲裁协议的，可向人民法院起诉。

第十一条 其他约定

第十二条 附则

12.1 本工程需要进行保修或保险时，应另订协议。

12.2 本合同正本两份，双方各执一份，副本___份，甲方执___份，乙方执___份。

12.3 本合同履行完毕后自动终止。

12.4 附件

（1）施工图纸或做法说明

（2）工程项目一览表

（3）工程预算书

（4）甲方提供货物清单

（5）会议纪要

（6）设计变更

（7）其他

甲方（盖章）：________________ 乙方（盖章）：________________

法定代表人：________________ 法定代表人：________________

代 理 人：________________ 代 理 人：________________

单 位 地 址：________________ 单位地址：________________

电　　话：	________	电　　话：	________
传　　真：	________	传　　真：	________
邮　　编：	________	邮　　编：	________
开户银行：	________	开户银行：	________
户　　名：	________	户　　名：	________
账　　号：	________	账　　名：	________

签约日期：________年____月____日

签约地点：____________

▲家庭装饰装修协议

家庭装饰装修协议

甲方（发包人）：________

乙方（承包人）：________

本工程设计人：________　　电话：________

施工队负责人：________　　电话：________

依照《中华人民共和国合同法》及有关法律、法规的规定，结合家庭居室装饰装修工程施工的特点，双方在平等、自愿、协商一致的基础上，就发包人的家庭居室装饰装修工程（以下简称工程）的有关事宜，达成如下协议：

第一条　工程概况

1. 工程地点：____________________。

2. 工程内容及做法。

3. 工程承包方式：双方商定采取下列第__种承包方式。

（1）承包人包工、包料；

（2）承包人包工、部分包料，发包人提供部分材料；

（3）承包人包工、发包人包料。

4. 工程期限________天，开工日期________年________月________日，竣工期________年________月________日。

5. 合同价款：本合同工程造价为（大写）________元。

第二条　工程监理

若本工程实行工程监理，发包人与监理公司另行签订《工程监理合同》，并将监理工程师的姓名、单位、联系方式及监理工程师的职责等通知承包人。

第三条　施工图纸

双方商定施工图纸采取下列第__种方式提供：

1. 发包人自行设计并提供施工图纸，图纸一式两份，发包人、承包人各一份；

2. 发包人委托承包人设计施工图纸，图纸一式两份，发包人、承包人各一份，设计费（大写）________元，由发包人支付（此费用不在工程价款内）。

第四条　发包人义务

1. 开工前________天，为承包人入场施工创造条件。包括搬清室内家具、陈设或将室内不易搬动的家具、陈设归堆、遮盖，以不影响施工为原则；

2. 提供施工期间的水源、电源；

3. 负责协调施工队与邻里之间的关系；

4. 不拆动室内承重结构，如需拆改原建筑的非承重结构或设备管线，负责到有关部门办理相应的审批手续；

5. 施工期间发包人仍需部分使用该居室的，负责做好施工现场的保卫消防等项工作；

6. 参与工程质量和施工进度的监督，负责材料进场、竣工验收。

第五条　承包人义务

1. 施工中严格执行安全施工操作规范、防火规定、施工规范及质量标准，按期保质完成工程；

2. 严格执行有关施工现场管理的规定，不得扰民及污染环境；

3. 保护好原居室室内的家具和陈设，保证居室内上、下水管道的畅通；

4. 保证施工现场的整洁，工程完工后负责清扫施工现场。

第六条　工程变更

工程项目及施工方式如需变更，双方应协商一致，签订书面变更协议，同时调整相关工程费用及工期。

第七条　材料的提供

1. 由发包人提供的材料、设备（详见附表4：发包人提供装饰装修材料明细表），发包人应在材料运到施工现场前通知承包人，双方共同验收并办理交接手续；

2. 由承包人提供的材料、设备，承包人应在材料运到施工现场前通知发包人，并接受发包人检验。

第八条　工期延误

1. 对以下原因造成竣工日期延误，经发包人确认，工期相应顺延：

（1）工程量变化和设计变更；

（2）不可抗力；

（3）发包人同意工期顺延的其他情况。

2. 因发包人未按约定完成其负责的工作而影响工期的，工期顺延；因发包人提供的材料、设备质量不合格而影响工程质量的，返工费用由发包人承担，工期顺延。

3. 发包人未按期支付工程款，合同工期相应顺延。

4. 因承包人责任不能按期开工或无故中途停工而影响工期的，工期不顺延；因承包人原因造成工程质量存在问题的，返工费用由承包人承担，工期不顺延。

第九条　质量标准

双方约定本工程施工质量标准：________________________________。

施工过程中双方对工程质量发生争议，由________部门对工程质量予以认证，经认证工程质量符合合同约定的标准，认证过程支出的相关费用由发包人承担。

第十条　工程验收和保修

1. 双方约定在施工过程中下列几个阶段对工程质量进行验收：

（1）____。

（2）____。

（3）____。

承包人应提前两天通知发包人进行验收，阶段验收合格后应填写工程验收单。

2. 工程竣工后，承包人应通知发包人验收，发包人应自接到验收通知后两天内组织验收，填写工程验收单。在工程款结清后，办移交手续。

3. 本工程自验收合格双方签字之日起保修期为________月。验收合格签字后，填写工程保修单。

第十一条　工程款支付方式

1. 双方约定按以下第________种方式支付工程款：

（1）合同生效后，发包人按下表中的约定直接向承包人支付工程款：

支付次数	支付时间	支付金额
第一次	开工前三日	支付　　　元
第二次	工程进度过半	支付　　　元
第三次	双方验收合格	支付　　　元

工程进度过半指____。

（2）其他支付方式：____。

2. 工程验收合格后，承包人应向发包人提出工程结算，并将有关资料送交发包人。发包人接到资料后________日内如未有异议，即视为同意，双方应填写工程结算单并签字，发包人应在签字时向承包人结清工程尾款。

3. 工程款全部结清后，承包人应向发包人开具正式统一发票。

第十二条　违约责任

1. 合同双方当事人中的任何一方因未履行合同约定或违反国家法律、法规及有关政策，受到罚款或给对方造成损失的均由责任方承担责任，并赔偿给对方造成的经济损失。

2. 未办理验收手续，发包人提前使用或擅自动用工程成品而造成损失的，由发包人负责。

3. 因一方原因，造成合同无法继续履行时，该方应及时通知另一方，办理合同终止手续，并由责任方赔偿对方相应的经济损失。

4. 发包人未按期支付第二（三）次工程款的，每延误一天向对方支付违约金________元。

5. 由于承包人原因，工程质量达不到双方约定的质量标准，承包人负责修理，工期不予顺延。

6. 由于承包人原因致使工期延误，每延误一天向对方支付违约金________元。

第十三条　合同争议的解决方式

本合同在履行过程中发生的争议，由当事人双方协商解决；也可由有关部门调解；协商或调解不成的，按下列第____方式解决：

1. 提交____________________仲裁委员会仲裁；

2. 依法向人民法院提起诉讼。

第十四条　几项具体规定

1. 因工程施工而产生的垃圾，由承包人负责运出施工现场，并负责将垃圾运到指定的地点，发包人负责支付垃圾清运费用（大写）________元（此费用不在工程价款内）。

2. 施工期间，发包人将外屋钥匙____把，交给承包人保管。工程竣工验收后，发包人负责提供新锁____把，由承包人当场安装交付使用。

3. 施工期间，承包人每天的工作时间为上午____点____分至____点____分；下午____点____分至____点____分。

第十五条　附　则

1. 本合同经双方签字（盖章）后生效，合同履行完毕后终止。

2. 本合同签订后工程不得转包。

3. 本合同一式________份，双方各执________份，________部门________份。

4. 合同附件为本合同的组成部分，与本合同具有同等法律效力。

发包人（签字）：____________　　承包人（盖章）：____________

法定代表人：____________

委托代理人：____________

________年____月____日　　________年____月____日

鉴证意见：

鉴证机关（章）：______

经办人：________

________年____月____日

监制部门：　　印制单位：

第七章　文化、艺术、图书出版合同协议范本

▲影视片播放协议书

影视片播放协议书

甲方（发行者）：____________

乙方（影院）：____________

第一条　甲方保证供应从______年______月______日至______年______月______日期间乙方映出的全部影片。

第二条　经与乙方协商，甲方按月编制影片映出计划，该计划双方如无异议即行生效，由双方共同执行。

第三条　经双方商定的编映计划，甲方应以书面通知乙方，并详细注明各影片国别、出品厂、本数、上映日期及选片时间、地点等主要项目。

第四条　甲方供应乙方的影片凡具备自行取送条件者，由乙方自行取送；不具备自行取送条件者，由双方各负责单程发送。影片映完之后，乙方必须按甲方指定的时间和地点发送。

第五条　乙方每月最低映出长片______场，短片______场。场租：首轮艺术片（复轮艺术片、纪录片）35 毫米______元/场；16 毫米______元/场；8.75 毫米______元/场。

第六条　甲、乙双方票房收入分账率为：甲方______%；乙方______%。

第七条　乙方映出的影片，只限于规定的乙方场地映出，不得转租或转借给任何单位和个人。

第八条　乙方排映的影片，不得拖长映期延误规定的时间或拦截运输周转中的影片，否则按实际影响的场次，以满场总收入的______%赔偿甲方。延误甲方规定的发寄时间，如系不可抗力或其他不可归责于乙方的情况引起的，不适用本条。

第九条　排定的影片，如甲方未能将影片按期供应乙方，致使乙方停映，甲方应根据乙方实际停映的场次，每场按满场总收入扣除片租应得后赔偿乙方。如遇有临时任务必须更改、影片内容有修改或停止发行、拷贝损坏无法上映等，责任确不在甲方者，甲方不负赔偿责任。但甲方有责任及时供应乙方更换的节目。

第十条　排定影片及特殊性影片之票价及优待办法，分账双方不得任意变更。

第十一条　乙方在排定影片后，不得占用排映电影时间改作其他活动。如必须改作其他活动，须于每日排片前提出计划。影片排定后乙方少映或停映电影，在上映三天前提出时，乙方应向甲方交纳变更手续费____元，在上映前两天或排映期内提出时，则按乙方实际影响场次以本地区平均场租____元，每场的____%赔偿甲方。已出库的影片，借故不映者，收取以片租的____%。

第十二条　乙方对甲方供应的影片，应按有关规定予以保护。如有遗失、损坏或经甲方检查发现有超额损伤时，乙方应当负责赔偿，否则停止供片。

第十三条　甲方可随时派机检员凭证至放映设备和放映人员处，如发现乙方放映设备、放映人员不符合要求时，为保护影片安全，甲方有权通知乙方迅速维修改进，如情节严重，甲方可及时停止供给影片至修复后经甲方检查认可时止。

第十四条　乙方须按规定的时间提供报表和交付片款。对不按期缴片租者，超过______日起，每日按片租总额缴______%滞纳金。超过______以上时，除照缴滞纳金外并暂停供片，直在缴齐片租时再予恢复供片。

第十五条　甲方派出稽查员有权利到乙方稽核票务及查阅有关账册，乙方应给予方便；如甲方发现乙方有少报、偷漏片租行为，除按规定补交片租外，根据情节轻重，按片租总额处以______倍以下的赔偿。

第十六条　本合同自签字之日起生效。一方要求延长合同，应在第一条规定的期间结束前______月通知对方，双方商定并续订合同。

第十七条　双方在履行本合同过程中发生争议，由双方协商解决；协商不成的，按本合同约定的下列方法之一进行解决：

1. 由________仲裁委员会仲裁；

2. 向________人民法院起诉。

第十八条　本合同一式两份，双方各执一份为凭。

甲方：________________　　乙方：________________

代表：________　　代表：________

电话：____________　　电话：____________

签约日期：________年____月____日

签约地点：______________________

▲作品改编、摄制影视片许可版权合同

作品改编、摄制影视片许可版权合同

甲方（著作权人）：____________

乙方（制 片 人）：____________

作 品 名 称：________________

第一条 甲方授权乙方将上述作品摄制成电影，在______地区发行（播映）。

第二条 乙方承担摄制上述作品所需要费用，负责安排摄制及电影片的推广、宣传。

第三条 甲方保证拥有上述作品的摄制电影权，保证上述作品中不含有侵犯他人版权和其他权益的内容。

第四条 乙方要求上述作品符合下列摄制的要求：________________________。

第五条 为摄制需要对上述作品进行改编，由______方负责。

第六条 甲方承担改编，应于______年______月______日之前将改编稿交付乙方（乙方承担改编，甲方应于______年______月______日前将作品稿交付乙方）。甲方因故不能按时交付，双方另行商定日期，协商不成，乙方可以终止合同。

第七条 乙方收到改编稿（作品稿）后，应在______日内书面通知甲方是否采用。逾期未通知的，视为同意采用。

第八条 在本合同有效期内，双方均不得擅自将本合同第一条规定的权利授予第三方。如有违反，受害一方有权向对方追索经济赔偿并解除合同。

第九条 乙方可为摄制的需要，在不变动上述作品的主要线索、主要人物、主要情节的情况下，修改上述作品。作者对根据其同意的改编稿摄制的电影片，不得提出保护作品完整性的要求。片名和署名方式的确定，应征得作者的同意。

第十条 乙方有权为推广以上述作品为蓝本摄制的电影片，根据电影剧本编写和发表内容提要、海报。

第十一条 乙方向甲方支付版权使用费的方式和标准为：

1. 一次性付酬______元；

2. 版税：每拷贝______元；

3. 基本稿酬加拷贝发行版税：______元/每千字 × ______，千字 + 版税每拷贝______元。

第十二条 乙方在本合同签字后______天内，向甲方预付上述使用费的______%，其余部分于电影片摄制完成后______天内付清。

第十三条 甲方承担改编的，乙方向甲方支付改编费______元。

第十四条 乙方应在______月内开始上述作品的摄制。因故不能按时开始，双方另行商定日期。协商不成，甲方有权终止合同。

第十五条 由于甲方原因不能摄制上述作品，乙方有权要求甲方返还预付的费用。

第十六条 由于乙方原因不能摄制上述作品，乙方应给甲方以经济补偿，数额为本合同第十二条所规定费用的______%。

第十七条 甲方在支付费用的情况下，有权要求乙方提供根据上述作品摄制的电影剧照。

第十八条 在电影片摄制完成后______月内，乙方应将作品稿交还甲方，若有损坏或遗失，应赔偿甲方损失。

第十九条 在本合同期满后，乙方可继续发行根据上述作品摄制的电影。

第二十条　本合同自______年______月______日起生效，有效期为______年。一方要求延长，应在合同期满前三个月通知对方，双方商定后续订合同。

第二十一条　双方在履行本合同过程中发生争议，由双方协商解决；协商不成的，按本合同约定的下列方法之一进行解决：

1. 由________仲裁委员会仲裁；

2. 向________人民法院起诉。

第二十二条　本合同一式两份，双方各执一份为凭，共具法律效力。

甲方：________________　　乙方：________________

代表：________　　代表：________

电话：____________　　电话：____________

签约日期：________年____月____日

签约地点：______________________

▲图书约稿合同

图书约稿合同

著者（或译者）姓名：____________

约稿者：____________

著作稿（或译稿）名称：____________

（本译作原著名称：）____________

（原著者姓名及国籍：）____________

（原出版者及出版地点、年份：）____________

上列著作稿（或译稿）的著者（或译者）和约稿者于______年____月____日签订本合同，双方达成协议如下：

第一条　全稿字数____万字左右，初定稿费每千字______元。

第二条　对著作（或译稿）的要求：________________________________。

第三条　交稿日期______年______月；著者（或译者）因故不能交稿，在______期间向约稿者提出，双方根据书稿情况另议交稿日期或中止本合同。

第四条　著者（或译者）保证不将上述著作稿（或译稿）投寄其他出版单位或期刊，若违反上述保证给约稿者造成损失，将予适当赔偿。

第五条　1. 约稿者收到稿件后在______天内通知著者（或译者）已收到稿件，在______月内审读完毕，通知著者（或译者）是否采用或退改，否则认为稿件已被接受。

2. 约稿者如对稿件无修改意见，在上述规定的审读期限内与著者（或译者）签订出版合同。

3. 约稿者如对稿件提出修改意见，著者（或译者）在双方议定日期内修改后交稿。约稿者______月内审毕。

著者（或译者）因拒绝修改或在上述日期内无故不退回修改稿，应适当赔偿约稿者损失，约稿者并可废除本合同。

4. 稿件若经修改符合出版要求，约稿者将与著者（或译者）签订出版合同，若经修改仍不符合要求，约稿者可书面通知废除本合同并将著作稿（或译稿）退还著者（或译者），但将根据约稿情况向著者（或译者）支付少量约稿费，作为劳动的部分补偿。

第六条　本合同签订后，稿件如达到出版水平：由于约稿者的原因不能签订出版合同，约稿者向著者（或译者）支付基本稿酬______%，并将稿件归还著者（或译者）；由于客观形势变化，不能签订出版合同，约稿者向著者（或译者）支付基本稿酬______%，稿件由约稿者保留______年，在此期限内若有第三者（出版社）愿出版上述稿件，著者（或译者）必须通知约稿者并征询是否愿意出版。若约稿者不拟出版，著者（或译者）有权废除本合同，收回稿件交第三者出版。超过上述保留期限，约稿者将稿件退还著者（或译者），本合同失效。

第七条　约稿者收到著作稿（或译稿）后，若将原稿损坏或丢失，应赔偿著者（或译者）经济损失______元。

第八条　著作稿（或译稿）的出版合同签订后，本合同即自行失效。

第九条　本合同一式两份，双方各执一份为凭。

订合同人：

著者（或译者）：______（签字）　　约稿者：________（签字）

地址：________________　　地址：________________

电话：________________　　电话：________________

签约日期：________年____月____日

签约地点：______________________

▲著作权许可使用合同

著作权许可使用合同

甲方（许 可 人）：____________

乙方（被许可人）：____________

上述双方当事人就著作权许可使用达成如下协议：

一、许可使用作品的名称及方式：____

____

____。

二、许可使用的权利是专有使用权还是非专有使用权：________________

____

____。

三、许可使用的范围、期间：______________________________________

____

____。

四、付酬标准和办法：____

____

____。

五、违约责任：____

____

____

____。

六、其他事项：____

____

____

甲　方：____________　　　　乙　方：____________

负责人：____________　　　　负责人：____________

电　话：____________　　　　电　话：____________

签约日期：________年____月____日

签约地点：____________________

▲图书出版合同

图书出版合同

甲方（著作权人）：________　　　　地址：____________

乙方（出 版 者）：________　　　　地址：____________

作品名称：____________

作者姓名：____________

甲乙双方就上述作品的出版达成如下协议：

第一条　甲方授予乙方在合同有效期内，在____地区以图书形式出版上述作品____________文本的专有使用权。

第二条　甲方保证拥有第一条授予乙方的权利。如因上述权利的行使侵犯他人权益，甲方承担全部责任并赔偿因此给乙方造成的损失，乙方可以终止合同。

第三条　上述作品的内容、篇幅、体例、图表、附录等应符合下列要求：

____

____

____。

第四条　甲方应于________年____月____日前将上述作品的誊清稿交付乙方。甲方因故不能按时交稿，应在交稿期限届满前____日通知乙方，双方另行约定交稿日期。

甲方到期仍不能交稿，乙方可以终止合同。

甲方交付的稿件应有作者的签章。

第五条　乙方应于________年____月____日产出版上述作品，因故不能按时出版，应在出版期限届满前____日通知甲方，双方另行约定出版日期。乙方到期仍不能出版，甲方可以终止合同。乙方应按第九条约定报酬标准的____%向甲方支付赔偿金。

第六条　在合同有效期内，未经双方同意，任何一方不得将第一条约定的权利许可第三方使用。如有违反，另一方有权要求经济赔偿并终止合同。一方经对方同意许可第三方使用上述权利，应将所得报酬的____%交付对方。

第七条　乙方尊重甲方确定的署名方式。乙方不得更动上述作品的名称，不得对作品进行修、删节、增加图表及前言、后记。

第八条　上述作品的校样由乙方审校。

第九条　乙方向甲方支付报酬的方式和标准为：

（1）____。

（2）____。

（3）____。

最低印数为____________册。

第十条　乙方在合同签字后____日内，向甲方预付上述报酬的____%，________（元），其余部分于出版后____日付清。

第十一条　甲方交付的稿件未达到合同第三条约定的要求，而且甲方拒绝按照合同的约定修改，乙方有权终止合同并要求甲方返还预付报酬的____%。如经反复修改仍未达到合同第三条的要求，预付报酬不返还乙方；如未支付预付报酬，乙方按合同第九条约定报酬的____%向甲方支付酬金。

第十二条　上述作品首次出版____年内，乙方可以自行重印。首次出版____年后，乙方重印应事先通知甲方。如果甲方需要对作品进行修改，应于收到通知后____日内答复乙方，否则乙方可按原版重印。

第十三条　乙方重印、再版，应将印数通知甲方，并在重印、再版____日内按第九条的约定向甲方支付报酬。

第十四条　甲方有权核查图书的印数。如甲方指定第三方进行核查，需要提供书面授权书。如乙方隐瞒印数，除向甲方补齐应付报酬外，还应支付全部报酬____%的赔偿金并承担核查费用。如核查结果与乙方提供的印数相符，核查费用由甲方承担。

第十五条　在合同有效期内，如图书脱销，甲方有权要求乙方重印，再版。如甲方收到乙方拒绝重印，再版的书面答复，或乙方收到甲方重印，再版的书面要求后____月内未重印，再版，甲方可以终止合同。

第十六条　上述作品出版后：

乙方应于____日内将作品原稿退还甲方。如有损坏，应赔偿甲方________元；如有遗失，赔偿________元。

第十七条　上述作品首次出版后____日内，乙方向甲方赠样书________册，并以____折价售予甲方图书________册。每次再版后____日内，乙方向甲方赠样书________册。

第十八条　乙方许可报社、杂志社刊载上述作品，须另行取得甲方书面授权。

第十九条　双方因合同的解释或履行发生争议，由双方协商解决。协商不成：由____著作权合同仲裁机构仲裁。

第二十条　合同的变更、续签及其他未尽事宜，由双方另行商定。

第二十一条　本合同自签字之日起生效，有效期为____年。

第二十二条　本合同一式两份，双方各执一份为凭。

甲方：____________________　　乙方：____________________

地址：____________________　　地址：____________________

电话：____________________　　电话：____________________

签约日期：________年____月____日

签约地点：________________________

▲图书出版合同（翻译作品）

图书出版合同

著者（或译者）姓名：________

出版者名称：______________

著作稿（或译稿）名称：______

本译作原著名称：__________

原著者姓名及国籍：________

原出版者及出版地点、年份：____________

上列著作稿（或译稿）的著者（或译者）和出版者于______年______月______日签订本合同，双方达成协议如下：

第一条　本著作稿（或译稿）的专有出版权由著者（或译者）在本合同第十七条规定的有效期间授予出版者。出版者在此有效期间有权将本著作稿（或译稿）以各种版本形式出版，但未经著者（或译者）同意不得向第三者转让出版权。

第二条　本著作稿（或译稿）系著者（或译者）本人创作（或翻译）的原稿，如发现剽窃等侵犯他人版权的情况，著者（或译者）负全部责任，并适当赔偿出版者由此受到的经济损失。

第三条　在本合同有效期间，著者（或译者）不得将本著作稿（或译稿）的全部或一部分、或将其内容稍加修改以原名称或更换名称授予第三者另行出版。著者（或译者）若违反本规定，将适当赔偿出版者经济损失。出版者并可废除本合同。

第四条　出版者将按照国家规定的稿酬办法向著者（或译者）支付稿酬。基本稿酬定为每千字______元，书稿发排后预付稿酬______元，在见到样书后______天内结清稿酬。

第五条　出版者将在______年______季度出版本著作稿（或译稿）。如出现出版者本身无法控制的特殊情况需推迟出版日期，出版者应与著者（或译者）另议出版日期。如更改后的出版日期到期，著作稿（或译稿）因印刷原因仍未出版，出版者照付基本稿酬，全部稿酬在出书后结算付清。

第六条　本合同签订后，（1）著作稿（或译稿）由于出版者的原因不能出版，出版者向著者（或译者）支付基本稿酬______%，并将稿件归还著者（或译者）；（2）著作稿（或译稿）由于客观形势变化不能出版，出版者向著作（或译者）支付基本稿酬______%，并将稿件退还著者（或译者），但可保留复制本。上述稿件以后如有可能出版，在本合同有效期间出版者可保留专有出版权，亦可允许第三者使用此项出版权。

第七条　出版者加工著作稿（或译稿），若改书名、增加插图、标题、前言、后记或对稿件内容作实质性修改，应事先征得著者（或译者）同意并在发稿前请著者（或译者）审定签字，著者（或译者）应按双方议定日期退回原稿。

第八条　本著作稿（或译稿）的校样，由出版者负责根据著者（或译者）审定签字的原稿校对；著者（或译者）若看样校，只在校样上作个别不影响版面的修改，并在______天内签字后退还出版者。如校样不按期退还或因修改过多（不是由于排版错误或客观形势的变化）而增加排版费用，著者（或译者）应承担______%（不超过稿酬总额的______%）。

第九条　本著作（或译作）首次出版前，出版者若将稿件损坏或丢失，应赔偿著者（或译者）不低于基本稿酬______%的经济损失。

本著作（或译作）首次出版后，其原稿按下列办法之一处理：

1. ______天内退还著者（或译者）；

2. 由出版者保留______年后再退还著者（或译者）。

第十条　本著作（或译作）首次出版后，出版者应赠著者（或译者）样书______册。以后每重印一次赠送样书______册。

出版者同意著者（或译者）本人在著作（或译作）出版后______月内按批发折扣购书______册。

第十一条　本著作（或译作）首次出版一年之内，出版者可自行重印。一年之后出版者如需重印，应事先通知著者（或译者）并送校正本；著者（或译者）收到通知后应在一个月内将修改意见通知出版者，否则出版者按原版重印。

第十二条　本著作（或译作）如经出版者所在地区总发行机构证实脱销，著者（或译者）有权要求出版者重印，如出版者拒绝重印，或自著者（或译者）提出要求后

______年内不重印，著者（或译者）有权废除本合同。但本著作（或译作）属控制发行者除外。

第十三条　本著作（或译作）修订本的出版日期和付酬办法等事项，双方另行协商，并补签协议书作为本合同的附件。

第十四条　如出版者在合同有效期间允许第三者以摘编、选编形式转载本著作（或译作），应事先征得著者（或译者）同意，将与第三者签订的合同及其他有关文件的抄件寄给著者（或译者），并将第三者所得报酬的三分之二付给著者（或译者）。

第十五条　本著者（或译者）委托出版者在合同有效期间授权第三者使用下列权利，出版者将与第三者签订的合同及其他有关文件的抄件寄交著者（或译者），并按下列比例向著者（或译者）支付第三者所得报酬：

1. 改编——75%；
2. 翻译——75%；
3. 表演——75%；
4. 播放——80%；
5. 录音录像——80%；
6. 摄制影片——80%。（此条供选择用）

第十六条　如一方认为对方违反合同条款，由双方协商解决，或请双方同意的上级主管部门或省级出版管理机构调解，也可向法院起诉。

第十七条　依据《中华人民共和国著作权法》第三十条，出版者规定，本合同自签订之日起生效，有效期为______年，在______年内享有本书的专有出版权。任何一方要求延长合同期限，应在合同期满前三个月通知对方，是否延长由双方商定。

第十八条　本合同条款需补充、更改，由双方商定。

第十九条　本合同一式两份，双方各执一份为凭。

订合同人：

著者（或译者）：________（签字）　　出版者：________（签字）

地址：__________________　　地址：__________________

电话：__________________　　电话：__________________

签约日期：________年____月____日

签约地点：______________________

▲刊物发行合同书

刊物发行合同书

甲方（杂志社）：________________

乙方（邮局发行公司）：____________

甲方委托乙方代理发行其《______________》杂志，现就发行事项达成以下协议。

第一条　杂志委托乙方发行后，该杂志名称、篇幅、刊期、定价、发行办法等出版情况，按年固定，中途不变（增刊，合刊，停刊除外），如特殊情况需从下半年起变动，甲方应向乙方支付变动手续费：发行全国的______元，发行本埠的______元。甲方每年于年底前将下年度出版发行情况填写“报刊出版详情登记表”送交乙方。

第二条　交刊时间和方式。

1. 交刊时间和地点：杂志______月______日出版，______天内分______次均衡地送到______验收，按时交清，不留尾数。脱期10天以上出版的，在当期刊物内刊登启事或夹条公告读者，并向乙方付拖期部分定价总款额______%的延误损失补偿费。由于严重拖期出版，给乙方零售造成滞销损失，甲方应将实际损失份数的定价款偿付乙方。

2. 捆扎规格：__________。

3. 甲方每期交刊前，送交乙方分发部门样本______份。

4. 杂志印刷不清、破损、劣装、脱页，甲方应负责调换，乙方另收发刊费；无刊调换的，由甲方按全价经乙方向订户退款。

5. 损耗率：甲方应按当期印数无偿加发______份，供乙方补充发送损耗之用。

6. 短缺率：整捆内份数不足的，按抽查短缺数折合成价款，由乙方在结算时坐扣，直到下次抽查符合规定比率为止。

第三条　甲方应在每期杂志封底右下角刊登如下内容：

1. 出版日期，期号；

2. 季度订阅价，本期零售价；

3. 邮发杂志代号；

4. 公开发行或限国内发行；

5. 出版行政机关登记证码；

6. 总发行处______邮电（政）局，订购处各地邮电局（所）。

第四条　杂志临时增刊，甲方须在出版前3个月将增刊审批手续或影印件通知乙方，并按规定向乙方计付劳务费。杂志临时合刊必须合价，并于出版前3个月通知乙方。

第五条　杂志交乙方发行后，甲方除在甲方自己经营的门市部零售外，不外办或委托其他单位、个人办理发行业务。但对外地读者错过乙方收订期和在邮发范围以外的地区，甲方可自办发行。

第六条　乙方负责杂志的综合性宣传并应积极做好收订和零售工作。对甲方印刷的宣传材料，乙方免费分发、张贴。

第七条　乙方最迟于杂志出版前______天，向甲方提出本期订货数量。

第八条　及时发运杂志（定于每期杂志收齐3天内发完），如因乙方责任延误未发，按份数定价款额的______%偿付甲方延误损失费。

第九条　乙方应准时结付杂志款（于每期杂志送齐3天内向甲方结清）。

第十条　杂志在运递过程中，如发生被污损、雨湿，订户收不到所订杂志等情况，乙方负赔偿责任。

第十一条　甲、乙双方商定：发行费率在本埠订阅的为杂志定价的______%，本埠零售为定价的______%；外埠发行的为定价的______%，并在结付账款时由乙方坐扣。

第十二条　因刊价中途变动而提高定价时，对乙方已收部分，涨价差额由甲方负担。向甲方结算时一次坐扣，之后一律按新价向甲方结算。停刊减价退款，乙方按退款总额______%计收手续费。

第十三条　杂志送交乙方后，甲方因故要求撤回时，应向乙方提出正式书面通知，乙方则按如下方法办理：

1. 对尚在出版地待发的杂志立即停发，由甲方负责处理。

2. 对已发行的杂志，因通知各地邮局停发、停售而使用的电话、电报费由甲方负担，停发、停送、停售的杂志由乙方负责处理。

3. 对已经投送订户和已出售的杂志，乙方一律不负责收回。

4. 对撤回停送、停售的杂志，甲方如重印补发，乙方另收一次发行费；不能重印补发的，甲方应刊登启事公告读者，乙方不再向订户退款。

5. 甲方需要了解杂志发行数量和发行地区时，乙方应如实提供。

第十四条　本合同自签订之日起生效。每年审订一次，如双方无异议，原合同内容继续有效。但要履行续签手续（可在原合同上续签，也可填写新合同文本）。一方不执行合同规定，另一方可在合同期三个月前提出终止合同，所造成经济损失，由违约方承担全部经济赔偿责任。

第十五条　本合同共签______份。合同双方各存一份，共同具有法律效力。

______杂志社（盖章）　　　　______发行公司（盖章）
代表：____________　　　　代表：____________
电话：____________　　　　电话：____________

签约日期：________年____月____日
签约地点：______________________

▲图书出版包销协议书

图书出版包销协议书

甲方（出版者）：____________
乙方（出版社）：____________

经甲、乙双方协商同意，达成如下协议，共同遵守。

一、《____________》的稿件由甲方组织教师编写，全书约______万字，于________年____月____日前交稿至乙方。

二、乙方于________年____月____日前将《____________》一书出版，并按国家新闻出版法律法规的要求保证该书之质量。版本为大32开，正文纸张为60克，每本定价为____元。甲方负责本书的一、二校，校对应及时完成（每校两天完成）。

三、甲方从乙方处购买______册《______________》作为教学用书，共支付书款______元整。

四、甲方按全价付购书款，除此之外无须付其他费用给乙方。

五、乙方应于________年____月____日前将甲方所购之书全部免费送到甲方所在地教材库。

六、甲方于收到书籍后7天内付清全部款项。

七、如有违约，违约者必须支付____万元的违约金给对方，并且赔偿一切因违约而给对方造成的损失。

八、本协议一式两份，甲、乙双方各执一份。从双方签字之日起即时生效，均具有同等法律效力。

甲方名称：____________　　乙方名称：____________出版社
代　　表：____________　　代　　表：____________
电　　话：____________　　电　　话：____________

签约日期：________年____月____日
签约地点：______________________

▲授予翻译权合同

授予翻译权合同

甲方（著作权人）：____________
乙方（出版者）：____________

经甲、乙双方协商同意，达成如下协议，共同遵守。

第一条　甲方授予乙方在合同有效期内，在______（国家、地区）以图书形式用______（文字）翻译、出版______册（印数）上述作品译本（下称“译本”）的专有使用权。

第二条　甲方保证拥有第一次授予乙方的权利。如因上述权利的行使侵犯他人著作权，甲方承担全部责任并赔偿因此给乙方造成的损失，乙方可以终止合同。

第三条　为翻译的目的，甲方应免费向乙方在____日内提供上述作品的________本加工副本。

第四条　乙方根据本合同第十七条的规定，为获得出版译本的权利，向甲方支付报酬，支付方式为：

1. 版税：______（货币单位）［译本定价×______%（版税率）×销售数（或印

数）]；（例如文学作品 8%，科技作品 10%）或________。

2. 一次性付酬：______（货币单位）（例如文学作品每千字 20 元，科技作品每千字 25 元）。

如果译本的最后定价高出预计定价，乙方应在译本出版后按______%增加向甲方支付的报酬。

乙方在本合同签订后______月内，向甲方预付______%的版税，其余版税于出版后按______月结算期分期支付，或在______月内一次付清。

第五条　乙方负责安排有资格和有能力的译者对作品进行准确的翻译，译者姓名和其资格证明应送交甲方，未经甲方事先书面同意，不得删节、增加或以其他方式修改作品。

第六条　有关译本的质量问题，由甲乙双方商定。

第七条　乙方将作者的姓名标注在译本的封面、护封和扉页的显著位置，并注明："此版本______（书名）系______（乙方名称）与______（甲方名称）于______年______月协议出版"。

第八条　乙方应于______月______日前出版译本。乙方因故未能按时出版，应在出版期限届满前______日通知甲方，双方另行约定出版日期。乙方支付逾期违约金，比例为______，乙方在双方另行约定的出版日期仍不能出版，甲方可以终止合同，乙方应向甲方赔偿损失，并支付违约金，比例为______%。

第九条　译本一经出版，乙方应免费于______日前向甲方提供______本样书，并应尽力推销译本的复制品。

第十条　如果乙方希望增加______册（印数），______年内乙方可以自行决定增加印数，但应将拟议的印数和定价通知甲方，并于______日内按第四条规定的______方式向其支付报酬。如果乙方未在译本脱销后______月内再次重印译本，授予的权利回归甲方。

第十一条　未经甲方事先书面同意，乙方不得行使除第一条规定的译本的其他任何权利。

第十二条　未经甲方事先同意，乙方不得将所授的翻译权许可任何第三方行使，译本也不得单独使用乙方自己的版本说明。

第十三条　如果乙方未在______日内支付本合同规定的报酬，如果甲方不解除合同，乙方应继续履行合同支付报酬，并支付逾期违约金，比例为______；如甲方解除合同，乙方应赔偿损失，并支付违约金，比例为______。

第十四条　除本合同明确授予乙方的权利之外，作品的其他所有权利由甲方保留。乙方希望取得的权利，应在本合同中明确约定。

第十五条　甲方有权核查译本的印数。如甲方指定第三方核查，需提供授权委托书。如乙方隐瞒印数，除向甲方补齐应付报酬外，还应支付违约金并承担核查费用。如核查结果与乙方提供的印数相符，核查费用由甲方承担。

第十六条　如果乙方违反了本合同的约定，又未能在甲方通知其______月内改正，或甲方已撤销不能履行的合同，本合同自动终止，授予乙方的翻译权回归甲方，乙方应向甲方赔偿损失，并支付违约金，比例为______%。

第十七条　乙方委托______（银行）以______（票据）的方式向甲方支付报酬，并按______日中国国家外汇管理局的外汇牌价折算成合同确定的币种支付。

第十八条　双方因合同的解释或履行发生争议，由双方协商解决。协商不成按下列方法之一办理：

1. 由______（仲裁机构）仲裁，中国仲裁机构为______仲裁委员会。

2. 向______（法院）提起诉讼。

第十九条　因本合同纠纷提起的仲裁或诉讼，适用《中华人民共和国民事诉讼法》有关涉外民事诉讼程序的特别规定。

第二十条　本合同的变更、续签及其他未尽事项，由双方另行商定。

第二十一条　本合同自签字之日起生效，有效期为______年。

第二十二条　本合同一式两份，双方名执一份为凭。

甲方：（签章）____________　　乙方：（签章）____________

电话：____________　　电话：____________

签约日期：________年____月____日

签约地点：______________________

▲著作权转让合同

著作权转让合同

甲方（转让方）：____________

乙方（受让方）：____________

经甲、乙双方协商同意，达成如下协议，共同遵守。

一、转让作品名称：______________________________

____

二、转让费及支付方式：______________________________

____

三、双方权利和义务：______________________________

____

四、违约责任：______________________________

____

五、争议的解决方式：______________________________

____

六、其他事项：______________________________

甲　方：__________　　乙　方：__________
负责人：__________　　负责人：__________
电　话：__________　　电　话：__________

签约日期：______年____月____日
签约地点：______________

▲电子出版物图书出版合同

电子出版物图书出版合同

甲方（著作权人）：__________
乙方（出 版 者）：__________　　作品名称：__________

甲乙双方就上述作品出版发行事宜达成如下协议：

1. 甲方同意授权乙方以光盘的方式出版本作品，乙方享有对该作品的电子出版物专有出版发行权，甲方不得再向第三方转让该出版发行权。

2. 甲方必须保证拥有本产品中的所有内容的著作权（若为第三方授权，甲方必须向乙方提供有关授权书的复印件），若有侵犯他人著作权和专有出版权之行为，甲方应负全部责任。甲方保证该作品不含有下列内容：

（1）反对宪法确定的基本原则的；

（2）危害国家的统一、主权和领土完整的；

（3）危害国家的安全、荣誉和利益的；

（4）煽动民族分裂，侵害少数民族风俗习惯，破坏民族团结的；

（5）泄露国家秘密的；

（6）宣扬淫秽、迷信或者渲染暴力，危害社会公德和民族优秀文化传统的；

（7）侮辱或者诽谤他人的；

（8）法律、法规规定禁止的其他内容的。

如果本产品中有任何上述内容，双方应无条件地终止本合同。

3. 乙方保证在甲方将本产品的终稿交乙方 天后完成第一批产品的制作。

甲方交稿方式：

□文字稿　□专业脚本　□录像带　□磁盘　□光盘　□其他

4. 甲方承担

（1）____。

（2）____。

5. 乙方承担

（1）____。

（2）____。

6. 产品定价：________元/套。

7. 乙方付给甲方：

（1）稿费或制作费：________元；

（2）版税：按总码洋（定价×复制总数）的____%支付；

（3）费用支付日期：________

（4）正式出版后____日内，乙方向甲方赠送本产品样盘____套。

如甲方另需更多本产品，可按定价的____%从乙方购买。

8. 由乙方控制作品出版全过程，母盘、封面、说明书及广告等有关技术与出版资料均由乙方保管。

9. 其他说明

（1）____。

（2）____。

（3）____。

10. 双方不得违约，否则，违约方须赔偿对方由此而引起的一切经济损失。

11. 本合同自签字盖章后生效，有效期 年，双方各执一份为凭。

12. 在本合同期限内，如有未尽事宜，双方友好协商解决。

甲方（代表）：__________
（签字、盖章）
电话：________________
地址：________________
邮政编码：____________

________年____月____日

乙方（代表）：__________
（签字、盖章）
电话：________________
地址：________________
邮政编码：____________

________年____月____日

▲涉外图书版权转让协议

涉外（境外、内地以外）图书版权转让协议

甲方（转让方）：____________

乙方（受让方）：____________

根据我国著作权法的有关规定，甲、乙双方经平等协商，于________年____月____日签订如下协议。

第一条　甲方同意将下述作品图书入 CD 版之专有出版权授予乙方。具体作品名称如下：

1. ____
2. ____
3. ____
4. ____
5. ____
6. ____
7. ____.

第二条　在合同有效期内，乙方以每种作品人民币________元的价格一次性买断上述作品在__________地区的出版发行专有权利。

第三条　本协议签订后三个月内，乙方共向甲方支付人民币________元整。

第四条　本协议有效期以甲方与乙方所订的有关上述作品之版权授让合同的有效期为准。

第五条　乙方不得将上述作品的著作权转让其他任何一方出版、发行、使用（第六条规定除外）。

第六条　违约责任和合同的终止。（略）

第七条　如出现纠纷，各方将纠纷交______地区有管辖权的法院解决，并适用内地的实体法律。

第八条　本合同一式六份，各执两份，同具法律效力。

甲　方：____________　　　　乙　方：____________
代　表：____________　　　　代　表：____________
电　话：____________　　　　电　话：____________

签约日期：________年____月____日
签约地点：______________________

第八章 投资、开发、合伙合同协议范本

▲项目投资合作协议书

项目投资合作协议书

甲方：____________公司

乙方：____________公司

经甲、乙双方协商同意，共同合作组织出版图书《________》，现就《________》一书项目投资的合作事项，达成以下协议，共同遵守。

一、乙方负责组织《________》（正式书号）的出版工作，使《________》符合读者的需求。乙方负责与______出版社和其他经销商合作将《________》正式出版和销售。

二、对《________》的组织出版与销售管理经营，以乙方的名义向外开展一切业务工作。项目工作场地在乙方的办公室。

三、甲方投资《________》项目________万元，该投资于本协议签订后____天缴给乙方。

四、乙方将项目进行投资。

五、甲方占本项目收益的____，乙方占____，双方共同承担风险。

六、项目收益分成为税后利润，即项目赢利扣除企业所得税后进行分配；其他所得税由各自交付。

利润分配的时间为该书出版后一年。

七、甲方保证乙方所投入的资金全部用于《________》项目中，不得挪作他用。甲方委派一位出纳员负责项目的出纳工作。

八、甲方应如实出具《________》资金运作情况报表，及赢利状况，不得作出虚假的陈述。甲方并每季度向乙方通报一次。

九、如果《________》发行到____册后，将要追加投资，甲方拥有优先投资权，收益和风险承担比例按本协议的有关条款执行。如果出版之后，《________》市场反映不好，双方应及时对项目资金进行清算，并在____个月内将剩余的资金退回给甲方。

十、甲、乙双方在履行本合同过程中发生争议，由双方协商解决；协商不成的，由________仲裁委员会仲裁或向________人民法院起诉。

十一、本协议一式两份，双方各执一份。从双方签字之日起即时生效，均具有同等法律效力。

甲方：____________　　　　乙方：____________
代表：____________　　　　代表：____________
电话：____________　　　　电话：____________

签约日期：________年____月____日
签约地点：______________________

▲出资人协议书（股东协议书）

______有限责任公司出资人协议

根据《中华人民共和国公司法》及其他法律、法规、规章的有关规定，遵守平等自愿的原则，全体出资人订立本协议，组建______有限责任公司（以下简称“公司”）。

一、公司名称、地址和性质

1. 公司名称为：____________________________

2. 公司法定地址：____________________________

邮政编码：____________________________

3. 公司的一切活动遵守国家的法律、法规及规章。

4. 公司的性质为具有法人资格、承担有限责任股份公司。公司以全部资产对外承担责任。出资人以其出资额为限对公司承担责任。

二、公司经营范围

按《企业法人营业执照》核准的项目范围内经营。

三、公司注册资本

1. 公司注册资本总额为人民币________元，由全体出资人共同投入。

2. 出资人认缴的出资数额、比例和方式如下：

出资人名单	出资数额（万元）	出资比例（%）	出资方式

3. 出资人应在__________批准同意成立公司一个月内缴清出资额。

4. 出资人自投资之日起两年内不得转让出资额，在公司存续期间不得抽回出资额。

5. 公司根据业务发展需要，按照本协议规定的程序报工商行政管理部门批准，可以增加或减少（不低于法定限额）注册资本，同时将有关资料报省级以上注册会计师协会备案。

四、公司出资人

1. 公司的出资人是公司的所有者，按照出资比例享有公司章程规定的权利，承担公司章程规定的义务，并以其出资额为限对公司承担责任。

2. 出资人在公司正常经营范围内的一切行为，由公司承担民事责任；出资人从事超越授权而产生的民事责任，由该出资人自行承担。

3. 出资人的权利是：

（1）依照其所出资比例获得股利和其他形式的利益分配；

（2）参加出资人大会；

（3）依照其所持有的出资比例行使表决权；

（4）对公司的经营行为进行监督，提出建议或者质询；

（5）依照法律、行政法规及章程的规定转让、赠与或质押其所持有的股份；

（6）依照法律、章程的规定获得有关信息；

（7）终止或者清算时，按其所持有的出资比例参加剩余财产的分配；

（8）法律、行政法规及章程所赋予的其他权利。

4. 出资人的义务是：

（1）遵守公司章程；

（2）依其所认购的出资比例和入股方式缴纳出资；

（3）除法律、法规规定的情形外，不得退资；

（4）法律、行政法规及章程规定应当承担的其他义务。

5. 新出资人加入时，如出资人大会认为必要，可对公司资产进行评估，以确定新出资额及权益性资本比例。

新出资人具有同等的地位，依照本章程享有权利、承担义务，并需对其加入前公司的债务承担责任。

6. 出资人退股，应提前6个月提出书面申请，经管理委员会审议通过，并报经出资人大会代表3/4出资额的出资人书面同意。当发生下列情形之一时，出资人资格自动丧失：

（1）出资人死亡或被依法宣告死亡；

（2）出资人丧失民事行为能力；

（3）出资人被人民法院强制执行其所持有的公司股东权益的全部份额；

（4）丧失出资人资格的其他情形。

除上述第（3）点所述情形外，丧失出资人资格者，由出资人大会决定处分其股东权益，退还出资人。

7. 出资人有下列情形时，经管理委员会审议通过，并报出资人大会代表3/4出资额的出资人书面同意，可以决议将其除名。

（1）未履行出资义务；

（2）所持公司股东权益份额的一部分被人民法院判决没收；

（3）有意违背章程的规定或严重违反公司的规章制度，给公司带来严重后果；

（4）因故意或者重大过失给公司造成损失；

（5）其他严重损害公司利益的情形。

因上述原因丧失出资人资格，由出资人决定并处分其股东权益，价款归原出资人所有；若给公司所造成损失的，公司可追究其经济赔偿责任。

五、违约责任

1. 本协议签订后，出资人必须严格履行本协议规定的义务，不得擅自变更或解除。

2. 本协议出资人违反本协议规定，经出资人大会决定，可强制剥夺出资人资格，给其他出资人造成损失的，同时负有赔偿责任。

出资人签名：__________

电　　话：__________

签约日期：________年____月____日

签约地点：______________________

▲投资人与经营管理人协议

投资人与经营管理人协议

____________分所（下文称“分所”）出资人____、______，经营管理人______、______、______五人经协商一致，对分所的经营管理达成协议，为明确各人的权利义务，制定以下内容：

一、分所交总所派驻人员______（负责人）、______、______三人全面经营管理。

二、出资人____、______将分所现有全部资产归经营管理人无偿使用。

三、经营管理期限自二〇〇五年一月一日至二〇〇五年十二月三十一日。

四、经营管理人接管前的债务由出资人____承担。

五、分所交经营管理人接管后发生的必要费用由经营管理人均摊。必要费用包括：

1. 分所房屋租赁费；

2. 总所的每年管理费一万元；

3. 分所的年注册、公告费；

4. 分所雇用的辅助工作人员的工资报酬；

5. 分所负责人每月一百元补助费；

6. 经经营管理人一致同意的其他必要费用。

六、辅助工作人员的聘用须经经营管理人一致同意。

七、各经营管理人的经营收入，扣除应交税金后，全部归其个人所有。

八、分所现有未参加经营管理的人员收入分配方式：

1. 年交固定费用____元，其收入扣除税金后全部归自己；

2. 按扣除税金后百分之八十提成。上述两种方式任其选择。

九、各经营管理人在其经营管理期间造成的损失，由其个人全部承担；各经营管理人聘用的人员造成的损失，该经营管理人承担连带责任。

十、聘用的工作人员由各经营管理人自行招聘，所得利益归各经营管理人个人所有。

十一、退出经营管理方式：提出书面申请，所聘人员未完成的事务处理完毕后，其他经营管理人应当准许。但已交的费用不退。

十二、吸收新的经营管理人，须经现有经营管理人一致同意，应摊费用按一除以人数重新计算。

十三、经营管理期限届满，经营管理人提出继续经营管理时，出资人应无条件同意。本协议继续适用。

十四、经营管理人支付必要费用期限：

1. ________年____月____日前每人交付______元；

2. ________年____月____日前每人交付______元。

十五、本协议未尽事宜另行制定规章制度或经经营管理人一致书面同意。

十六、本协议生效条件：经总所认可后，于经营管理人交付首期必要费用时生效。

十七、本协议在履行过程中发生争议，由协议人协商解决；协商不成的，按本合同约定的下列方法之一进行解决：

1. 由________仲裁委员会仲裁；

2. 向________人民法院起诉。

协议人（签字）：________________

签约日期：________年____月____日

▲投资（资产）管理与服务协议书

___________公司投资管理协议书

甲方：____________公司（投资人）

乙方：____________公司（经营管理人）

经甲、乙双方协商同意，就甲方委托乙方对甲方的投资活动进行全过程管理服务事宜，达成如下协议，共同遵守。

一、甲方的投资活动是指甲方对________项目进行资本投入，在被投资的企业占有股权，对被投资的企业的资产进行管理，至投资资本退出。甲方同意委托乙方对甲方的投资活动提供管理服务。

二、乙方对甲方的投资服务

1. 乙方按照甲方的投资原则和意向，为甲方选择投资项目，并对投资项目进行考察、分析、论证，提出投资项目建议书，供甲方投资决策之用。

2. 对甲方拟定同意投资的项目，乙方代表甲方与项目方及其他投资方进行投资商业谈判，草拟投资协议书。

3. 对甲方签订的投资项目，乙方应与甲方协助投资企业到工商行政管理部门办理相关的工商登记注册或办理股东变更等有关手续。

三、乙方对甲方的管理服务

1. 根据甲方的意愿，乙方可派人员代表甲方参加投资企业的董事、监事或经理人员、派出人员在被投资企业行使相应的权力。

2. 乙方委派项目责任人对被投资企业进行跟踪管理。乙方负责及时了解掌握被投资企业的项目开发、商业计划、企业经营、资金运作、发展策略以及管理人员的情况，并提供有关建议和意见的工作，每三个月以书面形式向甲方汇报。

3. 如遇到被投资企业发生的重大事情（生产、经营以及组织、人事、资金等），乙方应及时向甲方报告，并按照甲方的意愿，帮助甲方妥善解决处理，尽可能避免风险。

四、乙方对甲方的资本退出服务

1. 乙方按照甲方的原则和意向，对甲方的投资企业以公司上市、资产并购、股权回购等方式实现股权转让，达到投资资本退出、投资收益的目的。

2. 对甲方拟同意退出的项目，乙方代表甲方与股权受让方和被投资企业的其他股东进行商业谈判，草拟股权转让合同书。

3. 对签订的股权合同书的项目，乙方代表甲方协助被投资企业到工商行政管理部门办理相应的股东变更手续。

五、乙方按照以下的收费标准向甲方收取服务费

1. 投资服务费按每笔投资业务______元收取或乙方按照甲方占被投资企业（项目）股权的____%，在被投资企业占有股权。

2. 资产管理服务费按每笔投资业务______元收取或按甲方在被投资企业的分配红利的____%收取。

3. 资本退出服务费按甲方的资本权益的____%收取。

六、支付方式

1. 投资服务费和资产退出服务费，在每笔投资业务或资本退出业务完成后的________天，由甲方一次性付给乙方。

2. 资产管理服务费每半年支付一次，即甲方分配红利后的________天之内，由甲方支付给乙方。

七、资产管理服务期限

从________年____月____日起开始计算（收费时间同此）。

八、解决争议的方法

甲、乙双方在履行本合同过程中发生争议，由双方协商解决；协商不成的，按本合同约定的下列方法之一进行解决：

1. 由________仲裁委员会仲裁；

2. 向________人民法院起诉。

九、本协议有效期限为三年。

十、本协议一式四份，甲、乙双方各执两份，从双方签字之日起生效，均具有同等法律效力。

甲　方：____________　　　　乙　方：____________

代　表：____________　　　　代　表：____________

电　话：____________　　　　电　话：____________

签约日期：________年____月____日

签约地点：______________________

附：委托投资管理服务的项目名单（略）

▲股份有限公司发起人协议书

组建____市____石化高新技术股份有限公司发起人协议书

为深入贯彻党的十____大精神、转换企业经营机制和为30万吨乙烯改扩建工程的配套建设项目筹集资金，经协商，由以下四家发起人联合发起组建____市____石化高新技术股份有限公司。

一、发起人的名称、住所、法定代表人

1. 名称：中国石化____石油化工公司设计院（以下简称设计院）

住所：____市____区____路____号

法定代表人：______设计院院长

2. 名称：____部____化工研究院（以下简称化工研究院）

住所：____市____街北口

法定代表人：______研究院副院长、总工程师（教授级）

3. 名称：________化轻公司（以下简称燕阳公司）

住所：____市____街

法定代表人：______经理（化工二厂厂长兼）

4. 名称：____商贸经济技术服务公司（以下简称____服务公司）

住所：____市____区____路____号

法定代表人：______

二、拟设公司的宗旨和经营范围

宗旨：以转换企业经营机制为动力，使企业充满内部活力；以科研开发为导向，发展石油化工新技术、生产经营石油化工新产品，并不断提高技术服务和产品服务质量，不断拓宽国内市场及国际市场，进而获得满意的企业内部经济效益和满意的社会效益。

经营范围：

研究、生产、加工、销售：

1. 石油化工催化剂、精细化工产品；
2. 石油化工、塑料、橡胶加工与应用；
3. 石油化工技术咨询、开发、转让，工程技术咨询、项目承包；
4. 通信技术与计算机应用；
5. 节能技术及产品。

三、拟设公司的股权证发行范围、对象和办法

1. 发行范围：发起人、社团法人及企业内部职工；
2. 发行对象：上述范围内的法人和自然人；
3. 发行办法：由______公司财务部和中国人民建设银行______支行联合承办。

四、拟设公司发行股份总额6000万元，每股金额100元。

五、发起人认购股份金额和限期如下

1. 设计院：100万元1万股
2. 化工研究院：500万元5万股
3. ____公司：1550万元15.5万股
4. ____服务公司：100万元1万股

上述发起人所认购股份总额自政府授权部门批准设立公司之日起1个月内以人民币形式一次交清。

社团法人及企业内部职工所认购的股份总额，自募股公告发出之日起2个月内以人民币形式一次交清。一个自然人所认购的股份金额，须为100元的整数倍，但最多不能突破10000元。

企业法人所认购的股份金额，自有关工商行政管理机关批准筹建之日起1个月内以人民币形式一次交清。

六、拟设立公司发起人应承担下列责任

1. 公司发行的股份未能缴足时，按各自所认购的股份在公司注册资本中所占的比例负连带认缴责任；

2. 公司不能成立时，对设立行为所产生的债务和费用，按各自所认购的股份在公司注册资本中所占的比例负连带偿还和支付责任。设立公司期间的费用暂由____市____石化高新技术股份有限公司筹备组垫付，若设立公司成立，其债务和费用由新成立公司负担；

3. 在设立过程中，由于发起人的过失致使公司受到损害时，负连带赔偿责任。

七、委托设计院出一人代表发起人办理有关审批登记手续

其他未尽事宜由发起人按国家有关规定协商处理。

八、发起人签名盖章

1. 中国石化____石油化工公司设计院

院长：______ 单位盖章：

________年__月__日

2. ____部____化工研究院

院长：______ 单位盖章：

________年__月__日

3. ______化轻公司

经理：______ 单位盖章：

________年__月__日

4. ______商贸经济技术服务公司

经理：______ 单位盖章：

________年__月__日

九、本协议自发起人签名盖章之日起生效。

________年__月__日

▲投资基金托管协议书

______投资基金托管协议书

甲方（基金托管人）：________________

乙方（基金管理人）：________________

一、甲、乙双方当事人

列明订立甲、乙双方当事人的名称、住所、法定代表人、注册资本、经营范围、组织形式、营业期限等。

二、托管协议的依据、目的和原则

订明托管协议的依据、目的和原则。

1. 订立托管协议的依据是《暂行办法》、基金契约及其他有关规定。

2. 订立托管协议的目的是为了明确甲方与乙方之间在基金持有人名册的登记、基金资产的保管、基金资产的管理和运作及相互监督等相关事宜中的权利、义务及职责，确保基金资产的安全，保护基金持有人的合法权益。

3. 订立托管协议的原则是平等自愿、诚实守信。

三、甲方与乙方之间的业务监督、核查

订明甲方与乙方之间业务监督、核查的事项：

1. 甲方如何对乙方的投资运作行使监督权，以及发现乙方违反《暂行办法》、基金契约及其他有关规定时的处理方式和程序。

2. 乙方如何对甲方托管基金资产进行核查，以及发现甲方违反《暂行办法》、基金契约及其他有关规定时的处理方式和程序。

四、基金资产保管

具体为下列事项：

1. 甲方应安全保管基金的全部资产；

2. 基金资产应独立于甲方和乙方的资产；

3. 基金成立时，所募资金的验证事宜；

4. 基金银行账户的开设和管理；

5. 基金证券账户的开设和管理；

6. 基金资产投资的有关实物证券的保管；

7. 和基金资产有关的重大合同的保管。

五、投资指令的发送、确认及执行

具体订明有关甲方在运用基金资产时向乙方发送资金划拨及其他款项收付的投资指令的事项：

1. 乙方确定可发送投资指令给甲方的授权人员名单和权限，并通知甲方；

2. 投资指令的内容；

3. 投资指令的发送、确认及执行程序；

4. 授权人员更换的程序。

六、交易安排

具体为下列事项：

1. 代理证券买卖的证券经营机构的选择标准、程序等；

2. 基金投资于证券后，有关清算交割安排，以及甲方与乙方进行资金和证券账目对账的时间、方式等；

3. 封闭式基金成立后，可申请上市及拟上市的证券交易所、拟上市时间；

开放式基金成立后，甲方与乙方之间就开放式基金申购与赎回的时间、场所、方式、程序、价格、费用、收款或付款等方面的业务安排；

4. 基金持有人买卖基金单位的清算、过户与登记方式。

七、资产净值计算和会计核算

具体为下列事项：

1. 基金资产净值及基金单位每份资产净值计算和复核的完成时间及程序；

2. 甲方和乙方按各自职责建立基金账册并定期对账的事宜，以及基金财务报表编制和复核的时间、程序。

八、基金收益分配

具体订明基金收益分配的依据、时间及程序等事项。

九、基金持有人名册的登记与保管

具体订明基金持有人名册的登记和保管事宜。

十、信息披露

1. 甲方和乙方除按《暂行办法》、基金契约及其他有关规定进行信息披露外，基金的信息在公开披露前应予保密，不得向他人泄露。

2. 甲方和乙方在信息披露中的职责及信息披露程序。（略）

十一、基金有关文件档案的保存

甲方和乙方按各自职责完整保存原始凭证、记账凭证、基金账册、交易记录和重要合同等，并确定保存期限。

十二、甲方报告

甲方和乙方按各自职责完整保存原始凭证、记账凭证、基金账册、交易记录和重要合同等，并确定保存期限。

十三、甲方和乙方的更换

1. 乙方提议更换甲方的条件及更换程序。（略）

2. 甲方提议更换乙方的条件及更换程序。（略）

十四、乙方的报酬和甲方的托管费

乙方的报酬和甲方的托管费的计提比例、计提方法、复核程序、支付方式和支付时间等。（略）

十五、禁止行为

下列行为为禁止行为：

1. 除《暂行办法》、基金契约及其他有关规定另有规定外，甲方、乙方不得为自己或任何第三人谋取利益；

2. 甲方对乙方的正常指令不得拖延或拒绝执行；

3. 除根据乙方的指令或基金契约另在规定外，甲方不得动用或处分基金资产；

4. 甲方、乙方应当在行政上、财务上相互独立，其高级管埋人员不得相互兼职。

十六、违约责任

1. 由于甲方过错，造成托管协议不能履行或者不能完全履行的，由有过错的一方承担违约责任；如因甲、乙双方的过错，造成托管协议不能履行或者不能完全履行的，根据实际情况，由双方分别承担各自应负的违约责任。

2. 甲、乙双方如有一方违反托管协议，应向对方支付违约金。如果违约已给对方造成的损失超过违约金的，还应进行赔偿。

3. 说明因托管协议当事人违约给基金资产造成实际损害的，应承担的赔偿责任。

十七、争议的处理

说明发生纠纷时，甲、乙双方可以通过协商或者调解予以解决。甲、乙双方不愿通过协商、调解解决或者协商、调解不成的，可以根据基金契约的规定或者事后达成的书面仲裁协议向仲裁机构申请仲裁，或向人民法院起诉。

十八、托管协议的效力

1. 甲、乙双方盖章以及双方法定代表人签字，并经中国证监会批准后，自基金成立之日起生效。托管协议的有效期自生效之日至基金契约终止之日。

2. 托管协议一式____份，除上报有关监管机构____份外，托管协议每一签约人持有____份，每份具有同等的法律效力。

十九、托管协议的修改和终止

1. 订明托管协议的修改程序以及修改部分的效力。

订明托管协议的修改应当报中国证监会批准。

2. 订明托管协议终止出现的情形。

二十、其他事项（略）

二十一、争议的解决方式

甲、乙双方在履行本合同过程中发生争议，由双方协商解决；协商不成的，按本合同约定的下列方法之一进行解决：

1. 由________仲裁委员会仲裁；

2. 向________人民法院起诉。

二十二、甲、乙双方盖章及法定代表人签字、签订地、签订日

甲　方：____________　　乙　方：____________

代　表：____________　　代　表：____________

电　话：____________　　电　话：____________

签约日期：________年____月____日

签约地点：______________________

▲公司投资（资产）权益转让协议书

__________公司投资权益转让协议书

甲方：____________（转让方）

乙方：____________（受让方）

经甲、乙双方协商同意，现就________投资于________项目的权益转让达成以下协议，共同遵守。

一、________根据其与________于________年____月____日签订________合同或协议，投资________元的________项目，享有合同或协议约定的权益。____被____人民法院宣告破产还债，____破产清算组全面接管了该破产企业，经清算组研究，并报请____人民法院审查同意，决定将________项目中享有的权益____转让给乙方。转让价值为____元。

二、乙方向甲方支付转让款的方式为____（写明具体支付方式）。

三、本协议约定甲方的权利为____（写明具体权利）。本协议约定甲方的义务为____（写明具体义务）。

四、本协议约定乙方的权利为______（写明具体权利）；本协议约定乙方的义务为______（写明具体义务）。

五、甲、乙双方在履行本合同过程中发生争议，由双方协商解决；协商不成的，按本合同约定的下列方法之一进行解决：

1. 由________仲裁委员会仲裁；

2. 向________人民法院起诉。

六、本协议经甲、乙双方签字后生效。协议生效后，甲、乙双方应严格履行，一方违约时，向对方支付转让款____%的违约金。

本协议一式两份，甲、乙双方各执一份。从双方签字之日起生效，均具有同等法律效力。

甲　方：____________　　　　乙　方：____________

代　表：____________　　　　代　表：____________

电　话：____________　　　　电　话：____________

签约日期：________年____月____日

签约地点：______________________

▲厂房转让协议书

厂房转让协议书

甲方（受让方）：____________

乙方（转让方）：____________

甲、乙双方就乙方所有的______工厂的转让事项达成以下协议，供双方共同遵守。

一、盘让标的：乙方所有坐落在______市______路______号厂房连同基地，全部生产设备及原料、半成品、制成品，其数量细目暂以乙方________年11月30日库存清册所载名称、数量为准。

二、本件让售价格及计算方法：

1. 厂房房地、生产设备原料、半成品、制成品细目，总折价为______万元整。

2. 上列原料，经盘点如有增减变化数量，则依乙方原料进料成本价格计算；半成品如有超过或不足的，则视加工的程度，在50%以内的，按原料成本价格计算；逾50%以下的，依成品市面批发价计算；成品如有超过或不足之数，依成品市面批发价格计算，由双方以现金给付或补足。

3. 生产设备如有短缺、灭失的，得依乙方账面所列设备残值计算，由甲方于尾款中予以扣除。

4. 乙方应收未收款约计______万元，除在本年10月份以前的账款由乙方自理外，

11月份起的账款均以九折计算由甲方承受，至交割后所有发生一切的损失，乙方不负任何责任。乙方并负责通知各厂商，并于甲方收受账款给予一切必要的协助。

三、付款办法：

1. 前条第一项的价格，于本协议成立同时，甲方交付乙方______万元，余款______万元，在原料、成品、厂房房地、生产设备点交清楚同时，一次付清。

2. 前条第四项应收款的价格，甲方应于交收后给付乙方折净数的半数；其余半数由甲方开立一个日期的支票交付乙方。

四、交收日期及地点：双方订定本年12月25日为交收日期。定于______市______路______号厂房现场为点交地点。

五、特约事项：

1. 交收之日，双方均须派代表两人以上，负责办理。

2. 本件交收以前，所有乙方对外所欠一切债务或其他纠纷，概由乙方负责理清，与甲方无涉。

3. 本件交收以前，所有积欠一切税捐及水费、电费、瓦斯、电话费用等概由乙方负担。

4. 厂房房地移转，除土地增值税由乙方负担，其余契税、代书费及其他费用概由甲方负担。

5. 乙方现有雇用的职工，除甲方同意留用外，余均应由乙方负责遣散。

6. 乙方声明本件盘让，已经其公司董事会及股东会依法决议通过，附件的会议记录如有虚伪不实，应由乙方负责。

六、违约处罚：任何一方有违背本协议所列各条件之一者即作违约论，他方有权解除协议。甲方违约，愿将已付款项，任由乙方没收充作违约赔偿；若是乙方违约，应加倍返还所收的款项与甲方，以赔偿甲方。

七、为确保本件协议的履行，乙方应另觅保证人两名。保证人对乙方违约时，加倍返还其所收受款项，应负连带保证责任，并愿抛弃先诉抗辩权（保证合同附后）。

八、甲、乙双方在履行本合同过程中发生争议，由双方协商解决；协商不成的，按本合同约定的下列方法之一进行解决：

1. 由________仲裁委员会仲裁；

2. 向________人民法院起诉。

九、本协议一式四份，由甲、乙双方及保证人各执一份为凭。

甲　方：____________　　　　乙　方：____________

代　表：____________　　　　代　表：____________

电　话：____________　　　　电　话：____________

签约日期：________年____月____日

签约地点：______________________

▲酒楼转让协议书

酒楼转让协议书

甲方：__________（以下简称甲方）
乙方：__________（以下简称乙方）

甲、乙双方经友好协商，就乙方接收甲方所拥有的位于____市____路____号的大酒楼的有关事宜达成协议如下：

一、乙方同意以人民币____拾____万元整转让甲方的______大酒楼，本协议签订后即付定金人民币____万元整。

二、双方决定于 2001 年 12 月__日开始移交。甲方应保证酒楼经营合法、手续齐备。

三、甲方已存的商品其中有仓库的存货（物料及食品）、吧台的存货及出品部、海鲜地的存货，乙方依据清点数量按双方协商的价格，以人民币（现金）支付。

四、乙方按甲方提供的设备及财产清单清点（该清单上的财产归属________公司所有，归乙方使用，而不能流失），清单以外的财产属乙方接收甲方的财产。

五、甲方有义务协助乙方尽快办理营业执照的变更，法定代表人及股东的变更等手续（其变更费用由乙方负责），原法定代表人及原股东的所有股权一并转给乙方或乙方指定的人选（本条规定事项应在 2 个月内完成，否则视为违约）。

六、甲方须协同乙方办理房屋租用合同的转名手续，该手续办完后，乙方在 3 日内支付____拾万元人民币的押金（因甲方已有____拾万元港币的押金在业主单位），另乙方需备好签租约所需用的房产证。

七、乙方同产权单位签约时如谈及的减租条件成功的话与甲方无关。

八、甲方同意将现有员工留给乙方（除仓管及采购外），但乙方不用的员工需通知甲方留用。

九、双方以移交完毕后的签字日为生效时日，由此时起该酒楼的所有民事及法律责任均由乙方自行负责，由此时起，每月的 5 日前，乙方需按时支付租金及水电费。没办齐手续前由甲方收代交，以出示票据为证。如现宿舍乙方留用需交每月______元的租费。

十、与________公司签订合约租金，由甲方负责协商解决，争取租金降至______元/月，至少在三年内控制在______元/月以下。否则，乙方不同意转让甲方的________大酒楼，甲方应在 7 日内退还乙方定金____万元整。

十一、如各种移交手续，包括营业执照、法人、股东变更，与________公司租约变更等手续在 2 个月内无法办齐，甲方应在 7 日内将定金人民币____万元整退还给乙方，乙方即移交场地，并清算债权债务，如 7 日内不退还定金，将承租甲方双倍返还定金的法律责任，本协议自动解除。

十二、甲、乙双方在履行本合同过程中发生争议，由双方协商解决；协商不成的，按本合同约定的下列方法之一进行解决：

1. 由________仲裁委员会仲裁；

2. 向________人民法院起诉。

十三、本协议一式两份，甲、乙双方各执一份。自签字之日起即时生效，均具有同等法律效力。

甲　方：____________　　　　乙　方：____________

代　表：____________　　　　代　表：____________

电　话：____________　　　　电　话：____________

签约日期：________年____月____日

签约地点：______________________

▲一般合伙合同

一般合伙合同

订立合同各合伙人：

姓名________　性别___　年龄___　住址________________

姓名________　性别___　年龄___　住址________________

姓名________　性别___　年龄___　住址________________

（其他合伙人按上述项目顺序填写）

第一条　合伙宗旨

____。

第二条　合伙经营项目和范围

____。

第三条　合伙期限

合伙期限为___年，自___年___月___日起，至___年___月___日止。

第四条　出资额、方式、期限

1. 合伙人______（姓名）以______方式出资，计人民币______元。

（其他合伙人按上述项目顺序列出）

2. 各合伙人的出资，于______年______月______日以前交齐。逾期不交或未交齐的，应对未交金额数计付银行利息并赔偿由此造成的损失。

3. 本合伙资本共计人民币______元，合伙期间各合伙人的出资为共有财产，不得随意请求分割。合伙终止后，各合伙人的出资仍为个人所有，届时予以返还。

第五条　盈余分配与债务承担

1. 盈余分配，以________________为依据，按比例分配。

2. 债务承担：合伙债务先由合伙财产偿还，合伙财产不足清偿时，以各合伙人的______________为据，按比例承担。

第六条 入伙、退伙、出资的转让

1. 入伙：（1）需承认本合同；（2）需经全体合伙人同意；（3）执行合同规定的权利义务。

2. 退伙：（1）需有正当理由方可退伙；（2）不得在合伙不利时退伙；（3）退伙需提前______月告知其他合伙人并经全体合伙人同意；（4）退伙后以退伙时的财产状况进行结算，不论何种方式出资，均以金钱结算；（5）未经合伙人同意而自行退伙给合伙造成损失的，应进行赔偿。

3. 出资的转让：允许合伙人转让自己的出资。转让时合伙人有首先受让权，如转让给合伙人以外的第三人，第三人应按入伙对待。否则以退伙对待转让人。

第七条 合伙负责人及其他合伙人的权利

1. ______为合伙负责人。其权限是：（1）对外开展业务，订立合同；（2）对合伙事业进行日常管理；（3）出售合伙的产品（货物），购进常用货物；（4）支付合伙债务；（5）__________。

2. 其他合伙人的权利：（1）参与合伙事业的管理；（2）听取合伙负责人开展业务情况的报告；（3）检查合伙账册及经营情况；（4）共同决定合伙重大事项。

第八条 禁止行为

1. 未经全体合伙人同意，禁止任何合伙人私自以合伙名义进行业务活动，如其业务获得利益归合伙人共同所有，造成损失由该合伙人按实际损失赔偿。

2. 禁止合伙人经营与合伙竞争的业务。

3. 禁止合伙人再加入其他合伙。

4. 禁止合伙人与本合伙签订合同。

5. 如合伙人违反上述各条，应按各合伙实际损失赔偿。劝阻不听者可由全体合伙人决定除名。

第九条 合伙的终止及终止后的事项

1. 合伙因以下事由之一得终止：

（1）合伙期届满；

（2）全体合伙人同意终止合伙关系；

（3）合伙事业完成或不能完成；

（4）合伙事业违反法律被撤销；

（5）法院根据有关当事人请求判决解散。

2. 合伙终止后的事项：

（1）即行推举清算人，并邀请______中间人（或公证员）参与清算。

（2）清算后如有盈余，则按收取债权、清偿债务、返还出资、按比例分配剩余财产的顺序进行。固定资产和不可分物，可作价卖给合伙人或第三人，其价款参与分配。

（3）清算后如有亏损，不论合伙人出资多少，先以合伙共同财产偿还，合伙财产不足清偿的部分，由合伙人按出资比例承担。

第十条　纠纷的解决

合伙人之间如发生纠纷，应共同协商，本着有利于合伙事业发展的原则予以解决。如协商不成，可以诉诸法院。

第十一条　本合同自订立并报经工商行政管理机关批准之日起生效并开始营业。

第十二条　本合同如有未尽事宜，应由合伙人集体讨论补充或修改。补充和修改的内容与本合同具有同等效力。

第十三条　甲、乙双方在履行本合同过程中发生争议，由双方协商解决；协商不成的，按本合同约定的下列方法之一进行解决：

1. 由________仲裁委员会仲裁；

2. 向________人民法院起诉。

第十五条　本合同正本一式__份，合伙人各执一份，送________各存一份。

签约日期：________年____月____日

签约地点：________________________

▲合伙型联营合同

合伙型联营合同

甲方：________________

乙方：________________

一、联营组织名称______，地址______。

二、联营项目和方式

三、联营机构及职责

四、投资

1. 投资方式及数额

投资方名称	厂房	设备	技术	场地使用权			总额
甲							
乙							
合计							

2. 出资日期

甲方分______次付清，其中每次应支付的数额及日期为____________；乙方分______次付清，其中每次应支付的数额及日期为____________。

五、劳动管理

六、财务管理

七、盈利分配及亏损负担

1. 利润分配

2. 亏损负担

八、联营期限

九、退出联营的条件

十、联营期满后的财产处理

十一、违约责任

1. 构成违约的行为

2. 违约金的计算方法

3. 赔偿金的计算方法

4. 免责条件

十二、争议的解决方式

甲、乙双方在履行本合同过程中发生争议，由双方协商解决；协商不成的，按本合同约定的下列方法之一进行解决：

1. 由________仲裁委员会仲裁；

2. 向________人民法院起诉。

十三、本合同自______年______月______日______时起生效。合同正本一式______份，联营方各执1份，合同副本一式______份，分别送______等单位各一份。

甲　方：____________　　　　乙　方：____________

代　表：____________　　　　代　表：____________

电　话：____________　　　　电　话：____________

签约日期：________年____月____日

签约地点：______________________

附件：（略）

▲合伙型联营合同（半紧密型）

合伙型联营合同（半紧密型）

甲方：________________

乙方：________________

注：若有两个以上联营单位，依次称丙、丁……方。

双方（各方）本着互利互惠、共同发展的原则，经充分协商，一致决定联合出资共同经营______________公司（企业）（以下简称公司），特订立协议。

第一条　联营宗旨____

____。

第二条　联营企业的生产（经营）项目________________________________。

第三条　联营企业名称____市（县）________公司。

地址：______________________________。

隶属：______________________________。

经济性质：________________（所有制）联营。

核算方式：共同经营，统一核算，共负盈亏。

第四条　联营范围与经营方式____。

第五条　联合出资方式、数额和投资期限。

公司投资总额为人民币______________元。

甲方投资额________元，占投资总额________%。

甲方以下列作为投资：

现金：____________元；

厂房：____________元，折旧率为每年________%；

机械设备：__________元，折旧率为每年________%；

专用工具：____________元，折旧率为每年________%；

土地征用补偿费：______________元；

专利权：__________元；

商标权：__________元；

技术成果：____________元。

乙方投资额：（略）

投资交付日期：____________。

第六条　公司资金增减由董事会决定，并报请联营成员协商，根据资金增减合理调整本协议有关分配比例的规定。

第七条　公司财产为全体联营成员所共有。任何一方不经全体联营成员一致通过，不得私分公司的任何部分财产、资产、权益和债务。

第八条　联营成员出资额及其因参加本联营获得之权益不得转让。

第九条　联营成员的权利和义务。

甲方：______________。　　　　　　乙方：______________。

第十条　纳税、利润分配与风险承担。

公司所得，依法缴纳产品税、营业税后，由甲、乙双方在其所在地税务部门缴纳所得税。

公司所得，在提取储备基金、企业发展基金及职工福利奖励基金后，按下述比例分配。

甲方：______________%　　　　　　乙方：______________%

双方按上述比例承担公司亏损或风险。

前款所列储备基金、企业发展基金及职工福利奖励基金的提取比例由董事会制定，但不得超过毛利的______%。

第十一条　联营企业的组成机构。

公司实行董事会领导的经理负责制。董事会为公司的最高决策机构。董事会定期举行董事会会议，决定公司的一切重大事宜。遇有紧急情况，可以不定期召开董事会。

董事会由______名董事组成。其中甲方委派______名，乙方委派______名。董事长由甲方委派，副董事长由乙方委派。董事会成员任期______年，经委派方继续委派可以连任。董事会成员如有临时变动，可由该董事的原单位另派适当人选接替。

董事长、副董事长、董事可以兼任公司的经理、副经理或其他职务。

第十二条　公司的经营管理。

公司由出资各方派人共同经营管理。公司的经营方针、重大决策（包括生产销售计划，利润分配，人事任免等）采取董事会一致通过的原则。

公司设经营管理机构，负责公司的日常经营管理工作。经营管理机构设经理一人，由______方推荐；副经理______人，由______方推荐。经理、副经理由董事会聘请，任期______年。

公司的主管会计由______方推荐，______名协助之。

公司的财务会计账目受联营成员监督检查。

第十三条　违约责任。

1. 联营成员任何一方未能按本合同规定依期如数提交出资额时，每逾期______天，违约方应交付应交出资额的______%作为违约金给守约方。如逾期______天仍未提交，除累计交付应交出资额的______%的违约金外，守约方有权要求终止合同，并要求违约方赔偿损失。如双方同意继续履行合同，违约方应赔偿因违约行为给公司造成的经济损失。

2. 对不可抗力情况的处理：______________________________。

3. 协议履行中如发生纠纷，由各方派代表协商解决，或请双方管理部门仲裁。

4. 联营成员不得中途退出联营。如中途退出，除赔偿造成的全部损失外，另付出资额的______%作为违约金。

5. 联营成员在本联营存续期间不得加入其他半紧密型联营。如违反本规定，视为中途退出，按前款处罚。

第十四条　本合同经双方代表签字后，报请有关主管部门审批后生效。合同中如有未尽事项，由联营成员共同协商作出补充规定。

第十五条　本合同生效后，即公司董事会成立之时，由公司董事会负责监督检查各方履约情况。

第十六条　甲、乙双方在履行本合同过程中发生争议，由双方协商解决；协商不成的，按本合同约定的下列方法之一进行解决：

1. 由________仲裁委员会仲裁；

2. 向________人民法院起诉。

第十七条　本合同正本一式______份，双方各执一份，公司存一份。合同副本一式______份，送______、______、______各一份。

甲　方：__________　　　　乙　方：__________
代　表：__________　　　　代　表：__________
电　话：__________　　　　电　话：__________

签约日期：______年____月____日
签约地点：__________________

▲法人型联营合同（紧密型）

法人型联营合同（紧密型）

甲方（单位名称）：__________
乙方（单位名称）：__________

经济性质：________所有制

注：如有两个以上单位联营，依次称丙、丁……方。

甲、乙双方本着互利互惠、共同发展的原则，经过充分的可行性研究和相互协商，决定联合出资建立________公司，特订立本合同。

第一条　联营宗旨、项目和范围

联营宗旨：____。

联营生产（经营）项目：____。

生产（经营）范围：____。

第二条　联营企业名称：________市（县）________公司（企业）。

地址：________（所有制）联营。

核算方式：独立核算。

第三条　联合出资方式、数额和投资期限：

公司（或厂，下同）投资总额为人民币______元。

甲方投资额______元，占投资总额______%。

甲方以下列实物作为投资：

现金：________________元；

厂房：________________元，折旧率为每年______%；

机械设备：__________元，折旧率为每年______%；

专用工具：__________元，折旧率为每年__________%；

原材料：______________元；

土地征用补偿费：______元；

专利权：______________元；

商标权：______________元；

技术成果：______________元（应注明技术检验标准，可否再行转让）。

乙方投资额：（略）

投资交付日期：__________。

投资中包括固定资产、物资和专利权、商标权等，须按期办理所有权变更登记手续。补偿费作为出资份额转入公司名下。

第四条　联营双方的权利和义务：

甲方：　（略）

乙方：　（略）

第五条　纳税、利润分配与风险承担：

公司所得，在依法缴纳产品税、营业税和提取储备基金、生产发展基金、职工福利奖励基金后，其余为红利，按股分配：

甲方：____________________%。

乙方：____________________%。

（所在地不同的联营成员，按商定的比例分配利润后，向自己所在地的税务部门缴纳所得税。）

公司独立经营，独立核算，自负盈亏，联营成员对公司亏损，在出资范围内按出资和分红比例承担。

第六条　联营企业的组织机构。

公司实行董事会领导下的经理负责制。董事会决定公司的以下重大事宜：

1. 决定生产项目、经营方针、长远发展规划；
2. 审查经营计划、财务预算并监督检查其执行情况；
3. 决定公司干部的任免、奖惩、职工待遇和临时人员的吸收、解雇；
4. 审改技术改造措施，决定处理重大事故的方案；
5. 听取经理的工作汇报；
6. 决定联营合同的变更或中止；
7. 决定经理提交董事会讨论决定的问题；
8. 确定董事的报酬，有权吸收和撤换董事。

董事会由______名董事组成。其中，甲方委派______名，乙方委派______名，董事长、副董事长由董事会会议选举产生。

董事会成员任期______年，董事会成员如有临时变动，可由该董事的原单位另派适当人选接替，但应经董事会认可。

董事长、副董事长、董事可以兼任公司的经理、副经理或其他职务。

公司设经理一名、副经理______名，由董事会聘请，任期______年。

公司的经营管理机构由董事会决定。

第七条　劳动管理，职工的人数、工资、培训及福利______。(略)

第八条　违约责任：

1. 联营成员任何一方未按本协议第三条依期如数支付投资额时，每逾期__________（时间)，违约方应向公司交付出资额的______%，作为违约金。

2. 由于联营成员任何一方违约，造成本协议不能履行或不能完全履行时，除应按出资额的______%支付违约金外，守约方有权要求中止协议，并要求违约方赔偿全部经济损失。如双方同意继续履行协议，违约方应赔偿其违约行为给公司造成的损失。

3. 对不可抗力情况的处理：______________________________。

4. 甲、乙双方在履行本合同过程中发生争议，由双方协商解决；协商不成的，按本合同约定的下列方法之一进行解决：

(1) 由________仲裁委员会仲裁；

(2) 向________人民法院起诉。

第九条　本协议经双方代表签字后，报请有关主管部门审批后生效。协议中如有未尽事宜，由双方共同协商，作出补充规定。

第十条　本协议生效之日，即公司董事会成立之时。公司董事会负责办理公司注册登记，开设银行账户和其他筹建事宜。

第十一条　本协议正本一式______份，双方各执一份，公司存一份，协议副本一式______份，送______、______、______各存一份。

甲　方：____________　　　　乙　方：____________

代　表：____________　　　　代　表：____________

电　话：____________　　　　电　话：____________

签约日期：________年____月____日

签约地点：______________________

▲协作型联营合同

协作型联营合同

订立合同单位：

名称：____________

经济性质：________（所有制）

（其余单位依次如上所列）

以上各单位，本着互利互惠、共同发展的原则，在不改变各自所有制性质、财政物资渠道及隶属关系的前提下，相互协作生产（或开发）________产品，经充分协商，决定联合组成＿＿＿＿＿＿＿联合总公司（或集团，系非个人的合伙组织），特订立本合同。

第一条　联营宗旨：＿＿。

第二条　联营项目及各方分工：

在本合同有效期间，联营成员就下列项目的协作和分工，达成一致意见：

1. ＿＿＿＿＿＿＿＿＿＿＿＿＿＿＿＿＿＿＿＿＿＿＿＿＿＿＿＿＿＿＿＿＿＿＿。

2. ＿＿＿＿＿＿＿＿＿＿＿＿＿＿＿＿＿＿＿＿＿＿＿＿＿＿＿＿＿＿＿＿＿＿＿。

3. ＿＿＿＿＿＿＿＿＿＿＿＿＿＿＿＿＿＿＿＿＿＿＿＿＿＿＿＿＿＿＿＿＿＿＿。

第三条　联营范围与方式：＿＿。

第四条　联营常设机构：＿＿＿＿＿＿；联合总公司的地址：＿＿＿＿＿＿；隶属：＿＿＿＿＿；经济性质：＿＿＿＿＿（所有制）联营；核算方式：联营成员各自经营，独立核算。

第五条　联营企业的组织机构。

总公司设董事会。董事会由各联营成员的法定代表人组成，董事会选举产生董事长、副董事长，董事长、副董事长任期＿＿＿年，可以连选连任。董事长、副董事长可以兼任总公司的经理、副经理。

董事会是总公司最高决策机构。其职责是组织实现联营成员之间在生产、销售、供货、技术服务、信息等方面签订的合同，协调联营成员之间的协作关系。

总公司实行董事会领导下的经理负责制。总公司设经理一名、副经理＿＿＿＿＿名，由董事会聘请，任期＿＿＿＿＿年。经理对董事会负责，处理总公司日常事务，副经理协助之。经理、副经理下设办公室、服务部、供销部、生产部，等等。

第六条　联营成员的权利与义务。

1. 联营成员各方是独立经济实体，各自经营，独立核算，自负盈亏。联营成员对总公司的债务不承担任何责任。总公司对联营成员的债务亦不负连带责任。

2. 联营成员间的业务往来（包括提供原料，零部件，半成品，委托加工、改制、经销产品，统一接受订货，科研协作，技术服务，技术转让等）须分别订立合同，实行内部优惠价。其权利义务关系受经济合同法调整。

3. 联营成员所需的同质同价产品，能在本总公司内加工的，不得在总公司外加工。

4. 联营成员有权优先获得本公司内部的科研成果和经济信息。

5. 联营成员的财产所有权、正常经济活动和合法收入受法律保护。总公司及任何联营成员不得以任何理由干预和处分。

6. 联营成员有退出总公司的自主权。但退出前签订的各项经济合同和协议仍应继续履行，一直等到合同或协议履行完毕或经订约双方协商一致同意后终止。

7. 凡与总公司业务有关的生产、科研、供应、销售等企业、事业单位，承认总公司的协议、章程，自愿加入总公司，可以提出申请，经总公司董事会批准即成为联营成员。

8. 联营成员退出或新的成员加入本联营，不影响总公司的存在。

9. 联营成员有独立进行其他经济活动的自主权。

第七条　违约责任。

1. 联营成员对总公司依照合同分配的、依照合同规定所应承担的协作任务，因不可抗拒的事由确属无法承担的，应在不可抗拒的事由发生后______（时间）内，及时通知总公司。由于其他原因不愿继续承担协作任务的，应在______（时间）内报告总公司。

2. 联营成员由于不可抗拒的事由确实无法承担协作任务，而给他方造成经济损失的，不负赔偿责任；由于其他原因不愿继续承担协作任务，而给他方造成经济损失的，应当承担赔偿责任。

第八条　本合同经各联营成员签字后，报请有关主管部门审批后生效。合同中如有未尽事项，由联营成员共同协商修改。

第九条　本合同生效日，即总公司董事会成立之时。

第十条　甲、乙双方在履行本合同过程中发生争议，由双方协商解决；协商不成的，按本合同约定的下列方法之一进行解决：

1. 由________仲裁委员会仲裁；

2. 向________人民法院起诉。

第十一条　本合同正本一式______份，联营成员各执一份，总公司存一份。合同副本一式______份，送______、______、______各一份。

联营成员单位：________________（公章）

法定代表人：__________________（盖章）

银行账户：____________________

签约日期：________年____月____日

签约地点：______________________

▲承租经营合作者协议

承租经营合作者协议

我们______位同志自愿结合，依法投标、竞标。经过答辩、竞选，取得了____________厂承租人的合法身份。为了在______年的租赁期内顺利开展工作，完成承租指标，我们______位承租人签订协议如下：

第一章　关于合同期限及相应事项

1. ______位承租人的合作期限为______年，自__________年__________月

__________日起至__________年__________月__________日止。

2. 租赁期满后，若因善后处理工作及交接手续未尽的需要，在征得出租方同意以后，__________位承租人可协商决定适当延长合作的时间。

3. 在合作期限内，任何一位承租人不得单方面任意退出合作团体，不得做出有损承租人集体利益的行为。如有上述行为，违约者承担全部经济责任和法律责任。

4. 在合作期限内，合伙人确因意外事件而不得已单方面要求退出合作时，其他合伙人应经过集体协商，作出同意或不同意退出合作的决定，并报请出租方同意。

5. 在合作期限内，合伙人以外的其他人自愿或经合伙成员介绍要求加入合作团体的，经合伙人讨论决定同意并报请出租方同意，方能成为正式合伙人。

6. 若因不可抗力原因需要解除或终止租赁经营合同，或终止合作协议时，必须在全体承租合伙人内部形成决议。

第二章　承租合伙人之间的关系

1. ______位承租合伙人经过充分协商，推选______同志为承租代表人，并作为当然的法人代表，担任厂长。其他______位同志作为厂长的助手和下级。承租人在承租期间工作分工的确定、变动，得由全体承租人协商确定。

2. ____位承租人是企业的最高经营决策层，对企业的重大经营事项具有同等决策权，____位承租人如在重大问题上出现意见分歧，不能形成决议时，由厂长行使最终决定权。

第三章　承租合伙人的利益分配

1. ______位承租合伙人之间的利益分配方案，由最高决策会议决定。

2. 承租期限内，每年承租人所得转为“风险保证金”的部分，为______位承租合伙人共同所有，在租赁期满时，可一次或几次提取、分配。分配方案由最高决策层会议决定。若安排他用，须经承租合伙人取得一致意见后，方可实行。

第四章　承租合伙人之间的责任

1. ______位承租合伙人在承租期内，对______厂的兴衰负有同等的责任，承担同等的义务。

2. 在企业经济效益不好或出现亏损时，______位承租合伙人承担同等的偿付责任；对应交纳的租金，应补偿的亏损额，______位承租合伙人均等承担。

3. 承租抵押价值共计______元整。______位承租合伙人每人抵押______元（或价值相等的实物）。抵押形式由本人自定。

第五章　附　则

1. 本协议经全体承租合伙人同意、签字后即行生效。

2. 本协议一式__________份，具有同等法律效力。每位承租合伙人各执一份，其余交出租方、公证机关、______厂存档备案。

3. 本协议未尽事宜，由______位承租合伙人协商解决，并根据需要另立专项协议作为补充。

订约人：__________（签字）

签约日期：________年____月____日

签约地点：______________________

▲分公司合伙经营协议

分公司合伙经营协议

____________分公司（下文称分公司）出资人____、______，经营管理人______、______、______五人经协商一致，对分公司的经营管理达成协议，为明确各人的权利义务，制定以下内容：

一、分公司交总公司派驻人员______（负责人）、______、______三人全面经营管理。

二、出资人____、______将分公司现有全部资产归经营管理人无偿使用。

三、经营管理期限自二〇〇五年一月一日至二〇〇五年十二月三十一日。

四、经营管理人接管前的债务由出资人____承担。

五、分公司交经营管理人接管后发生的必要费用由经营管理人均摊。必要费用包括：

1. 分公司房屋租赁费；

2. 总公司的每年管理费一万元；

3. 分公司的年注册、公告费；

4. 分公司雇用的辅助工作人员的工资报酬；

5. 分公司负责人每月一佰元补助费；

6. 经经营管理人一致同意的其他必要费用。

六、辅助工作人员的聘用须经经营管理人一致同意。

七、各经营管理人的经营收入，扣除应交税金后，全部归其个人所有。

八、分公司现有未参加经营管理的人员收入分配方式：

1. 年交固定费用____元，其收入扣除税金后全部归自己；

2. 按扣除税金后百分之八十提成。上述两种方式任其选择。

九、各经营管理人在其经营管理期间造成的损失，由其个人全部承担；各经营管理人聘用的人员造成的损失，该经营管理人承担连带责任。

十、聘用的工作人员由各经营管理人自行招聘，所得利益归各经营管理人个人所有。

十一、退出经营管理方式：提出书面申请，所聘人员未完成的事务处理完毕后，其他经营管理人应当准许。但已交的费用不退。

十二、吸收新的经营管理人，须经现有经营管理人一致同意，应摊费用按一除以人数重新计算。

十三、经营管理期限届满，经营管理人提出继续经营管理时，出资人应无条件同意。本协议继续适用。

十四、经营管理人支付必要费用期限：

1. ________年____月____日前每人交付______元；

2. ________年____月____日前每人交付______元。

十五、本协议未尽事宜另行制定规章制度或经经营管理人一致书面同意。

十六、本协议生效条件：经总公司认可后，于经营管理人交付首期必要费用时生效。

协议人（签字）：________

签约日期：________年____月____日

签约地点：______________________

▲承包经营合同

承包经营合同

发包方：____________公司（以下简称甲方）

承包方：____________公司（以下简称乙方）

经甲、乙双方协商同意，现达成如下协议，共同遵守。

一、上缴利润定额包干，超额全留。

二、承包期限。

自________年____月____日起至________年____月____日止。共____年。

三、上缴利润定额。

1. 乙方在________年内，上缴利润总额为________元。其中，________年________元，________年________元，________年________元。

2. 超出定额部分的利润，全部留给乙方。

3. 乙方应根据留利数额，建立生产发展基金、奖励基金和福利基金。三项基金的比例为____________。

四、经济技术指标。

1. ____；

2. ____；

3. ____；

4. ____。

五、技术改造任务：____

____

____。

六、承包前债权债务的处理办法：______________________________________

____

____

____

____

____

____。

七、承包期间，甲方有权根据法律和合同的规定监督检查乙方的生产经营情况；有权____________；有权____________。

八、承包期间，甲方不得在法律和合同的规定之外随意干涉乙方的生产经营活动，并有以下义务：

1. ____；

2. ____；

3. ____。

九、承包期间，乙方享有国家法律、法规、政策规定的经营管理自主权。

企业经营者______为乙方法定代表人，对企业经营管理的下列事项，有依法自主决定的权利：

1. ____；

2. ____；

3. ____。

十、违约责任：____________。

十一、对企业经营者的奖惩：____________。

十二、争议的解决方式：____________。

十三、其他有关事项：____________。

十四、甲、乙双方在履行本合同过程中发生争议，由双方协商解决；协商不成的，按本合同约定的下列方法之一进行解决：

1. 由________仲裁委员会仲裁；

2. 向________人民法院起诉。

十五、本合同一式两份，甲、乙双方各执一份，从签字之日起即时生效，均具有同等法律效力。

甲　方：____________　　　　　　乙　方：____________

代　表：____________　　　　　　代　表：____________

电　话：______　　　　电　话：______

签约日期：______年____月____日
签约地点：______________

附件：1. ______
2. ______
3. ______

▲招标承包经营合同

企业招标承包经营合同

为深化企业改革，提高劳动生产率，依据《全民所有制工业企业承包经营责任制暂行条例》，经____人民政府批准，将____厂实行招标承包经营。由______管理局、____财政局、____税务局、____劳动局和中国工商银行____分行组成的____工业发包委员会为发包方（以下简称发包方）。发包方通过规定的招标程序最终确定以____为代表的（个人，合伙人，企、事业单位法人）投标者中标，作为本合同规定承包期限内____厂的承包方（以下简称承包方）。双方协商一致，签订本合同。

第一章　总　则

第一条　招标承包经营是在坚持企业的社会主义全民所有制的基础上，按照所有权与经营权分离的原则，通过公开招标选拔经营者，并以承包合同形式确定发包方、承包方、企业职工三者责、权、利关系，使企业真正成为自主经营、自负盈亏的社会主义商品生产者。

第二条　承包经营期间，本厂必须坚持社会主义方向，贯彻执行党和国家的方针、政策、法规、法令。

第三条　承包经营期间，本厂独立核算，照章纳税，自主经营，自负盈亏。所有制、原有行政隶属关系及财政、税收渠道不变。

第四条　承包经营期间，本厂必坚持生产____产品经营方向，在此基础上可以实行多种经营。

第二章　承包期限、形式和主要指标

第五条　本厂本次实行招标承包经营的期限为____年，即从____年____月____日起至____年____月____日止。

第六条　本厂本次招标承包经营的形式为：保上缴利润，保技术改造投资，职工工资总额与上缴利润挂钩的承包经营责任制。

第七条　本厂本次招标承包经营的主要经济技术指标为上缴利润、技术改造投资、

贷款归还、企业上等级目标。具体如下：

第1款　以“包死基数、逐年递增、不足自补、超交分成”为原则，承包经营期间上缴利润总额为____万元，其中____年为____万元，____年为____万元，____年为____万元，____年为____万元。

第2款　承包经营期间，保技术改造项目完成，技术改造投资总额为____万元，其中____年为____万元，____年为____万元，____年为____万元，____年为____万元。

第3款　承包经营期间，归还银行贷款总额为____万元，其中____年为____万元，____年为____万元，____年为____万元，____年为____万元。

第4款　本厂企业上等级目标为__年底以前达到国家（市）级企业标准。

第三章　承包方的权利与义务

第一节　承包方的权利

第八条　承包经营期间，承包个人或合伙承包的第一承包人（以下简称第一承包人）为该厂法人代表，当然厂长，享受厂长负责制和本合同赋予厂长的全部权利，并承担其全部义务。如企、事业法人承包，则由其指派的承包代理人（仅限一人）作为本厂的法人代表，行使厂长的职权，并代表承包方履行本合同。

第九条　承包方在承包期间，对本厂的经营管理有如下权利：

第1款　有权按国家规定自主聘任副厂长及副厂级行政干部，组成本厂的领导机构，并报主管局备案，承包期满或合同解除后，该领导机构即告解体。

第2款　有权决定本厂的机构设置、人事任免和专业技术人员的聘任。

第3款　有权依照有关规定奖惩、招用职工和辞退违纪职工。

第4款　有权改革本厂内部分配制度，在上级核定的工资总额范围内有权自选工资形式，自定工资标准。

第5款　有权根据实际需要购置新设备。

第6款　在不违反本合同第四条的前提下，有权开发新产品。

第十条　承包方有权依据本合同规定，取得其应得的合法收入。

第二节　承包方的义务

第十一条　承包方在承包期间应尽义务如下：

第1款　对本厂的物质文明建设和精神文明建设负有全面责任。

第2款　必须依照国家有关规定，按期如数缴纳应缴纳的各种税、费和统筹基金。

第3款　必须按期完成本合同规定的各项经济技术指标和各项附加指标。

第4款　在承包期间，应保证本厂厂房设备的完好，并按国家规定，分类按比例提取固定资产折旧基金和大修理基金，做到专款专用。

第5款　应完成国家给本厂下达的各项指令性计划。

第6款　应负责继续履行本厂与其他单位已签订的一切有效经济合同，并应承担本厂与其他单位一切原有合法债权、债务。

第 7 款　自觉接受本厂党组织和本厂职工的监督，尊重和保护本厂职工的民主权利，定期向本厂职代会报告工作，听取职工的意见的建议。

第 8 款　维护本厂职工的合法权益，改善职工的劳动条件，在不断提高经济效益的前提下，逐步提高本厂职工收入，不断改善职工福利待遇。

第十二条　承包方须以一定的自有资金作抵押（或担保）。承包方的抵押金（或担保金）额为____元。

第十三条　承包方必须全面履行本合同中应由承包方履行的全部条款。

第四章　发包方的权利与义务

第十四条　发包方的权利如下：

第 1 款　有权维护国家利益和本厂利益不受损害。

第 2 款　有权监督本厂的产品经营方向。

第 3 款　对本厂有财务监督权、审计权和产品质量检查权。

第 4 款　有权按国家法律、法规和本合同规定，维护本厂职工的合法权益。

第十五条　发包方的义务如下：

第 1 款　不得违反本合同规定，干涉承包方的经营自主权。

第 2 款　不得平调本厂资产。

第 3 款　必须按本合同规定保障承包方的合法权益。

第 4 款　必须全面履行本合同中应由发包方履行的全部条款。

第五章　承包方的收入

第十六条　承包经营者（系指承包个人，合伙承包的第一承包人，企、事业法人承包所指派的承包代理人，下同），在承包期间享受经营收入，原有工资级别存入档案。本次承包结束后，承包经营者如不继续承包，按国家有关工资政策重新核定其工资级别。承包经营者在承包期间享受本厂职工的福利待遇，国家规定的各种补贴照发。

第十七条　承包经营者在承包期间的收入按与本合同规定的各项经济技术指标和各项附加指标挂钩考核的原则确定（附加指标系指：销售收入、产品质量、安全生产、劳动生产率、资金利税率。此项指标按____主管局每年下达的计划执行）。

具体规定如下：

第 1 款　承包经营者如完成本合同规定的各项年度经济技术指标和附加指标，其收入以本厂职工当年人均收入为基数，所得是基数的两倍，上缴利润每超当年指标 1%，再累加相当基数____% 的收入，直至基数的四倍。

第 2 款　发包方如认为承包经营者作出特殊贡献时，可另给予特殊奖励。

第 3 款　承包经营者因病、事假实际工作不足九个月，只发给预支生活费。

第 4 款　职工人均年收入的计算范围按____劳字____号文件规定执行。

第十八条　企、事业单位承包，如超额完成本合同规定的各项年度经济技术指标和各项附加指标，其单位承包收入为超承包指标上缴利润财政返还地方部分的 50%，另外 50% 归还本厂作为生产发展基金。

第十九条　承包方的收入每年年底结算一次，年底结算之前，承包经营者只能按每月____元的标准预支生活费（不含国家规定的补贴）。年底结算以后，承包经营者的个人收入和企、事业法人收入，由发包方一次发给。

第六章　合同的变更、解除或终止

第二十条　本合同生效后即具有法律约束力，发包、承包双方均不得随意变更或解除。本合同需要变更或解除时，须经双方协商一致达成新的书面协议，在新的书面协议未达成之前，本合同依然有效。

第二十一条　本合同履行期间，如国家有关政策与本合同签订时相比，发包、承包任何一方利益受到重大影响，受影响的一方可以提出变更或解除本合同。

第二十二条　承包方如经营管理不善或经营决策严重失误，给本厂造成重大损失或连续两年未完成本合同规定的年度上缴利润指标，发包方有权解除合同，不负违约责任，并保留向承包方要求赔偿损失的权利。

第二十三条　发包方如违反本合同规定，干扰承包方的经营管理活动，使承包方无法继续经营下去，或使承包方的合法收入得不到保障，承包方有权解除本合同，并要求发包方承担违约责任。

第二十四条　由于不可抗力的原因使本合同无法完全履行或无法履行时，若发包、承包双方协商一致，可以变更或解除本合同。

第二十五条　本合同规定的承包期满，发包承包双方的权利、义务履行完毕后，本合同自行终止。

第二十六条　本合同期满三十日以前，承包方应接受发包方派出的审计机构对其承包情况进行审核，确定无误后，双方代表在审计意见书上签字后，承包方方可离职。

第七章　违约责任

第二十七条　发包、承包双方应全面实际履行本合同，不履行或不完全履行应负违约责任。

第二十八条　承包方如未按期完成本合同规定的各项经济技术指标和各项年度附加指标，应承担违约责任和相应的经济处罚，具体规定如下：

第 1 款　承包方如未完成本合同规定的年度上缴利润指标，按每降低 1% 扣减承包经营者个人预支生活费额 7%，直至扣减其档案工资额的 50%。

第 2 款　承包方如未完成本合同规定的其他年度经济技术指标和各项附加指标，则由发包方酌情相应扣减承包经营者个人当年收入总额，但最多不超过其当年收入总额的____%。

第 3 款　承包经营者在本合同解除或终止时如未完成上缴利润指标，除分别按本条 1 至 3 款扣减收入以外，还须以本人（含保人）抵押金抵补，直至抵清或全部抵尽为止。

第 4 款　企、事业法人承包，如未完成年度上缴利润指标，须用本单位自有资金补足。

第5款　企、事业法人承包，如完成年度上缴利润指标，但未完成其各项年度经济技术指标和附加指标，则由发包方酌情相应扣减承包单位超上缴利润分成收入，但最多不超过该收入的____%

第6款　本条第1至5款所指扣减数额和抵补数额，即为承包方违反本条所应缴纳的违约金额数。此项违约金由承包方负责在违约的年度的次年三月底以前交付发包方，承包方对此项违约金如有滞纳行为，则须从滞纳之日起至补齐之日止，以天为单位按滞纳数额的万分之三向发包方支付滞纳金，此项滞纳金由承包方自理。

第二十九条　发包方如违反本合同第二十一条的规定，应承担违约责任，赔偿违约给承包方造成的直接经济损失，并须向承包方支付其所造成的直接经济损失的百分之三的违约金。发包方的赔偿金和违约金应在违约年度的次年一月底以前交付承包方。发包方如有滞纳行为，则须从滞纳之日起至补齐之日止，以天为单位按滞纳数额的百分之三向承包方支付滞纳金，此项滞纳金由发包方自理。

第三十条　发包、承包双方发生纠纷时，应按《全民所有制工业企业承包经营责任制暂行条例》执行。

第八章　附　则

第三十一条　合伙承包的原定第一承包人（或企、事业法人承包的原指派承包经营者）如发生意外事故，无法继续履行本合同，则由承包合伙人（或企、事业法人）另行推选（或指派）第一承包人（或承包经营者），经发包方认定，继续履行本合同。

第三十二条　本合同期满后，如本厂仍实行招标承包经营，且承包方履行本合同情况良好，承包方在同等条件下有优先再承包的权利。

第三十三条　发包方的《招标书》、《投标书》、《答辩材料》、合伙人承包者《承包合伙人协议书》，均为本合同附件，上述文件材料如与本合同正文有矛盾之处，以本合同正文为准。

第三十四条　本合同由发包方代表、承包方代表签字，并经____公证处公证后生效。

第三十五条　本合同正本____份，发包方、承包方和____公证处各执一份。

本合同副本若干份，报企业承包指导委员会、发包方或成员单位备案。本合同副本与正本具有同等法律效力。

发包方：________

代　表：________（签字盖章）

承包方：________

代　表：________（签字盖章）

______年______月______日

▲上缴利润递增包干合同

上缴利润递增包干合同

甲方（发包方）：____________

乙方（承包方）：____________

甲、乙双方根据____，经协商签订本合同。

一、承包形式为上缴利润递增包干。

二、承包期限自____年____月____日到____年____月____日止，共____年。

三、上缴利润数额：

1．乙方以____________元为上缴利润包干基数，自____年起，按平均每年递增____%的比例上缴利润，即____年为____元，____年为____元，____年为____元。

2．上缴利润后剩余部分，全部留给乙方，由乙方首先偿还国家贷款，然后建立生产发展基金、奖励基金和职工福利基金。

各项基金比例为：

	生产发展基金	奖励基金	福利基金	备注
年				
年				
年				

3．乙方完不成上缴利润时，其差额由乙方用当年留利抵交。不足时，用企业资金抵交。

四、承包期间，乙方保证完成国家的指令性计划____________

五、主要经济技术指标：

1．乙方保证____年达到____企业标准，____年达到____企业标准。

2．承包期间，新增固定资产总额为________元，其中____年________元，____年________元，____年________元。

3．新产品开发数分别为：____年____个，____年____个，____年____个；主要项目是____，新产品产值率为：____年____，____年____，____年____

4．承包期间技术改造投资总额共________元，新增总产值____________元，利润____________元。

5．承包期间质量达到____级标准，新创____。

六、承包期间，甲方有权对乙方经营管理活动进行监督和检查；有权____

承包期间，甲方必须尊重乙方自主权，不干预乙方正常经营活动；并帮助乙方解决下述问题：____。

七、承包期间，乙方享有国家法律、法规、政策规定的经营管理自主权。

企业经营者____为乙方法定代表人，对企业经营管理中的下列事项，有依法自主决定的权利：

1. ____；
2. ____；
3. ____；
4. ____；
5. ____。

八、违约责任：

1. 甲方无理干扰乙方的生产经营活动，给乙方造成损失的，从上缴利润中扣除赔偿金额。赔偿金计算方法为________。

2. 甲方不按合同第____条规定为乙方解决____问题时，按____的____%交付违约金，违约金从上缴利润中扣除。

3. 乙方未按合同完成上缴利润总额或年度上缴利润额，按下述办法支付违约金：________。

4. 乙方未实现第____条规定的经济技术指标时，按下述办法交付违约金；未实现企业升级时，____；新增固定资产达不到规定数额时，____；技术改造任务未完成时，____；产品质量未达到规定标准时，____。

5. 乙方承包期间，给企业财产造成损害的，按下述办法支付赔偿金：________

……

九、对企业经营者的奖惩。

乙方完不成承包指标时，分别以下列情况对企业经营者进行处罚：

1. ____；
2. ____；
3. ____；
4. ____；
5. ____。

乙方完成或超额完成承包指标时，分别以下列情况对企业经营者进行奖励：

1. ____；
2. ____；
3. ____；
4. ____；
5. ____；
6. ____；
7. ____。

十、合同的变更和解除。

1. ____；
2. ____；
3. ____；

4. ____;

5. ____。

十一、争议的解决方式。

因本合同发生争议时，双方应协商解决，协商不成时，以下列第____种方式解决：

1. 交____仲裁委员会仲裁；

2. 交____法院审判。

十二、本合同自____时起生效。

合同正本一式两份，甲、乙双方各执一份，副本一式____份，分送____份。

甲方：(公章) ____________

甲方：________________　　　　乙方：________________

法定代表人（签章)：________　　代理人（签章)：________

地　　址：______　　　　地　　址：______

电　　话：______　　　　电　　话：______

企业经营者（签章)：____________

签约日期：________年____月____日

签约地点：______________________

说明：承包方即乙方如是个人时，应在合同最后署个人姓名并盖章，企业经营者（签章）一栏不必填写。

▲上缴利润基数包干、超收分成合同

上缴利润基数包干、超收分成合同

甲方（发包人)：____________

乙方（承包人)：____________

企业经营者：________

根据________，经双方协商，签订本合同。

一、承包形式

上缴利润基数包干，超收分成。

二、承包期限

自______年______月______日起至______年______月______日止，共______年。

三、承包基数

______年实现利润____________元，上缴利润____________元；____________年实现利润____________元，上缴利润____________元；年实现利润____________元；上缴

利润＿＿＿＿＿＿＿元。

四、超收部分分成比例

乙方超额完成上缴利润指标时，根据超额部分的数额，以下列比例进行分配：

＿＿年，超收数额在＿＿＿＿元以下的，甲方＿＿%，乙方＿＿%；超收数额在＿＿＿＿＿＿元以上的，甲方＿＿%，乙方＿＿%。

＿＿年，超收数额在＿＿＿＿＿＿元以下的，甲方＿＿%，乙方＿＿%；超收数额在＿＿＿＿＿＿元以上的，甲方＿＿%，乙方＿＿%。

五、乙方利润分成的使用

乙方对利润分成部分，根据下述比例建立生产发展基金、奖金和福利基金；

生产发展基金：＿＿年为＿＿%，＿＿年为＿＿%。

奖励基金：＿＿年为＿＿%，＿＿年＿＿%。

福利基金：＿＿年为＿＿%，＿＿年为＿＿%，＿＿年为＿＿%。

六、主要经济技术指标

1. 固定资产增值：总额为＿＿＿＿＿＿元，其中＿＿年＿＿＿＿＿＿元，＿＿年＿＿＿＿＿＿元，＿＿年＿＿＿＿＿＿元。

2. 产品质量：＿＿＿＿＿＿＿＿＿＿＿＿＿＿＿＿＿＿＿＿＿＿＿＿。

3. 新技术开发：＿＿＿＿＿＿＿＿＿＿＿＿＿＿＿＿＿＿＿＿＿＿＿。

4. 企业升级：＿＿＿＿＿＿＿＿＿＿＿＿＿＿＿＿＿＿＿＿＿＿＿＿。

5. ＿＿＿＿：＿＿＿＿＿＿＿＿＿＿＿＿＿＿＿＿＿＿＿＿＿＿＿＿。

七、甲方在乙方承包期间，有权根据法律和合同规定，对企业的经营活动进行监督检查，＿＿＿＿；有权＿＿＿＿；有权＿＿＿＿。

甲方在乙方承包期间不得在法律和合同的规定之外随意干涉乙方的生产经营活动，并有义务：＿＿＿＿＿＿＿＿＿＿＿＿＿＿＿＿＿＿＿。

八、承包期间，乙方享有国家法律、法规、政策规定的经营管理自主权。

企业经营者＿＿＿＿为乙方法定代表人，对企业经营管理中的下列事项，有依法自主决定的权利：＿＿＿＿。

九、违约责任

甲方在下列违约情况下，应负的责任是：

1. ＿＿＿＿＿＿＿＿＿＿＿＿＿＿＿＿＿＿＿＿＿＿＿＿＿＿＿＿。

2. ＿＿＿＿＿＿＿＿＿＿＿＿＿＿＿＿＿＿＿＿＿＿＿＿＿＿＿＿。

3. ＿＿＿＿＿＿＿＿＿＿＿＿＿＿＿＿＿＿＿＿＿＿＿＿＿＿＿＿。

乙方在下列违约情况下，应负责任是：

1. ＿＿＿＿＿＿＿＿＿＿＿＿＿＿＿＿＿＿＿＿＿＿＿＿＿＿＿＿。

2. ＿＿＿＿＿＿＿＿＿＿＿＿＿＿＿＿＿＿＿＿＿＿＿＿＿＿＿＿。

3. ＿＿＿＿＿＿＿＿＿＿＿＿＿＿＿＿＿＿＿＿＿＿＿＿＿＿＿＿。

十、对企业经营者的奖惩

对企业经营者的奖励办法：＿＿＿＿＿＿＿＿＿＿＿＿＿＿＿＿＿

对企业经营者的处罚办法：＿＿＿＿＿＿＿＿＿＿＿＿＿＿＿＿＿

十一、合同的变更和解释：____

十二、合同的担保：____

十三、争议的解决方式

本合同在执行过程中发生争议时，甲乙双方应协商解决。协商不成的，以下列第______种方式解决。

1. 交______仲裁委员会裁决；

2. 交______人民法院审判。

十四、名词和术语的解释：______。

十五、其他有关事项：______。

十六、本合同自______时起生效，合同正本一式两份，甲、乙双方自执一份；副本一式______份，分送______，副本和正本有同等效力。

甲　方：____________　　　　乙　方：____________

代　表：____________　　　　代　表：____________

电　话：____________　　　　电　话：____________

签约日期：________年____月____日

签约地点：______________________

说明：承包方即乙方如是个人时，应在合同最后署个人姓名并盖章，企业经营者（签章）一栏不必填定。

▲上缴利润定额包干合同

上缴利润定额包干合同

甲方（发包方）：____________

乙方（承包方）：____________

企业经营者：________

甲、乙双方根据________，经协商签订本合同。

一、承包形式

上缴利润基数包干，超额全留。

二、承包期限

自______年______月______日起至______年______月______日止，共____年。

三、上缴利润定额

1. 乙方在____年内，上缴利润总额为________元，其中____年________元，____年________元。

2．超出定额部分的利润，全部留给乙方。

3．乙方应根据留利数额，建立生产发展基金、奖励基金和福利基金。三项基金的比例为：________。

四、经济技术指标

1．________________________________。

2．________________________________。

3．________________________________。

4．________________________________。

五、技术改造任务：________________________。

六、承包前债权债务的处理办法：________________。

七、贷款归还办法：________________________。

八、承包期间，甲方有权根据法律和合同的规定，监督检查乙方的生产经营情况；有权________；有权________________________。

承包期间，甲方不得在法律和合同的规定之外随意干涉乙方的生产经营活动，并有义务：

1．________________________________。

2．________________________________。

九、承包期间，乙方享有国家法律、法规、政策规定的经营管理自主权。

企业经营者________为乙方法定代表人，对企业经营管理中的下列事项，有依法自主决定的权利：________________________。

十、违约责任：________________________。

十一、对企业经营者的奖惩：________________。

十二、争议的解决方法：________________。

十二、其他有关事项：________________。

十四、本合同自________时起生效。合同正本________，副本________。

附：

1．________________________________；

2．________________________________；

3．________________________________；

4．________________________________；

5．________________________________。

甲　方：____________　　乙　方：____________

代　表：____________　　代　表：____________

电　话：____________　　电　话：____________

企业经营者：（签章）____________

代理人：（签章）____________

签约日期：________年____月____日
签约地点：________________________

说明：承包方即乙方如是个人时，应在合同最后署个人姓名并盖章，企业经营者（签章）一栏不必填写。

▲合作协议书

合作协议书

甲方：____________建材公司
乙方：____________质量认证咨询服务公司

经甲、乙双方共同协商同意达成如下协议，共同遵守。

一、乙方接受甲方的委托，辅导甲方进行质量认证工作。

二、乙方全程服务并辅导帮助甲方通过认证中心的ISO9002质量认证，并获得《质量认证证书》。

三、乙方指派具有合法认证服务资格的内审员2人参加咨询工作。他们的工作职责如下：

1. ____；
2. ____；
3. ____；
4. ____。

四、甲方必须依据质量认证的要求完成以下工作：

1. ____；
2. ____；
3. ____。

五、甲方提供认证所需的原始材料，乙方咨询人员，起草合同的认证文件。

六、甲方必须依照质量认证的要求改革或变革其管理制度和流程，否则，导致无法通过质量认证，甲方自己承担责任。

七、乙方工作人员必须认真工作，勤于职守。在辅导期间，每周必须有________天完整地在乙方工作（16小时），其工作人员的生活费、交通费、住宿费自理。

八、咨询和辅导期限为半年，自________年____月____日至________年____月____日。

九、咨询和辅导费______万元，于____月____日付______万元，____月____日付______万元。

十、如因乙方原因而导致甲方未能通过质量认证，乙方应赔偿______万元的经济损失。如因甲方管理原因而未能通过认证，与乙方无关。

十一、本协议一式两份，甲、乙双方各执一份，从双方签字之日起即时生效，均具有同等法律效力。

甲方：________________　　乙方：________________

代表：________　　代表：________

电话：____________　　电话：____________

签约日期：________年____月____日

签约地点：______________________

第九章　企业设立、合并、分立常用合同协议范本

▲公司合并合同（新设合并）

S 股份有限公司与 Y 股份有限公司合并合同

甲方：S 股份有限公司，地址：______市______街______号，法定代表人：______，职务：____________。

乙方：Y 股份有限公司，地址：______市______街______号，法定代表人：______，职务：____________。

上述双方当事人就公司合并的有关事宜达成如下协议：

1. 合并后，新设公司名称为：________股份有限公司，地址：______市______街______号。

2. S 股份有限公司：资产总值____________万元，负债总值____________万元，资产净值________万元，Y 股份有限公司资产总值____________万元，负债总值________万元，资产净值________万元，两公司合并后资产净值为________万元。

3. 新设公司注册资本总额为________万元，计划向社会发行股票________万股计________万元，发行股票后，新设公司的资本构成为：

公司注册资本总额为________万元。其中：

原 S 公司持股________万元，占资本总额的____%；

原 Y 公司持股________万元，占资本总额的____%；

新股东持股________万元，占资本总额的____%。

4. 原 S 公司发行的股票________万股，旧股票调换____公司股票按________调换；原 Y 公司发行股票____________万股，旧股票调换____________公司股票按________调换；新发行的________万股____________公司股票向社会个人公开发行。

5. 合并各方召开股东大会批准合同的时间应当是________年____月____日前。

6. S 公司和 Y 公司合并时间为________年____月____日。

7. 合同双方应为合并提供一切方便，并及时解决好原公司的有关债权债务问题，及时办理交接，为双方合并成立新公司铺平道路。

甲方：S股份有限公司　　　　乙方：Y股份有限公司

法定代表人：______　　　　法定代表人：______

签订时间：________年____月____日

附：双方合同公司资产负债情况表格，注明由______会计事务所提供。

▲公司合并协议（吸收合并）

公司合并协议（吸收合并）

___________有限公司（下称投资者）以独资经营方式在____市____区投资兴办的外资企业有限公司（下称甲公司）与外资企业____有限公司（下称乙公司），为方便投资者管理，减少不必要的成本支出，提高产品在国际市场的竞争力，经双方董事会商议一致同意，由甲公司吸收合并乙公司，并由甲公司与乙公司签订合并协议如下：

一、合并协议各方的名称、法定地址、法定代表人：

甲公司：________有限公司，法定地址：________，法定代表：________，职务：________，国籍：________。

乙公司：________有限公司，法定地址：________，法定代表：________，职务：________，国籍：________。

二、甲公司以吸收合并方式吸收合并乙公司，甲公司作为吸收方，乙公司作为解散方。

三、合并后公司的名称为___________有限公司，法定地址：________________，法定代表：____________。

四、合并后，乙公司投资总额和注册资本各为____________万美元同时并入甲公司。甲公司的投资总额和注册资本均增至为____________万美元。

五、合并后，由甲公司以合并后的资产承继甲公司、乙公司的债权、债务。甲公司由投资者以外资企业形式继续经营，乙公司同时解散。

六、合并后，甲公司的经营范围及年生产规模：___________________。

七、职工安置办法：乙公司的职工全部由甲公司接收继续雇用。

八、合并后，甲公司的董事会成员：____________________________________。

九、违约责任：本协议由甲公司与乙公司共同遵守，如有违约，并由此发生的损失，均由有过错方承担。

十、解决争议方式：本协议在执行过程中，如发生争议或纠纷，应尽量通过友好协商解决；如协商不成，应提交中国国际经济贸易仲裁委员会，并按该会现行有效的仲裁规则进行仲裁，其仲裁是终局性的，必须遵照执行。

十一、本协议于________年____月____日由甲公司与乙公司法定代表在________签字。

甲公司：________有限公司
代表签字：________
乙公司：________有限公司
代表签字：________

签订时间：________年____月____日
签订地点：______________________

▲股份有限公司合并合同

股份有限公司合并合同

一、S股份有限公司与Y股份有限公司合并合同（新设合并）

甲方：S股份有限公司，地址：______市______街______号，法定代表人：______，职务：总经理。

乙方：Y股份有限公司，地址：______市______街______号，法定代表人：______，职务：总经理。

上述双方当事人就公司合并的有关事宜达成如下协议：

1. 合并后，新设公司名称为：______股份有限公司，地址：______市______街______号。

2. S股份有限公司：资产总值15000万元，负债总值10000万元，资产净值5000万元；Y股份有限公司资产总值18000万元，负债总值8000万元，资产净值10000万元，两公司合并后资产净值为15000万元。

3. 新设公司注册资金总额为15000万元，计划向社会发行股票5000万股计5000万元，发行股票后，新设公司的资本构成为：______________。

公司注册资本总额为20000万元。其中：

原S公司持股5000万元，占资本总额25%；

原Y公司持股10000万元，占资本总额的50%；

新股东持股5000万元，占资本总额的25%。

4. 原S公司发行的股票1000万股，旧股票调换____公司股票按1∶5调换；原Y公司发行股票5000万股，旧股票调换____公司股票按1∶2调换；新发行的5000万股____公司股票向社会个人公开发行。

5. 合并各方召开股东大会批准合同的时间应当是______年____月____日前。

6. S公司和Y公司合并时间为______年____月____日。

7. 合同双方应为合并提供一切方便，并及时解决好原公司的有关债权债务问题，及时办理交接，为双方合并成立新公司铺平道路。

甲方：S股份有限公司
法定代表人：________
乙方：Y股份有限公司
法定代表人：________
________年____月____日

附：双方合同公司资产负债情况表格，注明由____会计事务所提供。

二、W股份有限公司与Z股份有限公司合并合同（吸收合并）

甲方：W股份有限公司，地址：______市______街______号，法定代表人：______，职务：总经理。

乙方：Z股份有限公司，地址：______市______街______号，法定代表人：______，职务：总经理。

上述当事人就双方公司合并的有关事宜达成如下协议：

1. 双方公司合并后，公司名称为：W股份有限公司，地址：______市______街______号。

2. 原W股份有限公司：资产总值10000万元，负债总值7000万元，资产净值3000万元；Z股份有限公司：资产总值5000万元，负债总值4000万元，资产净值1000万元；现W股份有限公司资产净值为4000万元。

3. 现W公司注册资金总额为4000万元，计划向社会发行股票1000万股计1000万元。发行股票后现W公司的资本构成为：

公司注册资本总额为5000万元。其中：原W公司持股3000万元，占资本总额60%；

原Z公司持股1000万元，占资本总额的20%；

新股东持股1000万元，占资本总额的20%。

4. 原W公司发行的股票1000万股，旧股票调换新股票按1∶3调换；原Z公司发行股票2000万股，旧股票调换新股票按2∶1调换；新发行的1000万股W公司股票向社会个人公开发行。

5. 合并各方召开股东大会批准本合同的时间应当是1992年10月30日前。

6. W公司和Z公司合并时间为1992年12月1日。

7. 合同双方应为合并提供一切方便，并及时解决好原公司的有关债权债务问题。Z公司应及时办理财产、账册和文书移交，为双方合并顺利进行铺平道路。

甲方：W股份有限公司
法定代表人：________

乙方：Z股份有限公司
法定代表人：________

______年____月____日

▲公司合并协议（外资企业）

公司合并协议

由有限公司（下称投资者）以独资经营方式在________市________区投资兴办的外资企业有限公司（下称甲公司）与外资企业________有限公司（下称乙公司），现为方便投资者管理，减少不必要的成本支出，提高产品在国际市场的竞争力，经投资者意愿，双方董事会商议一致，由甲公司吸收合并乙公司，并由甲公司与乙公司签订合并协议如下：

一、合并协议各方的名称、法定地址、法定代表人：

甲公司：______有限公司，法定地址：________，法定代表：______，职务：______，国籍：______。

乙公司：________有限公司，法定地址：____________，法定代表：______，职务：______，国籍：______。

二、甲公司以吸收合并方式吸收合并乙公司，甲公司作为吸收方，乙公司作为解散方。

三、合并后公司的名称为____________有限公司，法定地址：______________，法定代表：________。

四、合并后，乙公司投资总额和注册资本各为________万美元同时并入甲公司。甲公司的投资总额和注册资本均增至为________万美元。

五、合并后，由甲公司以合并后的资产承继甲公司、乙公司的债权、债务。甲公司由投资者以外资企业形式继续经营，乙公司同时解散。

六、合并后，甲公司的经营范围及年生产规模：__________________。

七、职工安置办法：乙公司的职工全部由甲公司接收继续雇用。

八、合并后，甲公司的董事会成员：________________________。

九、违约责任：本协议由甲公司与乙公司共同遵守，如有违约，并由此发生的损失，均由有过错方承担。

十、解决争议方式：本协议在执行过程中，如发生争议或纠纷，应尽量通过友好协商解决；如协商不成，应提交中国国际经济贸易仲裁委员会，并按该会现行有效的仲裁规则进行仲裁，其仲裁是终局性的，必须遵照执行。

十一、本协议于________年______月______日由甲公司与乙公司法定代表签字。

甲公司：____________有限公司
代表签字：__________________
乙公司：____________有限公司
代表签字：__________________

________年____月____日于________市______

▲公司分立合同（新设分立）

股份有限公司分立合同

合同编号：____________

当事人：________________

甲　方：______有限公司

（住所、股东代表、电话、传真、邮政编码、开户银行、户名及账号）

乙　方：________有限公司

（住所、股东代表、电话、传真、邮政编码、开户银行、户名及账号）

鉴于原________有限公司拟进行分立，成立甲方、乙方两公司，经甲、乙双方充分协商后，根据我国《公司法》等有关法律规定，订立如下条款，以资遵守。

第一条　分立方式

原________有限公司采用新设分立方式。

原公司分立为甲方公司和乙方公司，设立时，原公司主体资格消灭。

第二条　分立前后公司的注册资金

1. 原公司的注册资金为______万元，现有净资产______万元，其中分立后由甲方公司接受______万元净资产，由乙方公司接受______万元净资产。

2. 分立后甲方公司注册资金为______万元。

3. 分立后乙方公司注册资金为______万元。

第三条　业务分立条款

1. 原公司的______业务，由分立后的甲公司经营，乙方公司不再经营______业务。

2. 原公司的Y业务，由分立后的乙公司经营，甲方公司不再经营Y业务。

第四条　财产分割条款（详见财产分割清单）

1. 原公司截至________年____月____日账面上所有的______万元人民币货币资金，甲方公司享有______万元，乙方公司享有______万元。

2. 原公司享有的无形资产，包括商标权、企业名称权等，由甲方公司享有。

第五条　债权、债务分割条款

原公司关于______业务的所有债权债务由甲方公司承继，关于Y业务的所有债权债务由乙方公司承继。（详见债权债务分割清单）

第六条　职工安置条款

原公司共有在岗职工______名，无离退休、内退和工伤等人员。其中________名职工随____业务进入甲方公司，由甲方公司承继原公司与这________名职工的劳动关系。其中________名职工随Y业务进入乙方公司，由乙方公司承继原公司与这________名职工的劳动合同关系。原劳动合同的内容不变。

第七条　分立各方要求原公司股东大会应于________年____月____日前批准本

合同。

第八条 陈述和保证

8.1 甲方的陈述和保证。甲方向各方陈述和保证如下：

（1）其是一家依法设立并有效存续的股份有限公司；

（2）其有权进行本合同规定的行为，并已采取所有必要的公司行为授权签订和履行本合同；

（3）本合同自签订之日起对其构成有约束力的义务。

8.2 乙方的陈述和保证。乙方向各方陈述和保证如下：

（1）其是一家依法设立并有效存续的股份有限公司；

（2）其有权进行本合同规定的行为，并已采取所有必要的公司行为授权签订和履行本合同；

（3）本合同自签订之日起对其构成有约束力的义务。

第九条 违约责任

（1）除不可抗力的原因外，任何一方违反本合同，应向对方支付违约金人民币________元。

（2）任何一方违反其在本合同中所作的陈述、保证或其他义务，而使守约方遭受损失，则守约方有权要求违约方予以赔偿。

第十条 保密

一方对因本股份有限公司分立合同而获知的另一方的商业机密负有保密义务，不得向有关其他第三方泄露，但中国现行法律、法规另有规定的或经另一方书面同意的除外。

第十一条 补充与变更

本合同可根据各方意见进行书面修改或补充。

第十二条 其他条款

1. 公司进行分立的日程为：________年____月____日到____日双方共同清理资产账册，对原公司财产进行分割，并按期交割完毕。________年____月____日起原公司将不复存在，甲公司与乙公司正式成立。

2. 本合同正本一式两份，双方各持一份，副本____份备用。

甲方公司（筹）：（盖章）______

授权股东代表：（签字）______

乙方公司（筹）：（盖章）______

授权股东代表：（签字）______

________年____月____日

第十章　加盟、转让、增（减）资合同协议范本

▲分公司加盟协议

分公司加盟协议

甲　方：____________有限公司

乙　方：______________

一、总则

1. 甲、乙双方本着平等、自愿、互惠互利、共同发展的原则，就设立老百姓商机联盟______分公司达成共识并签订本协议。

二、分公司与总部

2. 甲、乙双方一致同意在______________（区域名称）设立老百姓商机联盟______分公司，分公司自主经营，独立核算，自负盈亏。

三、费用

3. 乙方需一次性付给甲方费用人民币______元，大写人民币为______________，本协议签字后一次付清。以后乙方每年向甲方交纳总费用共计______元，由于物价、原材料成本增长的情况造成的费用增长，甲方会及时通知乙方，乙方应该给予理解。

四、甲方权利和义务

4. 甲方同意乙方在______区设立老百姓商机联盟______分公司。甲方同意由乙方出任该公司经理，全权管理、开展该分公司的业务。批准乙方的业务范围为______（区域名称），甲方必须对乙方的经营管理、业务开展和经营范围进行监督和指导。

5. 甲方为乙方提供办理分公司执照所需要的全部手续，并全程帮助乙方办理分公司所需要的一切合法手续。

6. 甲方向乙方提供甲方营业执照复印件一份、《董事会关于设立分公司的决议书》一份、《董事会关于分公司经理的任命决议书》一份、《业务开展委托书》一份、精致授权牌一块、代理证一个、工作证一个。

7. 甲方向乙方提供《老百姓商机联盟》网站群系统一个，该系统由投资系统、自助建站系统、中介系统、广告联盟系统、网上商城系统等组成，该站由甲方为乙方设计制作并提供后续技术支持，保证该站正常运行。

8. 甲方向乙方提供一个国际顶级域名，域名形式为：www. ____________ .com 供乙方的站群使用，其中，“______”部分为英文字母、数字联合构成或者单独构成，该域名由甲方向域名提供商购买，乙方在加盟期内具有使用权。

9. 甲方同意乙方以“老百姓商机联盟______分公司”的名义开展业务；同意乙方在其加盟站及宣传过程及宣传材料上使用老百姓创业联盟________标志；同时各分公司或代理站可以自己设计网站标志，但标志上必须有老百姓商机联盟标志中的“众”字。甲方同意乙方其加盟站上使用甲方的《中华人民共和国电信与信息服务业务经营许可证》和有关合法标志。

10. 甲方向乙方提供《老百姓创业联盟分公司经营业务手册》，通过网站后台提供《网站管理操作教程》；并向乙方提供加盟站后台管理账号和密码，供乙方管理加盟站专用；为乙方培养网站管理人员一名，可以直接派人来总部学习，也可以直接通过网络联系培训。

11. 甲方必须保证在工作时间内随时解答乙方的咨询问题，协助乙方管理网站、开展工作，并保证在规定工作时间内电话畅通、QQ 在线、邮箱有效，以备随时解答乙方咨询并为乙方提供业务帮助。

12. 甲方向乙方提供足用空间和专业邮箱一个，该邮箱后缀域名以乙方域名：____________。

13. 甲方赠送与加盟费用等价值的自助建站收入，每位加盟商在自己的自助建站系统上的建站收入总金额全部归加盟商所有，直至加盟商通过自助建站收入与加盟费用相等。加盟站通过自助建站收回自己的加盟费用后，再按照加盟条款的自助建站分成比例向总部上缴利润。

14. 本协议正式生效后，甲方不得在乙方区域内设同类分公司，该区域的下级分公司和工作站必须经乙方同意，甲方方可设立该区域内其他的分公司和代理站。同时该区域内的招收下级代理和分公司的工作流程统一由总部办理。

15. 甲方通过加盟网站赠送一万多项的技术项目（含配方、教程）和____________多项投资项目，并同意乙方自行对外转让，利润归乙方所有。

16. 甲方赠送乙方与资料配套实用技术教学光盘一套（分公司________张，代理站________张），供乙方在出售资料时向客户赠送与其资料相关的技术光盘。具体光盘目录由乙方从甲方对外公布的光盘中自由选择，但是光盘总数不能超过规定赠送张数，其余技术（配有光盘的技术），甲方按照加盟价格向乙方提供。

17. 甲方赠送乙方《2005 创业致富宝典》电脑光盘，内含一万三千多项实用致富技术（配方、教程）和四千多项投资项目，乙方可以独立转让该光盘中的所有技术资料。

18. 甲方在与乙方合作后新研制和引进的技术等按照加盟价格优先提供给乙方。

五、乙方责任

19. 分公司由乙方自主经营，自负盈亏，独立核算，乙方全权负责分公司的一切事务，对分公司有经营权和管理权及对分公司的经营方针、人事管理、财务管理等有全部权力，分公司是一个独立的经济实体，乙方可根据自身的情况调整经营活动，乙方在经营过程中必须接受甲方的监督和指导。

20. 乙方全权决定分公司的经营策略和发展方向，乙方自身开拓的其他业务范围不受甲方限制，但必须保证经营范围不得超过甲方的营业执照和乙方营业执照所规定的经营范围，否则，乙方应承担全部的责任。

21. 乙方同意并认可本协议及甲方网上公布的设立分公司的所有条款，并合法经营；不得违反国家和地方的法律、法规，如果乙方违法经营，所造成的后果，由乙方负全部责任。对老百姓创业联盟总部及其他分公司和消费者造成任何损失，乙方必须承担完全责任，同时甲方有权中止双方的合作。情节严重者追究法律责任。

22. 乙方必须维护甲方的信誉和形象，并坚持“客户是真正上帝”的原则开展经营活动，牢固树立“在造福一方百姓的基础上发展壮大自己”的宗旨，把帮助扶持下岗职工再就业放在重要位置。

23. 乙方可以在自己区域内设立并管理下级站点及面向全国开展业务，但是必须严格按照总部的加盟政策、待遇、费用标准执行，积极开展对下级站点的帮助、协调工作，并每月向总部汇报工作。

24. 乙方应服从当地工商、税务、文化等部门的管理。

25. 乙方必须保证加盟站内容的专业性和严肃性，不得发布与该站点主题不相关的内容，严禁发布反动的、色情的、反人类、反科学的信息。否则，乙方必须承担全部的责任。

26. 未经甲方同意，乙方不得私自将其加盟站点向第三方转让、出售、赠送等。

六、双方共同责任

27. 甲、乙双方应共同遵守本协议，不得随意更改、中止和违约。

28. 乙方及其雇用人员除了正常经营管理需要外，应遵守总部制定的保密制度，不得私自将甲方或其站点商业秘密透露给他人、公司或团体。如果乙方私自将甲方的相关商业机密泄露，甲方将通过法律途径向乙方追究责任并索赔损失。

29. 甲方违约时，根据情况赔偿乙方损失，给乙方造成严重损失时可诉讼法律，并赔偿损失。

30. 乙方违约时，甲方视违约情节严重者关闭网站或注销分公司，违约情节特别严重者诉讼法律，并赔偿损失。

31. 因国家政策修改、战争、地震等不可抵抗因素导致本协议无法履行时，甲、乙双方原则上没有违约责任，后续事宜，由双方协商解决。

32. 乙方续费时，须在期限到达前向甲方提供加盟年度情况总结和交纳下一年（相关）费用。

七、业务提成比例

33. 该利润是指乙方自己独立发展的业务：

（1）人工建站：____________%（或者由甲方给出乙方加盟价格，成交价格由乙方自己与客户确定，超出加盟价格部分全部归乙方所有）；

（2）自助建站：________%；该比例是指除去基本成本费用后的利润分成比例。由于本自助建站系统实用性强，乙方也可自行与客户商谈价格，上涨部分全部归乙方所有；

（3）各系统广告发布：乙方广告客户的广告费用全部归乙方所有。甲方在总站上同时给予发布，如该广告客户指定在甲方固定位置及其他各分站同时发布时，甲方按照该位置收费标准收费，同时将该费用的________%返回乙方；

（4）发展下级加盟站：直接介绍、推荐其他下级加盟站的利润为____________%；

（5）技术转让：____________%；

（6）资料销售：____________%；

（7）个人会员会费：____________%；

（8）企业会员会费：____________%；

（9）乙方自主开发的业务，如果无须总部处理，利润全部归乙方。

注：上面计算方法除特别标明外按照每项业务额的百分比，不是纯利润的百分比；例如做一个____________元的网站，应得利润为______%，即加盟站应得利润为______元，加盟站向客户出售________元的资料，应得利润为______%，即______元。

八、协议生效

34. 本协议生效的标志为乙方持有向甲方汇出与乙方的设立分公司向甲方交纳的费用的相关凭证或者是盖有甲方财务专用章的收据为准。

九、协议有效期

35. 本协议的有效期暂定为______年，从________年____月____日起至________年____月____日止。

十、协议延续和不延续

36. 本协议到期后，乙方有权决定延期或者不再延期。

37. 当下列三个条件同时具备时，甲方无权拒绝乙方的延期要求：

（1）乙方在本协议有效期内，严格遵守了本协议的各项条款和补充条款；

（2）乙方是一个成功的经营者，在加盟期内有着良好的经营业绩；

（3）执行了本协议第六款第32条之规定。

38. 当具备下列条件的任何一个时，甲方有权决定本协议不能延续：

（1）乙方违反本协议，造成甲方认为不可谅解的影响；

（2）为了自己的私利，在经营过程中采取公开或不公开的手段违反本协议第六款第23条中的乙方有设立并管理老百姓创业联盟下级的权力，但是必须严格按照总部的加盟政策、待遇、费用标准执行的内容时；

（3）为了自己的私利，采取公开和不公开的手段夸大自己、诋毁总部的做法；

（4）没有执行本协议第六款第28条和32条之规定。

十一、协议提前终止

39. 当具备下列条件之一时，甲方有权提前终止本协议执行：

（1）乙方中途自动放弃经营；

（2）乙方未经总部许可，私自将分公司网站群转让给别人经营；

（3）乙方在经营过程中，因违反国家和地方法规，导致被国家有关部门强行关闭网站；

（4）乙方采取不正当竞争，导致各分公司及地方站总数的2/3以上要求取缔乙方者；

（5）加盟站上发布非法、色情、反动、反人类的信息。

40. 当具备下列条件之一时，乙方有权提前终止协议：

（1）完全因为甲方技术原因造成乙方网站连续72小时不能运行；

（2）完全因为甲方严重违反本协议给乙方造成重大损失。

十二、相关事项

41. 甲、乙双方相互之间是独立核算、自主经营，互相不负责任何一方单独针对第三方债务、承诺、义务和责任，甲、乙双方将不保证、不负责对方本协议外的义务、债务或开支等。

42. 在本协议正常执行的前提下，甲、乙双方互相不为对方的经营结果负责。

43. 在本协议执行期内，甲方将免费对整个系统进行升级、更新、调整，乙方应理解、遵守、支持甲方的整体规划。

十三、纠纷解决

44. 当合约执行中双方发生纠纷时，双方可通过以下途径来解决：

（1）双方自愿协商解决；

（2）提请仲裁，由仲裁机关裁定；

（3）提起诉讼，走法律程序。

十四、未尽事宜

45. 本协议未尽事宜，经双方平等协商，在双方共同认可的前提下，予以补允或者修改。补充或者修改部分与本协议具有同等法律效力。但是甲、乙双方对协议的任何补充或者修改必须以双方签字认同后形成书面文字形式方可生效。

十五、本协议由双方签字后，一式两份，双方各执一份。

甲　方：________有限公司（盖章）	乙　方：______________
地　址：______________	地　址：______________
信　箱：______________	网　址：______________
邮　编：______________	邮　编：______________
电　话：______________	电　话：______________

签订时间：________年____月____日

签订地点：______________________

▲加盟特许连锁店协议

加盟特许连锁店协议

甲方：________________________服装公司

乙方：________________________________

为了明确甲、乙双方的权利和义务，根据《合同法》规定，双方达成如下协议，共同遵守。

第一条　甲方授予乙方“____________”特许连锁店加盟权利。自授权之日起，乙方即正式成为“____________”特许连锁店的加盟合作商。

第二条　经营期从______年______月______日起到______年______月______日止，合同期____________以后可优先续约。

第三条　双方权利与义务

一、乙方的权利和义务

1. 为“____________”服饰特许连锁店在当地的建立，筹备经营场所和开业相关事宜。自主办理营业执照等相关合法经营手续，选择店址，并负责装修、宣传等，费用自理。开业后应自觉遵守国家法律和当地有关规定，并处理和承担经营中出现的一切纠纷和责任。

2. 按甲方提供的统一店面招牌设计效果图、装潢，以维护企业形象。不得擅自变动甲方的商标颜色、字体及店面风格。

3. 经营管理加盟连锁店，维护发展____________品牌，保护事业品牌形象。

4. 乙方必须在签订合同之日，向甲方交纳适用型5000元加盟费。

5. 开业之日起一个月内，将连锁店营业执照复印件、店面照片报甲方备案，否则甲方将视乙方违约，不履行甲方义务。

6. 乙方因故不能正常履行合同时，须提前一个月向甲方提交说明。

7. 乙方在遵守合同义务的前提下，全权经营、处理乙方在当地的一切事务。

8. 乙方有权对甲方不履行合同义务的行为，提出质疑和终止合同。有权提请仲裁和向人民法院提起诉讼。

二、甲方的权利和义务

1. 甲方给乙方开业配送市场价值人民币______元的产品，价值______元的设备，价值______元的开业礼品，乙方按送货单签收。

2. 应向乙方提供统一的商号、装修设计及管理制度。

3. 甲方不得在代理商代理区域内设立同等级别的代理商。

4. 甲方按商品统一零售价的______向乙方供货（甲方保留因国际市场材料价格导致相应调整供货价的权利）。

5. 甲方确保提供产品的质量，产品保质期内如出现质量问题，概由甲方负责。

6. 甲方有新的产品推出应优先由乙方在该区域代理。

7. 乙方开业期间甲方可派员上门培训，差旅费和工资由甲方承担。

8. 乙方按月销售回款额达______元时，甲方给予______元的奖励。

第四条　货物运输及付款方式

1. 货物运输：发货运费由乙方自行负担。

2. 乙方进货时可现金付款，也可按公司指定账号汇款，如不按指定账户汇款出现问题甲方概不负责，甲方在确认收到货款后发货。

3. 甲方要按乙方指定汇款途径办理汇款。

第五条　违约责任

1. 乙方在一切经济活动中的违法行为应由乙方独立承担后果。

2. 甲、乙双方在实行本合同的过程中如发生纠纷，双方应本着友好协商的原则解决，如调解不成的可提请仲裁，或向合同签订所在地的法院提起诉讼。

第六条　其他

1. 本合同条款与法律、法规、规章、政策有抵触的，按国家现行的法律、法规、规章、政策执行。

2. 遇有本合同未尽事宜，由甲、乙双方通过协商另订补充条款，作为本合同不可分割的组成部分，且与本合同具有同等效力。

3. 甲、乙双方在履行本合同过程中发生争议，由双方协商解决；协商不成的，按本合同约定的下列方法之一进行解决：

（1）由________仲裁委员会仲裁；

（2）向________人民法院起诉。

4. 本协议一式两份，甲、乙双方各执一份。自签字之日起即时生效，均具有同等法律效力。

5. 本协议有效期限自________年______月______日起至________年______月______日止，为期________年。

甲　方（盖章）：____________　　乙　方（盖章）：____________

代表人（签字）：____________　　代表人（签字）：____________

电　话：____________________　　电　话：____________________

签约日期：________年____月____日

签约地点：______________________

▲授权加盟代理商协议

授权加盟代理商协议

甲方：________________________公司

乙方：____________________________

根据《合同法》的相关规定，经甲、乙双方友好协商，就乙方项目达成以下协议：

1. 甲方授权乙方为甲方______星级连锁加盟店，______级代理商，在______省______市______区经营产品。

2. 经营期从______年______月______日起到______年______月______日止，合同期____________以后可优先续约。

一、授权加盟的含义

1. 本协议所指授权加盟的含义为：在乙方认同并接受甲方一切经营管理模式、产品内涵，甲方授权乙方作为“____________”展点的加盟成员，在______省（市、自治区）______市（区）______地点使用“____________”的宣传品及甲方之商标，开展____________产品的销售与展示活动。

2. 甲、乙双方各自独立承担民事责任，相互之间无产权及归属关系。乙方接受甲方授权后，其建立的销售点按甲方销售连锁组织确认的统一规范和模式经营，享受甲方的专业服务，接受甲方监督。

3. 本协议所指授权范围指，甲方在全国范围发展“____________”展点加盟商，甲方负责提供“____________”展品和配套宣传品。展品是由国内著名艺术家____________先生绘制的《____________图》和《____________图》，加盟商可任选其一。甲方为乙方提供“____________”展点的地点、选择原则及方向，乙方自行决定展点，经甲方认可后可享受本协议的授权。

二、连锁加盟的费用

1. 授权加盟费：乙方一次性支付人民币______万元给甲方作为授权加盟费和__________展品的押金，取得甲方的正式授权，甲、乙双方签订正式的授权加盟协议，乙方成为甲方的永久加盟商。

2. 品牌使用费和租金：根据甲方公司的相关规定，乙方取得甲方授权后，乙方须在每个季度开始的十日内向甲方按季度支付品牌使用费和租金______元/季度/店。

三、供货渠道

甲方为乙方推荐展点用于销售的系列________产品，并做好售前的咨询服务工作，乙方直接从甲方提货。建立长期合作关系之后，双方在诚信的前提下，可实行款到发货。

四、甲方的权利和义务

1. 甲方的权利

（1）对“____________”、“____________”展点的商标和符号及其一切经营管理制度和规范等商业秘密拥有专有权；

（2）有权按规定向乙方收取“____________”展点的授权加盟费、展品押金和租金、品牌使用费、商品货款以及其宣传品工本费；

（3）甲方有权在乙方所在城市或地区发展其他展点。在发展其他展点时，如乙方具备投资能力和经营管理能力，并经甲方认可，甲方愿意优先与乙方合作；

（4）如乙方未按本协议和展点规范运作，侵犯甲方的合法权益，破坏连锁体系的正常运作，损害甲方的声誉时，甲方有权收回授权，终止合作。

2. 甲方的义务

（1）提供“________”展点的商标及其展点外观设计，并向乙方从业人员提供完备的规范化和标准化训练；

（2）向乙方提供工艺精美、认知度高、市场潜力大的产品，并准确、快速地交货；

（3）向乙方提供专业化、规范化的经营管理指导与咨询；

（4）以不断完善和先进的资讯手段为乙方提供信息服务；

（5）为提高乙方“________”展点在市场的竞争能力，最大限度地向乙方提供一切可能的其他扶持和服务，确保双方共同发展。

五、乙方的权利和义务

1. 乙方的权利

（1）获得“____________”展点的商标及其统一宣传品的使用权；

（2）获得甲方资讯系统的终端使用权；

（3）获得甲方在日常经营管理中的专业服务；

（4）在严格执行甲方关于展点基本规范的基础上，对展点拥有最终经营管理权。

2. 乙方的义务

（1）具备开业所需的有关法律手续；

（2）确保经营场地、人员及其资金等经营条件的稳定与持续；

（3）保护甲方的商标等专有权不受侵犯。在发生此类现象和行为时，协助甲方完成法律和其他形式的救济和协助；

（4）乙方确保从甲方进货；

（5）及时、准确、全面地向甲方提供商品的销售周报及其他市场信息，协助甲方完成各项市场调查工作。

六、其他

1. 本协议一式两份，甲、乙双方各执一份。双方签字、盖章后生效。

2. 遇有本合同未尽事宜，由甲、乙双方通过协商另订补充条款，作为本合同不可分割的组成部分，且与本合同具有同等效力。

3. 甲、乙双方在履行本合同过程中发生争议，由双方协商解决；协商不成的，按本合同约定的下列方法之一进行解决：

（1）由________仲裁委员会仲裁；

（2）向________人民法院起诉。

甲　方（盖章）：__________　　乙　方（盖章）：__________

代表人（签字）：__________　　代表人（签字）：__________

电　话：________________　　电　话：________________

签约日期：________年____月____日

签约地点：______________________

▲连锁经营加盟协议

连锁经营加盟协议

甲方：________________________

乙方：________________________

本着平等互利、优势互补、共同发展的原则，实现连锁经营利润最大化，使双方的市场竞争能力、企业管理水平等综合实力不断增强。现就乙方加盟甲方连锁经营事宜达成以下协议：

一、甲、乙双方同意建立合作伙伴关系，约定双方独立法人地位不变，依法独立经营地位不变。

二、甲方同意在乙方商店店招处设置“____________连锁公司加盟店”标志，甲方的品牌是无形资产，乙方使用“____________连锁公司加盟店”标志每月支付费用________元及保证金________元。

三、甲方向乙方提供____________集团经营范围内的商品，以进价加______%供应乙方，三个月内可退调（原包装不损坏）。

四、甲方向乙方提供服务方便，包括品牌送货上门、商品维修、零配件等。

五、甲方同意在管理上向乙方输出服务规范、质量规范和计算机规范。乙方逐步在甲方支持下，进行服务、质量及计算机的规范管理。

六、甲方允许乙方参加有关管理、业务方面的人员培训，并按公司规定收取培训费。

七、乙方每月向甲方要货“____________”品牌商品不低于2万元，其中________%乙方资金必须到位，其余________%由甲方提供，并按月结清全部款项。甲方以直营店待遇最低价供应给乙方，乙方不得低于甲方规定的最低限价出售。

八、获得区域经营甲方指定产品的权利。

九、乙方提供在当地工商部门核准经营的相关文件和本人身份证明。

十、乙方发展的下属连锁加盟店如由甲方签订合同，统一安排开业，每发展一家，甲方奖给乙方奖金人民币______元，其产品由乙方按规定的价格供应。

十一、乙方销售上述产品时仅限于第一项约定的地区范围内，其零售价上下浮动不得超过甲方零售价格的15%。若乙方有跨区销售行为，一经证实，甲方将会把产品收回，并处以罚款。

十二、违约责任

1. 乙方在一切经济活动中的违法行为应由乙方独立承担后果。

2. 甲、乙双方在实行本合同的过程中如发生纠纷，双方应本着友好协商的原则解决，如调解不成的可提请仲裁，或向合同签订所在地的法院提起诉讼。

十三、为维护______连锁公司品牌声誉，乙方不得做出任何违反国家法规、法律的行为及损害消费者权益、权利的行为，一旦发生，甲方有权终止连锁加盟协议，收回加盟店标志，并保留从经济、法律上追究违约方的权利。

十四、本协议有效期为______年，任何一方终止合作须提前三个月通知对方。本协议一式两份，甲、乙双方各执一份。

甲　方（盖章）：____________

代表人（签字）：____________

电　话：__________________

乙　方（盖章）：____________

代表人（签字）：____________

电　话：__________________

签约日期：________年____月____日

签约地点：______________________

▲股份转让合同

股份转让合同

转让方：____________________

注册地址：__________________

法定代表人：________________

电　话：____________________

受让方：____________________

注册地址：__________________

法定代表人：________________

电　话：____________________

鉴　于：____________________

1. ____________________________。

2. 甲方是在深圳市工商行政管理局登记注册的有限责任公司。

3. 截至 2001 年 12 月 31 日，总股本为________股，其中甲方作为股东，持有________股，占总股本的____%。

4. 甲方拟转让所持股，乙方拟受让甲方所持股________股份，占总股本的____%。

甲、乙双方本着平等互利、共同发展、等价有偿、诚实信用的原则，依据《中华人民共和国公司法》、《深圳证券交易所股票上市规则》等有关法律、法规及规定，订立本股份转让合同，作为明确双方在完成本合同项下股权转让所发生的权利和义务的依据，以资甲、乙双方共同遵照履行。

一、定义

1.1 本合同中，除非文意另有所指，以下用语具有下面含义：

1.1.1 合同：指甲、乙双方于________年____月____日在深圳市所签订的股份转让合同。

1.1.2 转让：指甲方将其所合法持有标的股份转移至乙方名下的行为。

1.1.3 会计报告：经过审计的________年____月____日为基准日的会计报告。

1.1.4 中国证监会：中国证券监督管理委员会。

1.1.5 基准日：指________年____月____日，即为报告截止日。

1.1.6 标的股份：由甲方根据本合同转让并由乙方受让的股份。

1.1.7 是指中国法定货币人民币。

1.1.8 签署日：是指甲、乙双方签署本合同之日。

1.1.9 生效日：本合同第 15.1 条赋予其含义。

1.1.10 股份转让完成日：指甲、乙双方全部交割标的的股份转让总金额并在深圳证券登记的有限公司办妥标的股份登记过户手续之日。

1.1.11 终止日：指甲、乙双方或者任何一方依据本合同的有关规定终止本合同的履行和/或解除本合同之日。

1.1.12 不可抗力：本合同第十三条赋予其含义。

1.1.13 财政部：指中华人民共和国财政部。

1.2 本合同引用任何法律条文，均应当作出如下理解或解释：

1.2.1 签署本合同时生效的有关法律条文及其修改、补充。

1.2.2 签署本合同时生效的根据有关立法所作出的法律性通知、命令。

1.3 本合同中每一款的标题为方便提示，并不对条款的含义或解释构成任何影响。

二、股份转让

2.1 甲方同意将其所持有的股份依据本合同的规定和条件有偿转让与乙方，乙方同意按本合同的规定和条件受让标的股份。

2.2 本合同项下的股份转让完成后，乙方将持有国家股股份，占康达尔总股本的____%。

三、会计报告

3.1（略）

3.2 甲、乙双方同意将作为本合同之必备附件，并以《________报告》中业经有资格从事证券业务的中国注册会计师审核验证的资产负债表、利润表、现金流量表等财务报表和财务数据以及该年度报告中的相关信息作为甲、乙双方此次股份转让的资产及财务依据。

四、承诺与保证

4.1 作为股份转让方及康达尔的第一大股东，甲方就本合同签署日之前甲方自身以及有关情况向乙方作出如下说明、承诺和保证：

4.1.1 法律地位

①为经政府有关部门审批而合法成立并有效存续的上市公司，康达尔具备按其营业执照进行正常合法经营所需的全部有效的政府批文、证件和许可。

②甲方系标的的股份的合法所有者，享有与此对应的一切合法权益。

③甲方按照本合同的规定向乙方转让其所拥有的标的股份，该股份未设立任何抵押、质押或其他任何形式的担保及/或第三方权益。

④除本合同外，没有其他任何生效的或将会生效的合同和/或其他约束性安排导致将标的股份转让给任何第三方。

4.1.2 财务能力

4.1.3 第三方关系

4.2 作为股份受让方，乙方在此向甲方作出如下承诺和保证：

4.2.1 法律地位

①乙方为经政府有关部门审批而合法成立并有效存续的有限责任公司，乙方具备按其营业执照进行正常合法经营所需的全部有效的政府批文、证件和许可。

②依据现行有效的法律、法规和规范性文件的规定，乙方具备受让甲方拥有的标的股份的法定资格。乙方有权按照合同规定和条件从甲方受让股份。

4.2.2 财务能力

①乙方拥有足够的财政资源和资金能力履行本合同，合同的付款全部以人民币现金支付，并保证依照本合同的规定如期、足额支付股份转让价款。

②乙方不会因订立、履行本合同导致其财政资源状况发生严重困难和其他重大逆向影响。

4.2.3 第三方关系

①乙方订立和履行本合同不构成对其与任何三方关系（包括但不限于乙方与第三方订立的任何合同、责任和义务安排、承诺、约束）的障碍。

②乙方不存在因其与第三方关系而导致的使本合同不能履行或不能充分履行的障碍。

4.3 持续性

本条前述甲、乙双方相互作出的承诺与保证是持续的，在本合同有效期内，该等承诺和保证将被视为重复作出，且不因股份转让交易的完成而失效。

五、转让价格与付款方式

5.1 参考中所载明的康达尔每股净资产值为 0.13 元，甲、乙双方同意将本合同项下标的股份的转让价格确定为每股 0.13 元。

5.2 本合同项下甲方向乙方转让的股份的转让价款为人民币（下同）________元。

5.3 甲、乙双方同意的付款方式如下：

①本合同签署之日起________日内，乙方向甲方支付转让价款总额的20%作为______，支付数额为______元。同时也作为履行本合同的______。

②本股份转让经批准后七日内，乙方向甲方支付转让价款总额的____%，作为第二期付款，支付数额为________元。

③本股份转让经批准后七日内，乙方向甲方支付转让价款总额的____%作为第三期付款，支付数额为________元。

5.4 乙方应将上述转让价款汇入甲方指定的下述银行账户：

收款人：深圳市龙岗区投资管理有限公司

开户行：____________________

账号：____________________

若甲方根据需要对上述指定银行账户进行变更，则甲方应在约定的付款日之前至少十五日向乙方发出书面通知，否则由此导致的付款延误，乙方不承担任何责任。

5.5 乙方应以人民币现金向甲方支付转让价款。

5.6 乙方有权提前支付任何一期或全部应付转让价款，甲方对此表示同意并将给予收款上的全力配合。

5.7 涉及本合同项下股份转让的税费，由甲、乙双方按有关法律、法规的规定缴纳；未明确规定的，由双方各承担50%。

六、信息披露与登记过户

6.1 本合同签署后，应按照甲方负责、乙方协助的原则，按照有关规定依法定要求和程序将本合同按有关规定上报各级有关主管部门（包括但不限于国有资产管理部门）审批。

6.2 标的股份的转让审批及变更登记由双方共同办理，在不违反本合同各项约定的情况下，双方必须在对方提出要求后迅速提供有关文件，否则由此造成的延误或损失由延误方承担。

七、股权的转移与取得

7.1 甲、乙双方在依照第6.4条的规定办理完股份登记过户手续后，乙方即合法取得甲方所转让的股份的所有权，届时，乙方将依据法律、法规规范性文件和康达尔公司章程的规定完全享有标的股份的股东权利，承担标的股份的股东义务。

八、告知

8.1 本合同签订之后，甲方应允许并协助乙方参观、考察康达尔的主要生产及生产基地情况，并在法定范围内继续协助乙方了解康达尔的经营、财务资料和合同等文件资料。

九、保密

9.1 鉴于本次股份之转让有可能引起股票价格波动，且本次股份转让涉及政府主管部门的审批程序，为避免过早透露、泄露有关国家股股份转让信息而对本合同项下的股份转让以及已流通股份的交易产生不利影响，甲、乙双方同意并承诺对本合同所涉及股份转让事宜采取严格的保密措施。有关国家股股份转让的信息披露事宜将严格依据国家有关法律、法规及有关规则的要求进行。

9.2 甲、乙双方均应对因本合同项下股份转让事宜而相互了解之有关各方的商业秘密及其他文档资料应采取相应保密措施，未经相应权利方许可，不得向任何第三方透露。

9.3 乙方在此承诺：若本合同项下之股份转让最终未能得到政府相关部门之批准（包括但不限于财政部未能审批甲方的转让申请），而导致本合同不能履行，则乙方根据本合同之规定而取得并了解到的有关康尔达的相关商业秘密及文件资料将全部退还给相应权利方（包括但不限于甲方和康达尔）。对乙方已知悉的甲方和康达尔的其他需保密的信息，乙方亦会采取保密措施进行保密。

本条所称“合同不能履行”由甲、乙双方确认，保密期为甲、乙双方确认的合同不能履行之日起二年。

9.4 第9.1至9.3条独立存在，不因本合同无效而无效。

十、权利转让的限制

10.1 本合同签署后至标的股份登记过户前，乙方不得以任何形式将本合同项下的权利或义务转让给第三人；否则该等转让不具有任何法律效力，乙方须因该等转让向甲方承担违约责任。

10.2 本合同签署后至标的股份登记过户前，乙方不得对标的股份另行抵押、质押或设定任何其他形式担保。除非甲、乙双方书面确认，乙方不得委托他人行使与该标的股份相应的权利。

10.3 本合同签署后，除非本合同效力终止或本合同解除，甲方不得对其转让给乙方的标的股份另行抵押、质押或设立任何其他形式的担保，亦不得以任何方式将标的股份另行转让他人，或委托他人（乙方除外）行使与该等标的股份相对应的权利。但是，因乙方违反本合同第4.2.2条、第4.2.3条、第4.2.4条、第5.3条、第5.5条，甲方有权对标的股份作任何处置。

十一、违约责任及赔偿

11.1 本合同签署后，甲、乙双方应严格履行本合同的约定，任何一方违反本合同，均应依本合同之规定承担违约责任；给守约方造成损失的，违约方并应赔偿其损失。乙方未在规定期间内履行第4.2.4条规定的义务，本合同解除，甲方有权没收乙方已支付的定金。

本合同经批准生效后，除发生本合同约定的不可抗力事故外，如乙方单方面终止本合同，甲方有权没收乙方的定金及已付款项；甲方无故单方面终止本合同，应向乙方双倍返还定金。

11.2 乙方应按本合同第五条的约定，及时向甲方支付转让价款，若发生逾期，则须按应付款项每日万分之三的标准向甲方支付违约金。

11.3 若乙方在支付本合同项下各期转让价款时发生逾期，且在任何一期付款期限届满之日后十五日内仍未能付清本合同项下的当期转让价款，甲方有权选择下述任一种方式行使救济权利：

①解除本合同。合同解除自甲方向乙方送达书面通知之日起生效。届时，甲方有权

没收乙方支付的定金；该项金额不足以弥补乙方给甲方造成损失的，乙方还应予以赔偿。余款由甲方应在双方协商确定或通过法律途径明确应退款项的具体数额后的七天内不计息退还给乙方。

②合同部分解除、部分生效。甲方有权根据乙方实际已经支付的款项确认本合同部分生效，同时逾期未付的部分则失效。故乙方将拥有康达尔公司标的的股份中的一部分。但乙方仍应向甲方支付相当于本次股份转让价款总额10%的金额的违约金，并赔偿甲方由此造成的损失。

③本合同继续履行，乙方应按逾期支付款项的每日万分之三的标准向甲方支付违约金，并赔偿甲方由此造成的损失。

十二、不可抗力

12.1 由于地震、台风、水灾、战争及其他不可预见并且对其发生和后果不能防止或避免的不可抗力事故，致使直接影响本合同的履行，或者不能按本合同规定条件履行时，遇有上述不可抗力事故的一方，应立即将事故情况书面通知对方，并应在十五日内提供由有权部门签发的，可以说明不可抗力事故详情及合同不能履行或者部分不能履行或者需要延期履行的理由的有效证明文件。按照该不可抗力对履行本合同的影响程度，由双方协商决定是否解除本合同，或者部分免除本合同的责任，或者延期履行本合同。如因本条所列原因解除本合同时，乙方已付的定金及转让价款由甲方不计息返还给乙方。

十三、适用法律及争议的解决

13.1 本合同的订立、效力、解释、履行和争议的解决均适用中华人民共和国法律。

13.2 因执行本合同所发生的或与本合同有关的一切争议，由甲、乙双方友好协调解决；协商自一方向对方发出旨在说明争议所在及协商解决争议的愿望的通知之日起开始。如在协商开始后三十日内双方仍不能解决该争议时，则任何一方均有权提请仲裁。

13.3 在仲裁期间，除提交仲裁的争议事项外，本合同的其他规定，双方仍应继续履行。

十四、生效及其他

14.1 本合同第4.2.4条、第5.1至5.8条，第6.1条，第6.2条，第8.1至8.3条，第10.1至10.3条，第11.1至11.3条，经甲、乙双方同意，自甲、乙双方签署并经深圳市龙岗区人民政府批准之日起对甲、乙双方发生约束力。

14.2 甲、乙双方应以谨慎态度保证自身行为符合法律、法规和有关规则的要求，以使本合同项下股份转让合法、有效地进行。

14.3 甲、乙双方应根据本合同的规定和有关法律、法规和规则的要求向国家、深圳市国有资产管理部门、证券管理机构和其他主管部门办理本合同项下标的股份转让的报批手续。

14.4 本合同未尽事宜，甲、乙双方应及时协商并对本合同进行必要的修改和补充。对本合同的修改和补充以书面的形式作出。

14.5 在本合同中，除非另有规定或甲、乙双方另行书面约定，任何一方向对方发出的通知、指令或函件，均应寄至对方在本合同首页中写明的注册地点。经对方同意，也可以用传真发至对方在本合同首页中写明的传真号。否则由此造成的任何责任、义务履行的延误，对方不承担违约责任。

14.6 本合同的各项条款和条件均为可独立履行的。如果本合同的任何一项条款因不符合有关法律、法规和规范性文件的规定，而被有权机关认定为无效时，甲、乙双方应立即协商并拟订新的条款来取代该被认定为无效的条款。尽管如此，除该被认定为无效的条款外，本合同的其他条款仍将继续全面有效，双方应继续履行本合同。

14.7 除本合同另有规定者或者本合同签署后甲、乙双方就本合同事项达成书面补充合同外，本合同构成甲、乙双方的全部合同和合意，并取代甲、乙双方先前达成的任何合同、合意、谅解、明显或默示的同意、承诺以及其他约束性安排。

14.8 本合同书正本一式捌份，甲、乙双方各执两份，副本肆份，分别报送审批部门和机构。

▲股权转让协议书

股权转让协议书

转让方：____________公司（以下简称甲方）
法定代表人：________职务：________
委托代理人：________职务：________
受让方：____________公司（以下简称乙方）
地　址：________________
法定代表人：________职务：________
委托代理人：________职务：________

________公司（以下简称合营公司），于________年____月____日成立，由甲方与________合资经营，注册资金为________币________万元，投资总额________币________万元，实际已投资________币________万元。甲方愿将其占合营公司______%的股权转让给乙方；经公司董事会通过，并征得他方股东的同意，现甲、乙双方协商，就转让股权一事达成协议如下：

一、股权转让的价格、期限及方式。

1. 甲方占有公司____%的股权，根据原合营公司合同书规定，甲方应投资________币________万元。现甲方将其占公司____%的股权以________币________万元转让给乙方。

2. 乙方应于本协议生效之日起________天内按第一条第一款规定的货币和金额以银行转账方式分次付清给甲方。

二、（任选一条）：

1. 甲方保证对其拟转让给乙方的股权拥有完全、有效的处分权，保证该股权没有质押，并免遭第三人追索，否则应由甲方承担由此引起的一切经济和法律责任。

2. 甲方已将所拥有的占合营公司____%的股权于________年____月____日向____________作质押，现甲方已征得质权人的书面同意，同意甲方将该股权转让给乙方。甲方保证已对该股权拥有有效的处分权，否则应承担由此而引起的一切经济和法律责任。

三、有关公司盈亏（含债权债务）的分担（任选一款）。

1. 本协议生效后，乙方按股份比例分享利润和分担风险及亏损（含转让前该股份应享有和分担公司的债权债务）。

2. 股权转让前，聘请在中国注册的会计师（或其他方式）对公司进行审计，乙方按双方认可的审计报告表的范围承担甲方应分担的风险、亏损和享有权益。股权转让生效后，若发现属转让前审计报告表以外的合营公司的债务，由乙方按股权比例代为承担，但应由甲方负责偿还。股权转让生效后，乙方取得股东地位，并按股份比例享有其股东权利和承担义务。

3. 股权转让前，聘请在中国注册的会计师（或公司董事会组织）对公司进行审计，甲方按审计报告表的范围承担应分担的风险、亏损和享有权益，甲方应分担的债权债务，应在其股权款中扣除。本协议生效后，尚未结清的以及审计报告以外属甲方应分担的债权债务，均由乙方按股权比例享有和承担（或由乙方先行承担，然后由乙方向甲方追偿）。

四、违约责任。

如乙方不能按期支付股权价款，每逾期一天，应支付逾期部分总价款千分之______的逾期违约金。如因违约给甲方造成经济损失，违约金不能补偿的部分，还应支付赔偿金。

五、纠纷的解决（任选一款）。

凡因履行本协议所发生的争议，甲、乙双方应友好协商解决。如协商不成，可向________人民法院起诉；提请________仲裁委员会仲裁。

六、有关费用负担在转让过程中，发生的与转让有关的费用（如公证、审计、工商变更登记等），由双方承担。

七、生效条件。

本协议经甲、乙双方签订，经________公证处公证后，报政府主管部门批准后生效，双方应于三十天内到工商行政管理机关办理变更登记手续。

八、本协议一式______份，甲、乙双方各执______份，合营公司、公证处各执一份，其余报有关部门。

转让方：____________　　　　受让方：____________

代表人签字：________　　　　代表人签字：________

________年____月____日　　　　________年____月____日

▲经营转让协议

经营转让协议

甲方：________________________

乙方：________________________

第一条 转让产权所属企业：______________________________

与甲方关系：____

净资产：____

第二条 乙方需在________年____月____日前一次性把价款人民币______元支付给甲方。

第三条 双方约定，________年______月______日前的有关快递业务经营收入、经营费用税金、盈利亏损及应收债权、应付债务均归甲方。________年____月____日后的有关快递业务经营收入、经营费用税金、盈利亏损由乙方负责。有关财务档案各自保管。

第四条 经营权转让后，所发生的一切财务，经营及其他有关的问题、事件均由乙方全权负责并承担，甲方不负任何责任及连带责任。

第五条 双方约定，甲方物料、空白单据及________路____号____室的办公用品、电话归乙方所有。东间办公用品及所有生活家用电器归甲方所有。

第六条 乙方在____路____号____室西、中二间办公为过渡性的，目前正在办理自己的营业场地。________年____月____日起，____月内或到动迁时，房租由甲方承担，而水费、电费、电话费应由乙方支付。____月后如不动迁则自动延长____月，如到____年____月____日还不动迁，房租另议。

第七条 合同纠纷的处理。

凡甲、乙双方及其经纪机构因本合同发生的履约纠纷，各方一致同意提请当地仲裁委员会仲裁或向法院起诉。

第八条 本协议由甲、乙双方签字，合同自______年______月______日起生效。

第九条 本协议经市公证处公证，公证费双方各承担一半。

第十条 本协议一式______份。甲、乙双方各一份，______公证处各一份。

甲 方（盖章）：____________ 乙 方（盖章）：____________

代表人（签字）：____________ 代表人（签字）：____________

签约日期：________年____月____日

签约地点：______________________

▲企业产权转让合同

企业产权转让合同

甲方：________________________________

出让方经纪机构：______________________

乙方：________________________________

受让方经纪机构：______________________

审核机构：______________________________产权交易所

为了明确甲、乙双方的权利和义务，根据《合同法》的有关规定，经协商一致，就甲方向乙方转让企业产权的有关事宜达成如下协议，共同遵守。

一、被转让的企业产权、评估情况、转让价格及方式

转让产权所属企业：____

法定代表人：____

所住地：____

与甲方关系：____

资产总额：____

债务总额：____

净资产：____

土地面积：____

建筑面积：____

机械设备：____

供电（KVA）：____

供水（吨/日）：____

转让价格（万元）：____

转让方式：____

（附公司资产明细）（略）

二、职工安置

产权转让企业的在职职工由______安置，离退休职工由______管理。

三、付款方式及办法

乙方应在________年______月______日前付清其全部应付款项，否则视为违约处理。

其他约定：____

四、产权交割及有关手续的办理

1. 本合同生效后，双方经纪机构组织甲、乙双方按照转让产权资产清单进行交割。交割工作在本合同生效后______个月内办理完毕。在此期间，甲方应保证移交财产的安

全完整。交割过程中，双方应互为对方工作提供便利条件。交割工作完成后，双方经纪机构组织甲、乙双方签署《资产交接清单》，甲、乙双方持签署后的《资产交接清单》和本合同，到审核机构办理《产权转让交割单》。所需费用由各方按国家有关规定负担。

2. 其他约定事宜：____。

五、违约责任

1. 甲、乙双方均应遵守本合同规定，履行各自的义务。任何一方非因法定原因终止合同，须提前一个月书面通知审核机构、经纪机构和对方，各方协商一致后签订合同终止协议，并协商规定终止合同的期限和终止合同造成损失的赔偿。乙方应严格按照合同规定的时间向甲方支付产权购买价款，每迟交一日应按本合同交易资产总额的______%交付滞纳金。

2. 若乙方超过规定时间________日仍未付清其应付款项，则被视为违约。乙方须将其所取得的财产退还甲方，并承担全部手续的办理费用。乙方已支付款项在扣除因违约而给甲方造成的经济损失以及本合同交易资产总额______%的违约金等费用后，由甲方退还乙方，不足部分由乙方承担，甲方保留继续追索的权利。双方向审核机构和经纪机构支付的费用不再退还。

3. 乙方在未交清本合同全部价款之前，不得将受让资产抵押、转让，否则应视为违约并按本合同交易资产总额的______%向甲方支付违约金。甲、乙双方未能按规定期限完成产权交割工作，如属非不可抗因素所致，则由违约方承担违约责任并按本合同转让资产总额的______%向对方支付违约金，违约金不足以补偿对方损失的，由违约方继续偿付。

六、合同的变更与解除

发生下列情况之一时，可变更或解除合同，但双方必须就此签订书面变更或解除合同：

1. 由于不可抗力或由于一方当事人虽无过失但无法防止的外因，致使本合同无法履行。

2. 一方当事人丧失实际履约能力。

3. 由于一方或双方违约，严重影响了守约方的经济利益，使合同履行成为不必要。

4. 因情况发生变化，经过双方协商同意变更或解除合同。

七、合同纠纷的处理

凡甲、乙双方及其经纪机构因本合同发生的履约纠纷，各方一致同意提请当地仲裁委员会仲裁或向法院起诉。

八、其他约定

本合同中所用的时间概念“日”，除指明为工作日外，均为日历日；本合同使用的计量货币为“人民币”；本合同中“交易资产总额”以资产评估总值的数额为准。

九、本合同一式三份，具有同等法律效力，双方各执一份，审核机构留存一份。

十、本合同在甲、乙双方及其经纪机构盖章并经当地产权交易所审核后于________年______月______日起正式生效。

甲　方（盖章）：__________　　乙　方（盖章）：__________
代表人（签字）：__________　　代表人（签字）：__________
电　话：______________　　电　话：______________

签约日期：______年____月____日
签约地点：________________

▲房屋产权转让协议

房屋产权转让协议

甲方：__________________

乙方：__________________

经甲、乙双方协商达成如下协议：

一、甲方同意将自己位于________路________号的店铺转让给乙方使用，建筑面积为________平方米；并保证乙方同等享有甲方在原有房屋租赁合同中所享有的权利与义务。

二、转让后店铺现有的装修、装饰及其他所有设备全部归乙方所有，租赁期满后房屋装修等不动产归甲方所有，营业设备等动产归乙方（动产与不动产的划分按原有租赁合同执行）。

三、乙方将全部转让金交给甲方后，甲方将该楼土地使用证、产权证一次性交给乙方，并协助乙方办理转户手续。转户中的一切税费由乙方承担。

四、违约责任。双方签订协议后，如乙方违约，到期不能支付给甲方转让金，每超过一天向甲方支付全部转让金的1‰的滞纳金，如乙方因某种原因不要该楼，甲方不退先交付的转让金，造成的损失由乙方承担。

五、本协议未尽事宜双方协商。

六、甲、乙双方在履行本合同过程中发生争议，由双方协商解决；协商不成的，或由________仲裁委员会仲裁，或向________人民法院起诉。

七、本协议一式两份，甲、乙双方各执一份。一经签字，即可生效。

甲　方（盖章）：__________　　乙　方（盖章）：__________
代表人（签字）：__________　　代表人（签字）：__________
电　话：______________　　电　话：______________

签约日期：______年____月____日
签约地点：________________

▲土地使用权转让合同

土地使用权转让合同

甲方（出让方）：________________

乙方（受让方）：________________

根据《城镇国有土地使用权出让和转让暂行条例》和国家及地方有关法律、法规，双方本着平等、自愿、有偿的原则，订立本合同。

第一条 甲方根据本合同出让土地使用权，所有权属中华人民共和国。国家和政府对其拥有法律授予的司法管辖权和行政管理权以及其他社会公众利益所必需的权益。

第二条 甲方以现状出让给乙方的宗地位于______，宗地编号______，面积为______平方米。其位置与四至范围及现状（或几通一平）的具体情况如本合同附图（略）所示。附图（略）已经甲、乙双方签字确认。本合同项下的土地使用权出让年限为______年，自领取该宗地的《国有土地使用证》之日起算。

第三条 该宗地的土地使用权出让金为每平方米______元人民币，总额为______元人民币（或美元、港元等）。

第四条 本合同附件《土地使用条件》是本合同的组成部分，与本合同具有同等法律效力。乙方同意按《土地使用条件》使用土地。

第五条 本合同项下的宗地，按照批准的总体规划是建设______项目。（根据具体项目、用途情况定）

乙方在向甲方支付完全部土地使用权出让金后______日内，依照规定申请办理土地使用权登记手续，领取《国有土地使用证》，取得土地使用权。

第六条 本合同经双方签字后______日内，乙方须以现金支票或现金向甲方交付土地使用权出让总金额的______%，共计______元人民币，作为履行合同的定金，定金抵作出让金。

乙方应在签订本合同后________日内，支付完全部土地使用权出让金，逾期______日仍未全部支付的，甲方有权解除合同，并可请求乙方赔偿因违约造成的损失。

在出让期限内如需改变本合同规定的土地用途和《土地使用条件》，应当取得甲方同意，并依照有关规定重新签订土地使用权出让合同，调整土地使用权出让金，并办理土地使用权登记手续。

第七条 如果乙方不能按时支付任何应付款项（除出让金外），从滞纳之日起，每日按应缴纳费用的______%缴纳滞纳金。

第八条 乙方取得土地使用权后未按合同规定建设的，应缴纳已付出让金______%的违约金；连续两年不投资建设的，甲方有权无偿收回土地使用权。

第九条 如果由于甲方的过失致使乙方延期占用土地使用权，甲方应赔偿乙方已付出让金______%的违约金。

第十条　乙方根据本合同和《土地使用条件》投资开发利用土地，且投资必须达到总投资（不包括出让金）的______%（或建成面积达到设计总面积的______%）后，有权将本合同项下的全部或部分地块的余期使用权转让、出租。

第十一条　在土地使用期限内，政府土地管理部门有权依法对出让宗地使用权的开发利用、转让、出租、抵押、终止进行监督检查。

第十二条　本合同规定的出让年限届满，甲方有权无偿收回出让宗地的使用权，该宗地上建筑物及其他附着物所有权也由甲方无偿取得。土地使用者应依照规定办理土地使用权注销登记手续，交还土地使用证。

乙方如需继续使用该宗地，须在期满______日前向甲方提交续期申请书，并在获准续期后确定新的土地使用权出让年限和出让金及其他条件，重新签订续期出让合同，办理土地使用权登记手续。

第十三条　本合同存续期间，甲方不得因调整城市规划收回土地使用权。但在特殊情况下，根据社会公共利益需要，甲方可以依照法定程序提前收回出让宗地的使用权，并根据土地使用者已使用的年限和开发利用土地的实际情况给予相应的补偿。

第十四条　本合同订立、效力、解释、履行及争议的解决均受中华人民共和国法律的保护和管辖。

第十五条　甲、乙双方在履行本合同过程中发生争议，由双方协商解决；协商不成的，按本合同约定的下列方法之一进行解决：

1. 由________仲裁委员会仲裁；

2. 向________人民法院起诉。

第十六条　遇有本合同未尽事宜，由甲、乙双方通过协商另订补充条款，作为本合同不可分割的组成部分，且与本合同具有同等效力。

第十七条　本合同正本一式______份，甲、乙双方各执______份。______份合同正本具有同等法律效力。

本合同和附件《土地使用条件》共______页，以中文书写为准。

第十八条　本协议有效期限自______年____月____日起至______年____月____日止，为期______年。

甲　方（盖章）：____________　　乙　方（盖章）：____________

代表人（签字）：____________　　代表人（签字）：____________

电　话：__________________　　电　话：__________________

签约日期：________年____月____日

签约地点：______________________

附件：《土地使用条件》（宗地项目）

一、界桩定点

1.1　《国有土地使用权出让合同》（以下简称本合同）正式签订后______日内，

甲、乙双方应依宗地图界址点所标示坐标实地验明各界址点界桩。界桩由用地者妥善保护，不得私自改动，界桩遭受破坏或移动时，乙方应立即向当地土地管理部门提出书面报告，申请复界测量，恢复界桩。

二、土地利用要求

2.1　乙方在出让宗地范围内兴建建筑物应符合下列要求：

（1）主体建筑物的性质规定为______________________________；

（2）附属建筑物性质____________________________________；

（3）建筑容积率______________________________________；

（4）建筑密度_______________________________________；

（5）建筑限高_______________________________________；

（6）绿化比率_______________________________________；

（7）其他有关规划参数以批准规划文件为准。

（根据具体情况定）

2.2　乙方同意在出让宗地范围内一并建筑下列公益工程，并同意免费提供使用：

（1）____；

（2）____；

（3）____。

2.3　乙方同意政府的下列工程可在其宗地范围内的规划位置建造或通过而无须作任何补偿：

（1）____；

（2）____；

（3）____。

2.4　出让宗地上的建筑物必须严格按上述规定和经批准的工程设计图纸要求建设。乙方应在开工前______天内向甲方报送一套工程设计图纸备查。

三、城市建设管理要求

3.1　涉及绿化、市容、卫生、环境保护、消防安全、交通管理和设计、施工等城市建设管理方面，乙方应符合国家和______的有关规定。

3.2　乙方应允许政府为公用事业需要而敷设的各种管道与管线进出、通过、穿越其受让宗地内的绿化地区和其他区域。

3.3　乙方应保证政府管理、公安、消防、救护人员及其紧急器械、车辆等在进行紧急救险或执行公务时能顺利地进入该地块。

3.4　乙方在其受让宗地上的一切活动，如有损害或破坏周围环境或设施，使国家或个人遭受损失的，乙方应负责赔偿。

四、建设要求

4.1　乙方必须在______年______月______日前，完成地上建筑面积不少于可建总建筑面积的______%的建筑工程量。

4.2　乙方应在______年______月______日以前竣工（受不可抗力影响者除外），延期竣工的应至离建设期限届满之日前______月，向甲方提出具有充分理由的延建申请，且延期不得超过一年。

除经甲方同意外，自第4.1条规定的建设期限届满之日起，在规定的建筑工程量完成之日止，超出______年的，由甲方无偿收回该宗地的土地使用权以及地块上全部建筑物或其他附着物。

五、市政基础设施要求

5.1　乙方在受让宗地内进行建设时，有关用水、用气、污水及其他设施同宗地外主管线、用电变电站接口和引入工程应办理申请手续，支付相应的费用。

5.2　用地或其委托的工程建设单位应对由于施工引起相邻地段内有关明沟、水道、电缆、其他管线设施及建筑物等的破坏及时修复或重新敷设，并承担相应的费用。

5.3　在土地使用期限内，乙方应对该宗地内的市政设施妥善保护，不得损坏，否则应承担修复所需的一切费用。

（特殊项目出让合同的《土地使用条件》双方可根据实际情况自行约定）

▲公司股权转让合同

公司股权转让合同

甲方（转让方）：____________________

乙方（受让方）：____________________

为了明确甲、乙双方的权利和义务，双方本着诚信、平等、互利的原则，经友好协商，就公司的股份转让事宜，达成如下协议，共同遵守。

一、股权转让价格

1. 甲方同意将持有公司________%的股份共________元出资额，以________元（大写：________________）转让给乙方，乙方同意按此价格及金额购买上述股份。

二、付款方式

乙方应在________年______月______日前一次性支付甲方所转让的股份。

三、甲方保证条款

1. 甲方保证所转让给乙方的股份是甲方在公司的真实出资，对所转让的股份没有设置任何抵押、质押或担保，并免遭任何第三人的追索。否则，由此引起的所有责任，由甲方承担。

2. 甲方转让其股份后，其在公司原享有的权利和应承担的义务，随股份转让而转由乙方享有与承担。

四、乙方保证条款

乙方承认《公司章程》及本合同规定，保证按章程规定履行义务和责任。

五、盈亏分担

公司经工商行政管理机关同意并办理股东变更登记后，乙方即成为公司的股东，按出资比例及章程规定分享公司利润与分担亏损。

六、费用承担

公司规定的股份转让的全部费用，按规定由甲、乙双方承担。

七、合同的变更与解除

甲方或乙方如要对合同的内容进行变更，应当在经纪机构的主持下协商一致；变更的合同报当地产权交易所备案后生效。当发生下列情况之一时可以解除合同：

1. 由于不可抗力致使不能实现本合同目的。

2. 双方协商同意解除合同并不因此损害国家或社会公众利益。

八、争议的解决

凡甲、乙双方及其经纪机构因本合同发生的履约纠纷，各方一致同意提请当地仲裁委员会仲裁或向法院起诉。

九、本协议有效期限自________年______月______日起至________年______月______日止，为期________年。

十、遇有本合同未尽事宜，由甲、乙双方通过协商另订补充条款，作为本合同不可分割的组成部分，且与本合同具有同等效力。

十一、本合同一式四份，甲、乙双方各执一份，报工商行政管理机关一份，公司存一份，均具有同等法律效力。

甲 方（盖章）：____________ 乙 方（盖章）：____________

代表人（签字）：____________ 代表人（签字）：____________

电 话：__________________ 电 话：__________________

签约日期：________年____月____日

签约地点：________________________

▲股权收购合同书

股权收购合同书

转让方（下称甲方）：____________

转让方代表：

1. 姓名：________，性别：____，身份证号：____________

2. 姓名：________，性别：____，身份证号：____________

3. 姓名：________，性别：____，身份证号：____________

4. 姓名：________，性别：____，身份证号：____________

5. 姓名：________，性别：____，身份证号：____________

受让方（下称乙方）：某劳动服务公司

住 所：____________________

法定代表人：________

鉴于甲方欲整体转让其投资于某有限公司（下称某公司）的全部股权，甲、乙双方已于______年____月____日签订“股权收购意向合同书”（下称“意向合同”），并根据该“意向合同”的约定，甲、乙双方实际履行了有关涂料公司的交接工作。现乙方收购甲方持有涂料公司全部股权的条件基本具备，甲、乙双方根据《中华人民共和国合同法》、《中华人民共和国公司法》和其他相关法律、法规及“意向合同”第十条之规定，就甲方整体转让涂料公司（下称涂料公司）全部股权事宜，双方在平等、自愿、公平的基础上，经过充分协商签订本股权收购合同书，以资共同遵守。

第一条　涂料公司现股权结构

1.1 涂料公司原是由甲方共同出资设立的有限责任公司。法定代表人（省略），注册资本人民币（略）万元。涂料公司的原股东构成、各自出资额及出资比例见“意向合同”的附件9。

1.2 甲、乙双方根据“意向合同”之约定，在双方交接涂料公司期间，甲方已自愿进行了变更登记。涂料公司现法定代表人为____，注册资本为人民币______万元。涂料公司现股东构成、各自出资额、出资比例见附件1。

第二条　乙方收购甲方整体股权的形式

甲方自愿将各自对涂料公司的全部出资整体转让给乙方，乙方整体受让甲方的股权后，由乙方绝对控股涂料公司，剩余出资额由乙方决定有关受让人，具体受让人以变更后的涂料公司工商档案为准。

第三条　甲方整体转让股权的价格

1. 甲方整体转让股权的价格以其所对应的涂料公司的净资产为根据，并最终由具备相应资质的评估机构出具的有效评估报告为准（附件2）。

2. 根据上款所述的评估报告，甲方转让股权的总价款为人民币（略）万元整。其中实物资产价值（略）万元整、注册商标价值（略）万元整。乙方以人民币（略）万元的价格整体受让甲方的全部股权，并以其中的（略）万元作为注册资本，剩余（略）万元，即注册商标由涂料公司享有资产所有权。

第四条　价款支付方式

根据“意向合同”的约定，乙方已将总价款的65%交付甲方。本股权收购合同生效之日，除总价款的15%作为保证金外，乙方将剩余总价款的20%全部交付甲方，由甲方授权的代表共同验收并出具收款凭证。

第五条　资产交接后续协助事项

甲、乙双方依据“意向合同”的约定，对涂料公司的资产预先进行了全面交接工作。本股权收购合同生效后，由乙方及其指派的工作人员正式接管涂料公司，甲方及其原雇用的人员应积极做好移交剩余的相关工作，并根据诚实信用的原则对涉及原涂料公司的一切事宜合理地履行通知、保密、说明、协助等义务。

第六条　清产核资文件

甲、乙双方依据“意向合同”的约定，对涂料公司的资产预先进行了全面交接工作，在此交接工作期间所形成的真实、准确、完整的涂料公司资产负债表和双方认定的资产交接清单作为本股权收购合同的附件 3 和附件 4。

第七条　涂料公司的债权和债务

1. 本合同生效之日前，甲方个人及其经营管理涂料公司期间公司所发生的一切债务全部由甲方承担，所产生的一切债权全部归甲方享有，甲方承诺本合同生效之日原涂料公司的一切债权及债务已全部结清。

2. 本合同生效之日后，乙方对涂料公司经营管理所产生的一切债权及债务，由乙方享有和承担。

第八条　权利交割

本股权收购合同生效之日，甲方依据《公司法》及涂料公司章程规定所享有的一利正式转让给乙方，乙方及其决定的受让人依法正式对涂料公司享有《公司法》料公司章程规定的股东所有权利。

第九条　税收负担

双方依法各自承担因本合同的签订及履行而发生的应缴纳的税金。

第十条　违约责任

甲、乙双方如因各自的债务问题而损害另一方合法权益的，违约方应及时赔偿守约方的一切损失（包括直接损失和间接损失），并按总价款的 5% 向守约方给付违约金。

第十一条　补充、修改

未尽事宜，双方在诚实信用原则的基础上，经充分协商并达成一致后，方可进行补充、修改。由此所形成补充合同与本合同具有同等效力。

第十二条　附件

以下附件为此合同必要组成部分（第 3 项以后为哈尔滨市涂料有限公司变更后的证照）：

1. 双方签订《股权收购意向合同书》；
2. 哈尔滨涂料有限公司第六次股东大会股权转让决议；
3. 税务登记证；
4. 临时排放污染物许可证；
5. 企业法人营业执照；
6. 中华人民共和国组织机构代码证。

第十三条　附　则

1. 本合同是甲、乙双方的最终股权收购合同，对双方均有约束力。
2. 本合同一式十份，双方各执五份。本合同自双方签字、盖章后生效。

甲方代表（签字）：

1. 姓名：____________
2. 姓名：____________
3. 姓名：____________
4. 姓名：____________

乙　方（盖章）：____________

法定代表人（签字）：________

签订日期：________年____月____日

▲公司投资（资产）权益转让协议

公司投资（资产）权益转让协议

甲方（转让方）：____________________

乙方（受让方）：____________________

经甲、乙双方协商同意，现就________投资于________项目的权益转让达成以下协议，共同遵守。

一、________根据其与________于________年____月____日签订________合同或协议，投资________元的________项目，享有合同或协议约定的权益。____被____人民法院宣告破产还债，____破产清算组全面接管了该破产企业，经清算组研究，并报请____人民法院审查同意，决定将________项目中享有的权益____转让给乙方。转让价值为____元。

二、乙方向甲方支付转让款的方式为____（写明具体支付方式）。

三、本协议约定甲方的权利为____（写明具体权利）；本协议约定甲方的义务为____（写明具体义务）。

四、本协议约定乙方的权利为______（写明具体权利）；本协议约定乙方的义务为______（写明具体义务）。

五、甲、乙双方在履行本合同过程中发生争议，由双方协商解决；协商不成的，按本合同约定的下列方法之一进行解决：

1. 由________仲裁委员会仲裁；

2. 向________人民法院起诉。

六、本协议经甲、乙双方签字后生效。协议生效后，甲、乙双方应严格履行，一方违约时，向对方支付转让款____%的违约金。

七、本协议一式两份，甲、乙双方各执一份。从双方签字之日起生效，均具有同等法律效力。

甲　方：____________　　乙　方：____________

代　表：____________　　代　表：____________

电　话：____________　　电　话：____________

签约日期：________年____月____日

签约地点：____________________

▲公司增资合同

增资合同

A 公司

住址：__________、法定代表人：__________、电话：__________

甲方：______________

住址：__________、法定代表人：__________、电话：__________

乙方：______________

住址：__________、法定代表人：__________、电话：__________

丙方：（自然人）

住所：__________、电话：__________、身份证号码：__________

鉴于：______________

1. A 公司系一家于________年________月________日注册成立的公司，经营范围：______________，注册资本为人民币______。为增强公司实力，经年度公司第____次股东会决议，通过了增资扩股决议。

2. 甲方及乙方为 A 公司本次增资扩股前的股东。增资扩股前，A 公司出资结构为：甲方出资______________万元，占注册资本的____%，乙方出资______万元，占注册资本的____%。

3. 拟将 A 公司注册资本由____万元增加至____万元。丙方同意按照本合同规定的条款和条件投资入股。各方本着自愿、公平、公正的原则，经友好协商，就 A 公司增资扩股事宜达成协议如下：

第一条　增资扩股方案

1. 对原 A 公司进行增资扩股。将公司注册资本增加至人民币______万元，新增注册资本______万元。

2. 甲方、乙方以 A 公司现有净资产转增资本（或以现金、实物等法定形式），甲方新出资______万元，占新 A 公司注册资本的____%。乙方新出资______万元，占新 A 公司注册资本的____%，甲方、乙方在新 A 公司中的出资比例变为____%和____%。

3. 丙方投资入股 A 公司，丙方以现金出资____万元，其出资占新 A 公司注册资本的____%。

4. 增资扩股完成后，新 A 公司股东由甲方、乙方、丙方三方组成。修改原 A 公司章程，重组新 A 公司董事会。

5. 各方确认，原 A 公司的整体资产、负债全部转归新 A 公司；各方确认，原 A 公司净资产为______万元。关于原 A 公司净资产现值的界定详见《资产评估报告》。

6. 各方一致认同新 A 公司仍承继原 A 公司的业务，以为主业。

7. 各方同意，共同促使增资扩股后的新 A 公司符合法律的要求取得相应的资质。

8. 新A公司股权结构：

本次增资扩股后的新A公司股权结构如下所示：

股东的姓名或名称

____

出资额（______万元）

出资比例（______%）

第二条　重组后的新A公司董事会组成

1. 重组后的新A公司董事会由____人组成，其中，甲方提名______人，乙方提名______人，丙方提名______人。

2. 董事长由____方提名并由董事会选举产生，副董事长由____方提名并由董事会选举产生，总经理由____方提名并由董事会聘任。

第三条　各方的责任与义务

1. 甲方、乙方将经评估后各方认可的原A公司净资产______万元投入到新A公司。

甲方、乙方保证原A公司除本合同及其附件已披露的债务负担外，不会因新A公司对其权利和义务的承继而增加任何运营成本，如有该等事项，则甲方、乙方应对新A公司、丙方以等额补偿。

2. 丙方保证按本合同确定的时间及数额投资到位，汇入原A公司账户或相应的工商验资账户。

3. 本合同签署前，由甲方、乙方作为原A公司的股东召开股东会审议通过了本合同所述增资事项，并批准同意A公司增资，丙方保证在本合同签署之日起____日内将增资全部汇入A公司账户。

第四条　陈述、承诺及保证

1. 本合同任何一方向本合同其他各方陈述如下：

（1）其有完全的民事权利能力和民事行为能力参与、订立及执行本合同，或具有签署与履行本合同所需的一切必要权利与授权，并且直至本合同所述增资扩股完成，仍将持续具有充分履行其在本合同项下各项义务的一切必要权利与授权；

（2）签署本合同并履行本合同项下的各项义务并不会侵犯任何第三方的权利。

2. 本合同任何一方向本合同其他各方作出承诺和保证如下：

（1）本合同一经签署即对其构成合法、有效、具有约束力的合同；

（2）其在合同内的陈述以及承诺的内容均是真实、完整且无误导性的；

（3）其根据本合同进行的合作具有排他性，在未经各方一致同意的情况下，任何一方均不能与任何第三方签订类似的合作合同及/或进行类似的合作，否则，违约方所得利益和权利由新A公司无偿取得或享有。

第五条　违约事项（略）

第六条　保密

1. 在增资扩股全部完成的整个期间内，各方均负有保密的义务。未经各方事先书面同意，任何一方不得将他方披露或提供的保密资料以及本增资扩股方案披露或泄露给任何第三方或用作其他用途。

2. 本合同终止后本条保密义务仍然继续有效。

第七条 合同的效力

本合同作为解释新A公司股东之间权利和义务的依据，长期有效，除非各方达成书面合同修改；本合同在不与新A公司章程明文冲突的情况下，视为对新A公司股东权利和义务的解释并具有最高效力。

第八条 其他事项

1. 除非各方书面同意，本合同不能作任何修改，补充或更改。

2. 不可抗力（略）

3. 适用法律（略）

4. 争议解决（略）

本合同于各方盖章或授权代表签字之日起生效。本合同一式四份，每份文本经签署并交付后即为正本。所有文本应为同一内容及样式，各方各执一份。

A公司：（盖章）____________

授权代表：（签字）__________

甲　方：（盖章）____________

授权代表：（签字）__________

乙　方：（盖章）____________

授权代表：（签字）__________

丙　方：（签字）____________

授权代表：（签字）__________

签约地点：______________________

签约时间：________年____月____日

第十一章　加工、维修合同协议范本

▲定做合同

定做合同

甲方（定做人）：____________

乙方（承揽人）：____________

经甲、乙双方协商同意，达成如下协议，共同遵守。

一、项目名称、任务量、酬金、完成期限、备注：

项目名称	任务量（工时）	酬　金		完成期限	备注
		包工	工资/小时		
合计人民币金额（大写）：					

（空格如不够用，可以另接）

二、项目的内容及质量技术要求：____

____。

三、技术资料、图纸提供办法及保密要求：____

____。

四、验收标准、方法和期限：____

____。

五、结算方式及期限：____

____。

六、违约责任：____

____。

七、解决合同纠纷的方式：____

____。

八、双方协商的其他条款：____

____。

甲　方：____________	乙　方：____________
代　表：____________	代　表：____________
电　话：____________	电　话：____________

签约日期：________年____月____日
签约地点：______________________

▲加工合同

加工合同

甲方（定做人）：____________
乙方（承揽人）：____________

经甲、乙双方协商同意，达成如下协议，共同遵守。

第一条　加工物、数量、报酬、交货期限：

加工物名称	规格型号	计量单位	数量	报酬		交货期限及数量												
				单价	金额	合计												
合计人民币金额（大写）：																		

（空格如不够用，可以另接）

第二条　定做人提供的材料：

材料名称	规格型号	计量单位	数量	质量	提供日期	消耗定额

（空格不够用，可以另接）

第三条　承揽人对定做人提供的材料的检验标准、时间及提出异议的期限：

____

____。

第四条　加工物的技术标准、质量要求：______________________________

____。

第五条　承揽人对定做物质量负责的期限及条件：________________________

____

____。

第六条　加工物的包装要求及费用负担：______________________________

____

____。

第七条　定做人提供技术资料、图纸的时间、办法及保密要求：

____

____。

第八条　承揽人发现定做人提供的图纸、技术要求不合理的，在________日内向定做人提出书面异议。定做人应在收到书面异议后的________日内答复。

第九条　定做人（是/否）允许第三人完成加工物的主要工作。

第十条　加工物的交付方式及地点：__________________________________

____。

第十一条　加工物的检验标准、方法、地点及期限：____________________

____

____。

第十二条　报酬的结算方式及期限：__________________________________

____

____

____。

第十三条　定做人在________年____月____日前交定金（大写）________元。

第十四条　本合同解除的条件：______________________________________

____

____。

第十五条　定做人未向承揽人付报酬的，承揽人（是/否）可以留置加工物。

第十六条　违约责任：____

____。

第十七条　合同争议的解决方式：本合同在履行过程中发生的争议，由双方当事人协商解决，也可由当地工商行政管理部门调解。协商或调解不成的，按下列第__________种方式解决：

1. 提交____________________仲裁委员会仲裁；

2. 依法向人民法院起诉。

第十八条　其他约定事项：____

____

____。

甲　方：____________　　　　乙　方：____________
代　表：____________　　　　代　表：____________
电　话：____________　　　　电　话：____________

签约日期：________年____月____日
签约地点：______________________

▲印刷合同

印刷合同

甲方（定做方）：____________
乙方（承揽方）：____________

经甲、乙双方协商同意，达成如下协议，共同遵守。

一、印刷品名称、数量及交货日期：

品名	规格	单位	数量	单价	金额	用料	交货期

二、加工原料：____

三、质量和式样：

1. 质量：____

2. 式样：____

四、定做数量的差额幅度：____________________________________

五、货款结算：____

六、原材料供应：

甲方来料加工者，应由乙方作运货处理，货款在乙方交货结算时，凭甲方的发票结算。

七、印件确定后，甲方中途变更应提前______日通知乙方，因此造成乙方损失的，甲方应赔偿乙方的损失。

八、外地用户，可由乙方代办运输，乙方将货物交给第一承运人后即为交货，一切包装费、运杂费均由甲方负担。

九、本合同一式______份，双方各执一份。

十、本合同如有未尽事宜，须经双方协商确定，协商不成按合同法及有关规定执行。

甲　方：____________　　　　乙　方：____________

代　表：____________　　　　代　表：____________

电　话：____________　　　　电　话：____________

签约日期：________年____月____日

签约地点：______________________

▲修缮修理合同

修缮修理合同

甲方（定做人）：____________

乙方（承揽人）：____________

经甲、乙双方协商同意，达成如下协议，共同遵守。

第一条　修缮修理项目、数量、报酬：

修缮修理项目及内容	计量单位	数量或工作量	报酬	
			单价	金额
合计人民币金额				

（空格如不够用，可以另接）

第二条　材料：

（空格如不够用，可以另接）

第三条　定做人检验承揽人提供材料的标准、方法、时间及地点：

____。

承揽人检验定做人提供材料的标准、方法、时间及地点：______________

____。

第四条　修缮修理时间从_____年___月___日到___年___月___日。

第五条　修缮修理项目的技术标准、质量、要求：___________________。

第六条　定做人提供技术资料、图纸的时间、方法及保密要求：

____。

第七条　定做人（是/否）允许第三人完成修缮修理项目的主要工作：

____。

第八条　定做人协助承揽人的事项与要求：__________________________

____

____。

第九条　修缮修理项目交付时间、方式及地点：______________________

____

____。

第十条　修缮修理项目检验标准、方法及时间：______________________

____

____。

第十一条　定做人在____年____月____日前向承揽人预付材料款（大写）___________元。

第十二条　报酬与材料费的结算方式及期限：________________________

____。

第十三条　保修期限：____

____。

第十四条　本合同解除的条件：__________________________________

____

____。

第十五条　合同争议的解决方式：本合同在履行过程中发生的争议，由双方当事人协商解决，也可由当地工商行政管理部门调解；协商或调解不成的，按下列第______种方式解决：

1. 提交__________仲裁委员会仲裁；

2. 依法向人民法院起诉。

第十六条　其他约定事项：______________________________________

____

____

____。

甲　方：____________　　　　乙　方：____________
代　表：____________　　　　代　表：____________
电　话：____________　　　　电　话：____________

签约日期：________年____月____日
签约地点：______________________

▲办公设备维修保养服务协议

办公设备维修保养服务协议

用户名称：______________________

为保证贵公司的办公设备在非保修期内的正常使用，及提高设备的使用率，用户同意委托我部提供维修及保养服务。

第一条　办公设备名称及型号：____________。

第二条　合同期：由201__年____月____日起至201__年____月____日止。

第三条　服务频率：

1. 在合同期内，我部每月为用户定期保养1次。

2. 紧急召唤维修不限次数，其召唤回应时间为：8个工作小时（在保证用电及除双方休息的情况下完成）。

3. 其他：____________。

第四条　服务费用：

合同保养费用为￥________元（人民币），零配件和消耗材料的费用由用户承担。

第五条　付款方式：

用户须在合同签订后10个工作日内一次性付清服务费。零配件和消耗材料的费用，用户须于收到我部发票后7个工作日内支付。

第六条　为确保贵单位机器的正常使用，用户必须购买本服务部提供的消费材料及零配件，本服务部将以9折优惠价格供应给用户。

第七条　合同期限：

1. 合同一经签订，立即生效。在本合同期满30天内，双方无异议，则合同将继续签署，否则须以书面形式通知对方。

2. 当用户的设备转户时，合同将同时失效，所付费用将不予发还。

3. 如用户的设备搬迁，用户须于搬迁前30天通知我部，并按新迁地址调整有关服务费用。

服务部（盖章）：________　　　　用户（盖章）：________
代表：________　　　　代表：________

电话：____________　　　　　　　　电话：____________

签约日期：________年____月____日

签约地点：______________________

▲汽车维修协议

汽车维修协议

甲方（托修方）：____________________

乙方（承修方）：____________________

经甲、乙双方协商同意，达成如下协议，共同遵守。

一、车辆型号：

车种		牌照号		发动机	型号	
车型		底盘号			编号	

二、车辆交接期限（事宜）：

送修				接车			
日期		方式		日期		方式	
地点				地点			

三、维修类别及项目：

预计维修费总金额（大写）______________（其中工时费__________）。

四、材料提供方式：____。

五、质量保证期：____。

维修车辆自出厂之日起，在正常使用情况下，______天或行驶______公里以内出现维修质量问题，由承修方负责。

六、验收标准及方式：____。

七、结算方式及期限：____。

现金__________转账__________银行汇款__________期限________。

八、违约责任及金额：_______________________________。

九、如需提供担保，另立合同担保书，作为本协议附本。

十、解决协议纠纷的方式：经济合同仲裁________；法院起诉________。

十一、双方商定的其他条款：____。

甲方：____________　　　　乙方：____________

代表：____________　　　　代表：____________

电话：____________　　　　电话：____________

签约日期：________年____月____日

签约地点：______________________

注：本协议一式____份。承、托修双方各一份，维修主管部门各____份。

说明：1. 承、托修方签订书面合同的范围：汽车大修、主要总成大修、二级维护及维修费在1000元以上的。

2. 本协议正本一式两份，经承、托修方签章生效。

3. 本协议维修费是概算费用，结算时凭维修工时费、材料明细表，按实际发生金额结算。

4. 承修方在维修过程中，发现其他故障需增加维修项目及延长维修期限时，承修方应及时以书面形式（包括文书、电报）通知托修方，托修方必须在接到通知后____天内给予答复，否则视为同意。

5. 承、托修方签订本协议时，应以《汽车维修合同实施细则》的规定为依据。

甲　方：____________　　　　乙　方：____________

代　表：____________　　　　代　表：____________

电　话：____________　　　　电　话：____________

签约日期：________年____月____日

签约地点：______________________

第十二章　借款、担保、抵押合同协议范本

▲商业赔偿协议书

商业赔偿协议书

甲方：____________运输公司

乙方：____________公司

甲方与乙方已订有产品运输合同，但由于运输公司未组织好运力，未能按期将产品运到指定地点，而且在运输过程中，由于司机驾驶不慎，致使货物受损严重。经甲、乙双方协商同意，达成如下协议，共同遵守。

一、根据合同中有关条款规定：货运无特殊原因拖延运期，影响经济效益，甲方应予赔偿。现甲方延误时间____月，应赔偿乙方经济效益费______元。

二、这次货运无故损坏产品______件，甲方应赔偿乙方货物损坏费______元，以上两项合计______元整。

三、为了保持货物的完好无损，在下一步运货过程中，乙方应选派押车人员。

四、乙方应在协议签订之日起，做好上述工作的准备。甲方根据协议书即行付清赔偿费。

五、双方必须自觉遵守本协议规定，赔偿完毕后，乙方不得再要求甲方任何赔偿。

六、甲、乙双方在履行本合同过程中发生争议，由双方协商解决；协商不成的，按本合同约定的下列方法之一进行解决：

1. 由________仲裁委员会仲裁；

2. 向________人民法院起诉。

七、本协议一式两份，甲、乙双方各执一份，自签订之日起即时生效，均具有同等法律效力。

甲　方：____________　　　　乙　方：____________

代　表：____________　　　　代　表：____________

电　话：____________　　　　电　话：____________

签约日期：________年____月____日

签约地点：______________________

▲债务和解协议书

债务和解协议书

甲方（债权人）：____________公司

乙方（债务人）：____________公司

甲、乙双方自________年____月____日起至________年____月____日止，维持商品（玻璃制品）交易合同，其赊账债务的余额，甲方主张享有债权人民币______元整，乙方则主张不负任何债务，经调查甲、乙双方的账簿、票据后，双方达成如下协议，共同遵守。

一、乙方承认本日积欠甲方赊账债务人民币______元整，并自本日起至债务清偿日止，以日息______分计算全部利息，并承担偿还义务。

二、乙方将对前条债务的本金人民币______元整，于本月____月____日亲自送至甲方财务室。

三、如果乙方于本月____月____日如期支付前条的债务，得免除第一条所述的利息支付。

四、乙方对第二项所载的一次性付款方式若有延迟，则无须甲方通知、催告，立即丧失协议的期限利益。且乙方应于丧失协议期限利益日一次付清本金余额与利息合并的金额。若再有延迟，则自当日起迄清偿日止，应加前述金额以日息____分计算全部利息。

五、乙方根据第二项付款方式清偿债务时，所开出支票的到期日，不得超过该付款期最后期限。

六、甲、乙双方确定除本协议外，并无任何债务关系。

七、甲、乙双方在履行本合同过程中发生争议，由双方协商解决；协商不成的，按本合同约定的下列方法之一进行解决：

1. 由________仲裁委员会仲裁；

2. 向________人民法院起诉。

八、本协议一式两份，甲、乙双方各执一份。从双方签字之日起即时生效，均具有同等法律效力。

甲　方：____________　　　　乙　方：____________

代　表：____________　　　　代　表：____________

电　话：____________　　　　电　话：____________

签约日期：________年____月____日

签约地点：______________________

▲典让协议书

典让协议书

甲方（转典权人）：__________

乙方（原典权人）：__________

经甲、乙双方协商同意，达成如下协议，共同遵守。

一、乙方经出典人______同意，将其向出典人取得的下列典权转典与甲方，而甲方将典权转受。原典权标示如下：

1. 典物及典价__________

2. 期限__________

3. 典权设定登记__________

4. 特约__________

二、前条转典期间自______年______月______日起满____　年（不得逾越原典期限）。

三、典价______（不得超越原典价）。

四、乙方应于转典协议当日，将典物全部移转与甲方占有收益使用。

五、甲方在转典期间内，应妥善保管好典物，如有故意或过失致典物全部或一部分灭失，应负赔偿责任。

六、甲方对典物为使用便利，非先征得乙方同意，不得对典物加以整修或添设等行为。

七、乙方在典权期限届满，应按第三条所载原典价，向甲方赎回典物，而甲方应将典物负责回复原状，返还乙方各无异议。

八、在典权存续期间，甲方非经乙方同意，不得将典物再转典，或让与及出租于他人。

九、甲、乙双方应向主管地行政机关办理典权转典登记手续。

十、甲、乙双方在履行本合同过程中发生争议，由双方协商解决；协商不成的，按本合同约定的下列方法之一进行解决：

1. 由________仲裁委员会仲裁；

2. 向________人民法院起诉。

十一、本协议未尽事项应依民法及有关法规的规定办理。

十二、本协议一式两份，甲、乙双方各执一份。自双方签字之日起即时生效，均具有同等法律效力。

甲　方：____________　　　　乙　方：____________

代　表：____________　　　　代　表：____________

电　话：____________　　　　电　话：____________

签约日期：________年____月____日
签约地点：______________________

▲借款协议书

借款协议书

甲方（出借方）：____________
乙方（借款方）：____________

经甲、乙双方协商同意，就借款事宜，达成如下协议，共同遵守。

一、借款数额：出借方于______年______月______日借给借款方人民币______元（金额大写）。

二、借款期限：自______年______月______日至______年______月______日。

三、借款利息：双方约定借款利息为______%。

四、违约责任：借款方应当按照约定的期限返还借款本息，借款方未按照约定的期限返还借款本息，出借方可以要求借款人按日加付本息的万分______的违约金。

五、甲、乙双方在履行本合同过程中发生争议，由双方协商解决；协商不成的，按本合同约定的下列方法之一进行解决：

1. 由________仲裁委员会仲裁；
2. 向________人民法院起诉。

六、本协议自出借方提供借款之日起生效。

甲　方：____________　　　　乙　方：____________
代　表：____________　　　　代　表：____________
电　话：____________　　　　电　话：____________

签约日期：________年____月____日
签约地点：______________________

▲一般借款合同

一般借款合同

甲方（贷款人）：____________________
乙方（借款人）：____________________

丙方（担保人）：____________________

经甲、乙、丙三方经过充分协商达成如下协议，共同遵守。

第一条　自______年______月______日至______年______月______日，由贷款人提供借款人贷款______元。

借款、还款计划如下：

分期借款计划				分期还款计划	
日　期	金　额	利　率	用　途	日　期	还款本金

第二条　贷款人应按期、按额向借款人提供贷款，否则，应按数额和延期天数，付给借款人违约金，违约金数额的计算，与逾期贷款罚息同。

第三条　贷款利率，按银行贷款现行利率计息。如遇调整，按调整的新利率和计算办法计算。

第四条　借款人应按协议使用贷款，不得转移用途。否则，贷款人有权停止发放新贷款，直至收回已发放的贷款。

第五条　借款人不按规定时间、额度用款，要付给贷款人违约金。违约金按借款额度、天数，并按借款利率的50%计算。

第六条　借款人保证按借款协议所定期限归还贷款本息，如需延期，借款人至迟在贷款到期前三天，提出延期申请，经贷款方同意，办理延期手续。但延期最长不得超过原定期限的一半，贷款人未同意延期或未办理延期手续的逾期贷款，加收罚息。

第七条　借款人的借款由担保人用____________________作担保。

第八条　贷款到期的一个月，如借款人不按期归还本息时，由担保人负责为借款人偿还本息和逾期罚息。

第九条　补充条款：____

____

____。

第十条　解决合同纠纷的方式：执行本合同发生的争议，由当事人双方协商解决。协商不成，双方同意由__________仲裁委员会仲裁（当事人双方不在本合同中约定仲裁机构，事后又没有达成书面仲裁协议的，可向人民法院起诉）。

第十一条　本合同一式四份，借贷款双方各持一份，担保人一份，________公证处一份。

第十二条　本合同在各方签字之日起生效。

甲　方：__________　　　　乙　方：__________
代　表：__________　　　　代　表：__________
电　话：__________　　　　电　话：__________

丙　方：__________
代表人：__________
电　话：__________

签约日期：______年____月____日
签约地点：______________

▲建设工程借款合同

建设工程借款合同

甲方（贷款方）：__________
乙方（借款方）：__________
两方（担保方）：__________

经甲、乙双方协商同意，达成如下协议，共同遵守。

第一条　借款用途

____

____。

第二条　借款金额

借款方向贷款方借款人民币（大写）______元。预计用款为______年______元；______年______元；______年______元；______年______元；______年______元；______年______元。

第三条　借款利率

自支用贷款之日起，按实际支用数计算利息，并计算复利。在合同规定的借款期内，年息为______%。借款方如果不按期归还贷款，逾期部分加收利率20%。

第四条　借款期限

借款方保证从______年______月起至______年______月止，用国家规定的还款资金偿还全部贷款。预定为______年______元；______年______元；______年______元；______年______元；______年______元；______年______元，贷款逾期不还的部分，贷款方有权限期追回贷款，或者商请借款单位的其他开户银行代为扣款清偿。

第五条　因国家调整计划、产品价格、税率，以及修正概算等原因，需要变更合同条款时，由双方签订变更合同的文件，作为本合同的组成部分。

第六条　贷款方保证按照本合同的规定供应资金。因贷款方责任未按期提供贷款，应按违约数额和延期天数，付给借款方违约金。违约金的计算与银行规定的加收借款方罚息计算相同。

第七条　贷款方有权检查、监督贷款的使用情况，了解借款方的经营管理、计划执行、财务活动、物资库存等情况。借款方应提供有关的统计、会计报表及资料。

借款方如果不按合同规定使用贷款，贷款方有权收回部分贷款，并对违约使用部分按照银行规定加收罚息。借款方提前还款的，应按规定减收利息。

第八条　本合同条款以外的其他事项，双方遵照《中华人民共和国合同法》的有关规定办理。

第九条　本合同经过签章后生效，贷款本息全部清偿后失效。本合同一式五份，签章各方各执一份，报送主管部门、总行、分行各一份。

甲　方：__________　　乙　方：__________　　丙　方：__________
代　表：__________　　代　表：__________　　代　表：__________
电　话：__________　　电　话：__________　　电　话：__________

签约日期：_______年____月____日
签约地点：__________________

▲专项资金借贷合同

专项资金借贷合同

甲方（贷款方）：__________
乙方（借款方）：__________

经甲、乙双方协商同意，达成如下协议，共同遵守。

第一条　根据（项目计划批准机关及文号）________________

批准借款方（项目名称）________________项目，（主要内容）________总投资______万元，向贷款单位申请（贷款种类）______________贷款________万元。

第二条　贷款方根据借款方以下借款合同用途同意贷款______万元。贷款期限：自______年______月______日至______年______月______日。贷款方按照各项贷款办法规定的利率档次、计算时间，向借款方计算利息。

借款用途：购置设备______台（套）______万元；土建______平方米______万元；其他________________万元。

第三条　贷款方保证在核准的贷款额度内，根据贷款合同约定的期限，及时供应资金，如因本身责任不能按时提供贷款，应按违约数额和延迟天数付给借款方违约金。违约金由贷款方按本项贷款利率档次加付______%。

第四条　借款方保证按照如下期限归还本金：______年______月______日______万元，______年______月______日______万元，______年______月______日______万元。

第五条　借款方还本付息的资金来源，双方同意按有关规定，用下列资金还款：

1. 贷款项目投产后新增加的所得税前利润______万元；

2. 贷款项目投产后新增加税金______________万元；

3. 自有资金（包括更新改造资金、新产品试制费和生产发展基金）____________；

4. 新增固定资产折旧________________________万元；

5. 贷款项目交主管部门的费用________________万元；

6. 其他资金________________________万元。

第六条　贷款方有权监督借款方按照批准的项目实施计划、设计方案和合同规定使用借款，未经贷款方同意，借款方不得随意变更项目内容和借款用途，否则贷款方有权收回或停止借款，并对挪用的贷款部分加收利息______%。

第七条　如借款方不能按期归还借款，由保证人或担保单位承担偿还本息的责任。

第八条　本合同经借款方、贷款方、保证方签章后生效，至此项借款本息全部还清后终止。合同正本一式三份：借款方、贷款方、保证方各执一份，副本四份：报送__________等有关单位各留一份。

甲　方：____________　　　　乙　方：____________

代　表：____________　　　　代　表：____________

电　话：____________　　　　电　话：____________

签约日期：________年____月____日

签约地点：______________________

▲保证担保借款合同

保证担保借款合同

甲方（借款人）：____________

乙方（贷款人）：____________

丙方（担保人）：____________

经甲、乙、丙三方协商同意，达成如下协议，共同遵守。

一条　自________年____月____日起，由贷款人向借款人提供____（种类）贷款（大写）____________元，用于____________，还款期限至________年____月____日止，利率按月息________‰计算。如遇国家贷款利率调整，按调整后的新利率和计息方法计算。

具体用款、还款计划如下：

分期用款计划		分期还款计划	
日　期	金　额	日　期	金　额

第二条　贷款人应在符合国家信贷政策、计划的前提下，按期、按额向借款人提供贷款。否则，按违约数额和延期天数付给借款人违约金。违约金数额的计算，与逾期贷款的加息同。

第三条　借款人愿遵守贷款人的有关贷款办法规定，并按合同规定用途使用。否则，贷款人有权停止发放贷款，收回或提前收回已发放的贷款。对违约部分，按规定加收______%利息。

第四条　借款人应按期偿还贷款本息。________、________、________愿作为借款人对合同载明的全部贷款正当使用和按期还款的保证人。对借款人转移贷款用途等违反合同的行为，保证人承担连带责任；借款人不按期归还贷款本息时，由保证人承担代偿责任。

保证人相互间负连带保证责任。

第五条　贷款人有权检查、监督贷款的使用情况，了解借款人的计划执行、经营管理、财务活动、物资库存等情况，借款人对上述情况应完整如实地提供。对借款人违反借款合同的行为，贷款人有权按有关规定给予信贷制裁。

贷款人按规定收回或提前收回贷款，可直接从借款人存款账户中扣收。

第六条　贷款到期，借款人及保证人无力归还，又未申请延期或未与贷款人签订延期协议的，从逾期之日起，贷款人加收________%的利息，并可以从借款人及保证人的存款账户上直接扣收逾期贷款本息。

第七条　当借款人及保证人发生财产不足以偿还多个偿权人的债务时，借款人、保证人愿以其财产（包括应收款项）优先偿还所欠贷款人的贷款本息。

第八条　借、贷及保证人各方发生纠纷，由各方协商解决；需要诉讼的，向贷款人所在地人民法院提起诉讼；申请仲裁的，按有关仲裁规定办理。

第九条　其他：____。

第十条　本合同未尽事宜，按国家有关法规和银行有关贷款规定办理。

第十一条　本合同经各方签章后生效。

本合同一式______份，借、贷、保证人各持一份。

甲　方：____________　乙　方：____________　丙　方：____________
代　表：____________　代　表：____________　代　表：____________
电　话：____________　电　话：____________　电　话：____________

签约日期：________年____月____日
签约地点：______________________

▲技术改造贷款合同

技术改造贷款合同

甲方（借款单位）：____________
乙方（贷款单位）：____________

经甲、乙双方协商同意，达成如下协议，共同遵守。

一、甲方申请贷款总额人民币________万元（大写）。借款用于____________，保证专款专用。

二、乙方根据甲方报送的工程用款计划和用款借据，及时审查发放贷款，以保证工程需要，甲方如擅自改变计划，挪用贷款或物资，乙方有权停止发放贷款，被挪用的贷款要加50%的利息扣回。

三、借款期限为________年____月（指从第一笔贷款发放之日起到最后还清全部本息之日止）。利息月息____%，按季度收利息。贷款逾期按规定加收利息20%。

四、甲方保证按期归还贷款。归还贷款资金来源用贷款项目新增加的利税、固定资产折旧及其他资金。甲方如不能按期还清贷款，担保单位必须承担还债责任。必要时，乙方从甲方或担保单位存款户头中扣收。

五、甲方同意按时向乙方报送有关工程进度、贷款使用情况的统计表和资料，为乙方工作提供方便。

六、本协议在履行本合同过程中发生争议，由协议人协商解决；协商不成的，按本合同约定的下列方法之一进行解决：

1. 由________仲裁委员会仲裁；

2. 向________人民法院起诉。

七、本合同一式五份，其中正本的两份，由甲、乙双方各执一份；副本三份，由担保方和甲、乙双方上级各执一份。自签字之日起即时生效，均具有同等的法律效力。

甲　方：____________　　　乙　方：____________
代　表：____________　　　代　表：____________

电　话：____________　　　　　　　　电　话：____________

签约日期：________年____月____日

签约地点：______________________

▲抵押贷款合同

抵押贷款合同

甲　方（贷款抵押人）：____________

乙方（贷款抵押权人）：____________

甲方因生产需要，向乙方申请贷款作为______资金。双方经协商一致同意，在甲方以其所有的______（以下简称甲方抵押物），作为贷款抵押物抵押给乙方的条件下，由乙方提供双方商定的贷款额给甲方。在贷款期限内，甲方拥有抵押物的使用权，在甲方还清贷款本息前，乙方拥有抵押物的所有权。为此，特订立本合同：

第一条　贷款内容

1. 贷款总金额：______元整。

2. 贷款用途：本贷款只能用于______的需要，不得挪作他用，更不得使用贷款进行违法活动。

3. 贷款期限：

在上述贷款总金额下，本贷款可分期、分笔周转审贷。因此，各期贷款的金额、期限，由双方分别商定。从第二期贷款起，必须有双方及双方法定代表签字盖章的新的抵押贷款合同，并将其中的一份送交______市公证处公证，作为本合同的组成部分，与本合同具有同等法律效力。

第一期贷款期限为：______个月，即自______年______月______日起，至______年______月______日止。

4. 贷款利率：本贷款利率及计息方法，按照中国______银行的规定执行。

5. 贷款的支取：

各期贷款是一次还是分次提取，由双方商定，甲方每次提款应提前______天通知乙方，并经乙方的信贷部门审查认可方可使用。

第一期贷款____________次提取。

6. 贷款的偿还

甲方保证在各期合同规定的贷款期限内按期主动还本付息。甲方归还本贷款的资金来源为本公司生产、经营收入及其他收入。如甲方要求用其他来源归还贷款，须经乙方同意。

第一期贷款最后还款日为______年______月______日。

7. 本合同在乙方同意甲方延期还款的情况下继续有效。

第二条　抵押物事项

1. 抵押物名称：____

2. 制造厂家：____

3. 型号：____

4. 件数：____

5. 单价：____

6. 置放地点：____

7. 抵押物发票总金额：______________________________________

8. 抵押期限：______年（或为：自本贷款合同生效之日起至甲方还清乙方与本合同有关的全部贷款本息为止）。

第三条　甲、乙双方的义务

1. 乙方的义务

（1）对甲方交来抵押物契据证件要妥善保管，不得遗失、损毁。

（2）在甲方到期还清贷款后，将抵押物的全部契据、证件完整交给甲方。

2. 甲方的义务

（1）应严格按照合同规定时间主动还本付息。

（2）保证在抵押期间抵押物不受甲方破产、资产分割、转让的影响。如乙方发现甲方抵押物有违反本条款的情节，乙方通知甲方当即改正或可终止本合同贷款，并追偿已贷出的全部贷款本息。

（3）甲方应合理使用作为抵押物的________，并负责抵押物的经营、维修、保养及有关赋税等费用。

（4）甲方因故意或过失造成抵押物毁损，应在15天内向乙方提供新的抵押物，若甲方无法提供新的抵押物或担保时，乙方有权相应减少贷款额度，或解除本合同，追偿已贷出的贷款本息。

（5）甲方未经乙方同意不得将抵押物出租、出售、转让、再抵押或以其他方式处分。

（6）抵押物由甲方向中国人民保险公司________分公司投保，以乙方为保险受益人，并将保险单交乙方保管，保险费由甲方承担。投保的抵押物由于不可抗力遭受损失，乙方有权从保险公司的赔偿金中收回抵押人应当偿还的贷款本息。

第四条　违约责任

1. 乙方如因本身责任不按合同规定支付贷款，给甲方造成经济上的损失，乙方应负违约责任。

2. 甲方如未按贷款合同规定使用贷款，一经发现，乙方有权提前收回部分或全部贷款，并对挪用贷款部分在原贷款利率的基础上加收________%的罚息。

3. 甲方如不按期付息还本，或有其他违约行为，乙方有权停止贷款，并要求甲方提前归还已贷的本息。乙方有权从甲方在任何银行开立的账户内扣收，并从过期之日起，对逾期贷款部分按借款利率加收________%的利息。

4. 甲方如不按期付息还本，乙方亦可向有管辖权的人民法院申请拍卖抵押物，用于抵偿贷款本息。若有不足抵偿部分，乙方仍有权向甲方追偿。直至甲方还清乙方全部贷款本息为止。

第五条　其他规定

1. 发生下列情况之一时，乙方有权停止发放贷款并立即或限期收回已经发放的贷款。

（1）甲方向乙方提供情况、报表和各项资料不真实。

（2）甲方与第三者发生诉讼，经法院裁决败诉，偿付赔偿金后，无力向乙方偿付贷款本息。

（3）甲方的资产总额不足抵偿其负债总额。

（4）甲方的保证人违反或失去合同书中规定的条件。

2. 乙方有权检查、监督贷款的使用情况，甲方应向乙方提供有关报表和资料。

3. 甲方或乙方任何一方要求变更合同或本合同中的某一项条款，须在事前以书面形式通知对方，在双方达成协议前，本合同中的各项条款仍然有效。

4. 甲方提供的借款申请书、借款凭证、用款和还款计划及与合同有关的其他书面材料，均作为本合同的组成部分，与本合同具有同等法律效力。

第六条　有关本合同的费用承担

有关抵押的估计、登记、证明等一切费用均由甲方负责。

第七条　本合同生效条件

本合同系经________市公证处公证并依法赋予强制执行效力的债权文书，甲、乙双方如任何一方不履行，对方当事人可根据《民事诉讼法》第一百六十八条规定，直接向有管辖权的人民法院申请执行。

本合同自公证书签发之日起生效，公证费由甲方承担。

第八条　争议的解决

本合同遵守中华人民共和国的法律、法规，若发生争议：

1. 双方协商解决。

2. 协商不成，请有关部门调解。

3. 调解不成，向________人民法院起诉。

本合同一式三份，甲、乙双方各执一份，公证处留存一份。自签字之日起即时生效，均具有同等法律效力。

甲　方：____________　　　　乙　方：____________

代　表：____________　　　　代　表：____________

电　话：____________　　　　电　话：____________

签约日期：________年____月____日

签约地点：______________________

▲保证合同

保证合同

甲方（借款人）：____________

乙方（贷款人）：____________

丙方（保证人）：____________

经甲、乙、丙三方协商同意，达成如下协议，共同遵守。

第一条　丙方为甲方根据______年______字第______号合同（以下称主合同）向乙方借用的______（币种）资金本金（大写）____________整及其相应的利息、费用提供保证。

第二条　丙方对上条所列款项承担连带清偿责任。如甲方不按主合同的约定偿付借款本息和相应费用，乙方有权直接向丙方追偿。丙方保证在接到乙方书面索款通知后______个营业日内清偿上述款项。

第三条　丙方的保证责任不因甲方上级单位的任何指令、甲方地位及财力状况的改变、甲方与任何单位签订任何协议或文件及本保证合同所担保的主合同的无效或解除而免除。

第四条　丙方机构若发生变更、撤销，丙方应提前______天书面通知乙方和甲方，本保证合同项下的全部义务由变更后的机构承担；或由甲方和丙方落实为乙方所接受的新的保证人。

第五条　本合同生效后，甲方和乙方如需要延长主合同项下借款期限或者变更主合同其他条款，应征得丙方同意，由甲、乙、丙三方达成书面协议。

第六条　本合同生效后，丙方有权对甲方的资金和财产情况进行监督，有权要求甲方提供其财务报表等材料，甲方应如实提供。

第七条　本合同的担保金额随甲方偿还或丙方代为清偿本合同第二条约定的本金、利息、费用的数额而相应扣减。

第八条　丙方代甲方清偿借款本息、费用后，有权向甲方追偿。

第九条　在本合同有效期内，甲、乙、丙任何一方不得擅自变更或解除本合同。需变更本合同条款时，应经三方协商同意，达成书面协议。

第十条　违约责任

1. 丙方违反本合同第二条约定，未按期代为清偿到期债务，乙方有权委托丙方开户金融机构从丙方存款账户中直接扣收，并可视情况按担保总额的______%向丙方收取违约金。

2. 丙方违反本合同第四条约定，应由变更后的机构按担保额的______%向乙方支付违约金。给乙方造成经济损失，且违约金数额不足以弥补所受损失，还应赔偿乙方直接经济损失。

3. 甲方违反本合同第四条约定，乙方有权停止发放新贷款，并提前收回已发放的贷款本息。

4. 甲方和乙方违反本合同第五条的约定，未经丙方同意擅自延长主合同项下借款期限或者变更主合同其他条款，丙方可以自行解除担保义务。

5. 本条所列违约金支付方式，甲、乙双方商定如下：

____。

第十一条 争议的解决方式

甲、乙、丙三方在履行本合同中发生的争议，由三方协商或通过调解解决。协商或调解不成，可以向合同签订地人民法院起诉，或者向合同签订地的合同仲裁机构申请仲裁。

第十二条 甲、乙、丙三方商定的其他事项：______________。

第十三条 本合同由甲、乙、丙三方法定代表人或法定代表人授权的代理人签字并加盖单位公章，并自主合同生效之日起生效。

第十四条 本合同正本一式三份，甲、乙、丙三方各执一份。

甲　方：____________　乙　方：____________　丙　方：____________

代　表：____________　代　表：____________　代　表：____________

电　话：____________　电　话：____________　电　话：____________

签约日期：________年____月____日

签约地点：______________________

注：如合同当事人为非法人单位，由其主要负责人或主要负责人授权的代理人签字。

▲借款担保合同

借款担保合同

甲方（保 证 人）：____________

乙方（贷款银行）：____________

经甲、乙双方协商同意，达成如下协议，共同遵守。

第一条 甲方保证担保的贷款金额（大写）______________元，贷款期限自______年______月______日至______年______月______日。

第二条 本合同的保证方式为连带责任保证，甲方对借款合同中的借款人的债务承担连带责任。如借款合同履行期限届满，借款人没有履行或者没有全部履行其债务，乙方有权直接要求甲方承担保证责任。甲方应在接到乙方《催收到（逾）期贷款通知书》

之日起______个工作日内履行清偿义务。

第三条 保证担保的范围：贷款金额（大写）______________元及利息、借款人应支付的违约金（包括罚息）、赔偿金和实现贷款债权的费用（包括诉讼费、律师费等）。

第四条 保证期间：自本合同生效之日起至借款合同履行期限届满之日后两年止。借款合同展期的，以展期后所确定的合同最终履行期限之日为届满之日。

第五条 本合同的效力独立于被保证的借款合同。借款合同无效并不影响本合同的效力。

第六条 保证期间，借款合同的当事人双方协议变更借款合同除贷款利率以外的其他内容，应当事先取得本合同甲方的书面同意。

第七条 保证期间，甲方机构发生变更、撤销，甲方应提前______天书面通知乙方，本合同项下的全部义务由变更后的机构承担或由对甲方作出撤销决定的机构承担。如乙方认为变更后的机构不具备完全的保证能力，变更后的机构或作出撤销决定的机构有义务落实为乙方所接受的新的保证人。

第八条 保证期间，乙方有权对甲方的资金和财产状况进行监督，有权要求甲方提供其财务报表等资料，甲方应如实提供。

第九条 保证期间，甲方不得向第三方提供超出其自身负担能力的担保。

第十条 发生下列情况之一的，乙方有权要求甲方提前承担保证责任，甲方应同意提前承担保证责任。

1. 甲方违反本合同第七条、第八条、第九条的约定或者发生其他严重违约行为；

2. 《借款合同》履行期间借款人被宣告破产、被解散、擅自变更企业体制致使乙方贷款债权落空、未按借款合同的约定使用贷款、卷入或即将卷入重大的诉讼或仲裁程序及其他法律纠纷、发生其他足以影响其偿债能力或缺乏偿债诚意的行为等情况。

第十一条 甲方不承担保证责任或者违反本合同约定的其他义务的，应向乙方支付被保证的借款合同项下贷款金额________%的违约金，因此给乙方造成经济损失且违约金数额不足以弥补所受损失的，还应赔偿乙方的实际经济损失。对上述违约金、赔偿金以及甲方未承担保证责任的贷款的本金、利息和其他费用，乙方有权直接从甲方存款账户中的资金予以抵消。

第十二条 双方约定的其他条款：____

____。

第十三条 因本合同发生的争议，经协商不能达成一致意见，应当向乙方所在地人民法院提起诉讼。

第十四条 本合同自双方法定代表人（或其授权代理人）签字并加盖公章后生效。

第十五条 本合同正本一式两份，甲、乙双方各执一份。

甲　方：____________　　　　乙　方：____________

代　表：____________　　　　代　表：____________

电　话：____________　　　　电　话：____________

签约日期：________年____月____日
签约地点：______________________

▲定金担保合同

定金担保合同

甲方：____________
乙方：____________

经甲、乙双方协商同意，达成如下协议，共同遵守。

第一条　主合同情况。

1. ____。

2. ____________________（一项一项写明主债务的种类、数额）。

第二条　在主合同成立之日起（或者约定其他时间均可），甲方向乙方交付定金______万元。

第三条　当甲方不履行合同义务时，无权要求乙方返回定金。当乙方不履行合同义务时，应当双倍返还定金。

第四条　免责条款。

因不可抗力导致合同不能履行的，双方应协商妥善处理。可以继续履行的，其定金自重新履行合同时起按第三条规定执行。如果不再履行的，乙方应退还定金。

第五条　当事人认为需要约定的其他事项：____。

第六条　本合同自双方签字盖章之日起生效，自主债务履行完毕终止。

甲　方：____________　　乙　方：____________
代　表：____________　　代　表：____________
电　话：____________　　电　话：____________

签约日期：________年____月____日
签约地点：______________________

▲留置担保合同

留置担保合同

甲方（债权人）：____________

乙方（债务人）：____________

债权人与债务人之间就保证主合同债务的履行达成协议如下：

第一条　主债务情况。

1. ____。

2. ____（一项一项写明主债务的种类、数额）。

第二条　债务人应当认真、全面地履行主合同规定的义务。当债务人不履行义务时，债权人有权留置债务人同等价值的货物，直到债务人全面履行义务时止。

第三条　债权人留置货物，应当在10日内通知债务人。要求债务人在______日内履行主合同债务。

第四条　债务人应积极履行债务。在规定期限内仍未履行债务的，债权人有权以留置物折价清偿。处理留置物办法如下：____

____

____

____。

（可以拍卖，也可以由他人收购）

第五条　留置担保的责任范围包括：

1. 主债务；

2. 债务人未履行而造成的违约金或者赔偿金；

3. 为实现债权而支付的其他费用；

4. 当事人约定的其他费用。

第六条　债权人在扣除全部债务后，其剩余费用应于__________日内退还债务人。

第七条　因债权人超值留置货物或者因留置物保管不善而造成债务人的经济损失的，应当承担赔偿责任。

第八条　当事人认为需要约定的其他事项：______________________________。

第九条　本合同自双方签字盖章之日起生效，自主债务履行完毕时终止。

甲　方：____________　　　　　　乙　方：____________

代　表：____________　　　　　　代　表：____________

电　话：____________　　　　　　电　话：____________

签约日期：________年____月____日
签约地点：______________________

▲财产抵押合同

财产抵押合同

甲方（抵 押 人）：____________
乙方（抵押权人）：____________

经甲、乙双方协商同意，达成如下协议，共同遵守。

第一条　担保主债权的名称为________，数额为________，主合同有变化的，以变化后的数额为据。

第二条　抵押物

1. 甲方保证：

（1）本抵押物为其合法所有（或依法享有处分权）的非争议财产；

（2）本抵押物为不间断的投保财产，保险额不低于财产原值，投保期限应长于担保债权的履行期限。担保债权期延长的，保险期限应相应延长。抵押期间，发生保险事故的，保险赔偿金即作为该抵押物的替代抵押财产；

（3）已完成与抵押有关的审批手续；

（4）提供的与抵押有关的所有材料是真实准确的。

2. 抵押物的名称及编码：

（1）______________________________

（2）______________________________

（3）______________________________

（4）______________________________

（5）______________________________

（6）______________________________

3. 抵押物的使用期限：

（1）______________________________

（2）______________________________

（3）______________________________

（4）______________________________

（5）______________________________

（6）______________________________

4. 抵押物所在地：______________________________

5. 抵押物的评估价值：

（1）______________________________

（2）________________________________

（3）________________________________

（4）________________________________

（5）________________________________

（6）________________________________

合计：________________________________

抵押物的评估价值由甲、乙双方商定。如有争议，由乙方指定的法定评估机构进行评估。

6. 抵押物为已出租、出（合）资财产的，甲方、承租方或合资企业（或合资另一方）应与乙方共同签订本合同或由承租或合资企业出具保证抵押权实现的书面文件，以保证抵押权的实现。

7. 抵押期间，甲方迁移、出租、出（合）资、转让、抵押额外再次抵押或以其他方式处分本抵押物权益的，须经乙方书面同意，否则无效。

8. 抵押期间，甲方不得转让或以其他方式处分本抵押物。必须转让或处分的，须经乙方书面同意，并且所得的价金即作为该抵押物的替代抵押财产，甲方应以该价金提前清偿担保债权。

经乙方同意，甲乙双方也可以签订其他替代担保合同，以保证乙方债权的实现。

9. 抵押期间，甲方出租以及其他方式取得的金额或孳息、更新改造抵押物以及新增附着物等新增值，即作为本抵押物的组成部分共同担保债权的实现。并且，该所得金额或孳息须优先用于清偿担保债权。甲方非为合同当事人的，该费用或孳息及附着物等新增值，仅作为本抵押物的组成部分共同担保债权实现。

对抵押物超出抵押债权范围的部分，经乙方书面同意，甲方可以再设抵押。

10. 抵押期间，甲方拟将抵押物作价出（合）资的，须经乙方书面同意，并且，应由甲、乙双方及合资企业（或合资另一方）重新签订本合同或补充抵押协议（或条款），以保证抵押权的实现。

第三条　抵押率及担保范围

1. 该抵押财产的抵押率为______%（不高于70%），抵押物评估价值与抵押率的乘积数额应大于担保债权（含利息等）。

2. 抵押担保的范围为：担保债权项下的金额、利息（含调息）、罚息、违约金、实现抵押权的费用（含拍卖费、诉讼费、乙方律师费等），以及本合同项下违约金、各种费用等。

第四条　抵押登记

1. 抵押必须进行登记，抵押登记由甲方负责办理。自登记日起5日内，甲方应将抵押登记及保险单、抵押物权属证件原件等有关文件交付乙方。

2. 乙方有权对抵押登记情况到相关部门核查。对此，甲方将提供足够协助。

第五条　抵押公证

1. 无抵押物法定登记机关的，必须进行抵押公证。抵押公证由甲方负责办理。自公证之日起3日内，甲方将有关公证文件交付乙方。

2. 其他依法登记生效的抵押，经乙方要求，甲方也须办理抵押公证。

第六条 抵押物保险

1. 本合同生效后，发现抵押物未办保险，乙方有权依法代办，甲方须提供必要的协助，费用由甲方承担。

2. 抵押期间，发生保险事故的，保险赔偿金作为抵押财产，应当用于提前清偿乙方债权。

第七条 本合同项下的有关登记、公证、保险、评估以及抵押物的拍卖、变卖等费用由甲方承担。由乙方代缴的，乙方有权依法在甲方账户中直接划拨。

第八条 其他事项

1. 甲方非主合同当事人时，除乙方之外主合同的另一方当事人（主合同债务人）应承担相应的责任。

2. 甲、乙双方及第三方等有关各方发生合并、分立、股份制改组等事项，本合同对其继受人仍具有法律约束力。

3. 甲方在抵押期间可能发生破产、被撤销等严重情况时，应及时通知乙方。乙方有权要求甲方及/或主合同债务人提供由乙方认可的等值担保，或终止履行主合同义务，或提前收回债权，或提前实现抵押权。

4. 抵押期间，发生保险事故的，甲方应于事故发生之日起 15 日内，书面通告乙方损失及保险赔偿情况。甲方应以保险赔偿金提前清偿债务，不足部分由甲方及/或主合同债务人继续清偿。

经乙方同意，甲方及/或主合同债务人与乙方可以签订其他替代担保合同，保证乙方债权的实现。

5. 抵押期间，发生非保险事故内抵押物毁损或灭失的，甲方应于事故发生之日起 15 日内，将损失情况书面通告乙方。乙方有权要求甲方恢复原状，或由甲方及/或主合同债务人提供乙方认可的等值担保，或提前收回债权，或提前实现抵押权。

6. 甲方及/或主合同债务人提供抵押方式等值担保的，按照本合同第 3.1 的约定执行。

7. 甲方非主合同当事人时，甲方保证，在发生抵押物不足以清偿担保债务时，由其承担连带赔偿责任。

8. 因抵押物所征收的一切费用均由甲方承担。

第九条 抵押权的实现

1. 债务到期，乙方未受清偿的，甲方及/或主合同债务人应于到期之日起 30 日内通知乙方委托中介机构进行抵押物折价或拍卖、变卖。

甲方在此无条件地、不可撤销地授权乙方委托中介机构进行折价或拍卖、变卖，而无须另行签订授权委托书。并且，甲方及/或主合同债务人应为折价或拍卖、变卖提供一切便利条件，不得设置任何障碍。

2. 抵押物折价或拍卖、变卖的一切费用由甲方另行支付，不得在所得价款中优先扣除。

3. 如果中介机构接受委托后 3 个月内不能将抵押物出售（变现），甲方也不能自行变卖的，经双方协商，将抵押物作价清偿债务。协商不成的，乙方可以继续委托中介机构进行折价或拍卖、变卖。

4. 抵押物折价或拍卖、变卖所得价款不足以清偿债务的，由甲方及/或主合同债务人继续清偿。

5. 乙方对该抵押物享有优于其他任何债权人的受偿权。

6. 甲方如果采取其他方式清偿担保债务的，须经乙方书面同意。

第十条　违约责任

1. 甲方隐瞒抵押物共有、争议、被查封、被扣押、重复抵押、毁损、出（合）资、转让抵押物、保险以及虚假登记等其他严重危害抵押权实现事项的，应向乙方支付主合同项下总金额______%的违约金。甲方须将抵押物恢复到乙方认可的原状，同时提供乙方认可的等值担保。并且乙方有权提前终止履行主合同义务，或提前收回债权，或提前实现抵押权，或采取其他补救措施。

2. 发生抵押物毁损或灭失，甲方未按合同第八条第四、五款规定及时通知的，甲方须承担毁损或灭失之日起，担保债权按日万分之五的违约金。

3. 当事人未按本合同第九条第一款约定及时通知乙方，并设置障碍，拒不进行折价、拍卖、变卖的，应承担债务到期之日起，担保债权按日万分之五的违约金，并且，乙方有权向法院申请财产保全及起诉。

4. 由于甲方或其他当事人（如抵押物承租人、抵押物合资方或合资企业等）的原因，不能及时实现抵押权的，由其承担障碍消除前担保债权按日万分之五的违约金。

甲方保证，对其他非在本合同签章而与抵押权实现有关的组织或个人，由甲方请该组织或个人提供保证抵押权实现的书面证明，并按上述约定承担违约责任。

5. 因甲方及/或主合同债务人不遵守主合同及本合同任何约定条款，乙方有权终止履行主合同义务，或提前收回债权，或提前实现抵押权，或采取其他补救措施。

第十一条　由于当事人的违约责任致使乙方利益受到损害的，除按第十条执行外，乙方仍有权要求给予相应的赔偿。

第十二条　本合同独立于主合同（或协议），主合同（或有些条款）无效并不导致本合同无效。主合同中有关担保的内容与本合同约定不同的，以本合同为准。

第十三条　甲方非主合同当事人时，除本合同特别约定外，主合同的任何变更均不影响本合同的效力。

第十四条　当事人约定的其他事项（根据具体情况填写）：________________________

____

____

____

____。

第十五条　本合同自抵押登记或抵押公证之日起生效，其有效期限至担保的债权全部实现为止。抵押担保的主合同或协议，自本合同生效之日同时生效。

如抵押登记（或其他有关）机关明确要求抵押期限的，本合同有效期至主合同到期日顺延两年之日止。

第十六条　本合同未约定的事项，按照有关法律、法规的规定执行。法律、法规未作规定的，双方可以达成书面补充协议或条款，作为本合同的附件。补充协议或条款与本合同具有同等法律效力。

第十七条　本合同当事人对本合同发生任何争议，应通过协商解决。协商不成或任何一方不愿协商解决的，均有权通过诉讼解决。但是，在不违背案件专属管辖或国际惯例的情况下，只允许向乙方所在地法院起诉。

第十八条　本合同一式两（或三）份，由甲、乙双方（及第三方）各持一份。

甲　方：____________　　　　乙　方：____________

代　表：____________　　　　代　表：____________

电　话：____________　　　　电　话：____________

签约日期：________年____月____日

签约地点：______________________

▲股权抵押合同

股权抵押合同

甲方（抵 押 人）：____________

乙方（抵押权人）：____________

经甲、乙双方协商同意，达成如下协议，共同遵守。

第一条　甲方用作抵押的财产为：__________（详见抵押财产清单及财产有效证书）。

第二条　本合同项下抵押财产共作价（大写）________________元整，抵押率为百分之______，实际抵押额为________________元整。

第三条　抵押财产的保管方式和保管责任如下：

1. 抵押财产中的____________待甲、乙双方封存后，由甲方自行保管；抵押财产中的____________由甲方自行保管，甲方应妥善保管抵押财产，在抵押期内负有维修、保养、保证完好无损的责任，并随时接受乙方的检查。

2. 抵押财产中的____________由甲方交乙方保管，并由乙方向甲方一次性收取____________元整的保管费，乙方应妥善保管抵押财产，不准挪用抵押财产。

第四条　甲方应按乙方要求，对抵押财产中的______办理财产保险，并将保险单交乙方保存。投保期限应长于主合同约定的借款期限。若主合同项下借款延期，甲方须办理延长投保期的手续。保险财产如发生灾害损失，乙方有权从保险赔偿中优先收回抵押贷款。

第五条　甲方用作抵押的有价证券在抵押期内到期时的处理方式，甲、乙双方约定如下：____________________________。

第六条　在本合同有效期内，甲方不得出售和馈赠抵押财产；甲方迁移、出租、转让、再抵押或以其他任何方式转移本合同项下抵押财产的，应取得乙方书面同意。

第七条　本合同项下有关的公证、保险、鉴定、登记、运输及保管等费用由甲方承担。

第八条　本合同生效后，如需延长主合同项下借款期限，或者变更主合同其他条款，应经抵押人同意并达成书面协议。

第九条　在本合同有效期内，甲方如发生分立、合并，由变更后的机构承担或分别承担本合同项下义务。甲方被宣布解散或破产，乙方有权提前处分其抵押财产。

第十条　出现下列情况之一时，乙方有权依法定方式处分抵押财产：

1. 主合同约定的还款期限已到，借款人未依约归还借款本息或所延期已到仍不能归还借款本息。

2. 借款人死亡而无继承人履行合同，或者继承人放弃继承的。

3. 借款人被宣告解散、破产。

处理抵押物所得价款，不足以偿还贷款本息和费用的，乙方有权另行追索；价款偿还贷款本息还有余的，乙方应退还给甲方。

第十一条　抵押权的撤销：主合同借款人按合同约定的期限归还借款本息或者提前归还借款本息的，抵押权即自动撤销，乙方保管的甲方财产和财产保险单应退还给甲方。

第十二条　本合同生效后，甲、乙任何一方不得擅自变更或解除合同。需要变更或解除合同时，应经双方协商一致，达成书面协议。协议未达成前，本合同各条款仍然有效。

第十三条　违约责任

1. 按照本合同第三条第1项的约定，由甲方保管的抵押财产，因保管不善，造成毁损，乙方有权要求甲方恢复财产原状，或提供经乙方认可的新的抵押财产，或提前收回主合同项下贷款本息。

2. 按照本合同第三条第2项的约定，由乙方保管的抵押财产因保管不善造成毁损，甲方有权要求乙方恢复抵押财产原状，或者要求乙方赔偿其因此而遭受的损失。

3. 甲方违反本合同第四条的约定，乙方可以停止发放主合同项下贷款或视情况提前收回已发放的贷款本息。

4. 甲方违反第五条约定，擅自处分抵押财产的，其行为无效。乙方可视情况要求甲方恢复抵押财产原状或提前收回主合同项下贷款本息，并可要求甲方支付贷款本息总额万分之____的违约金。

5. 甲方因隐瞒抵押财产存在共有、争议、被查封、被扣押或已经设定过抵押权等情况而给乙方造成经济损失的，应给予赔偿。

6. 甲、乙任何一方违反第十条约定，应向对方支付主合同项下贷款总额万分之____的违约金。

7. 在本合同有效期内，未经抵押人同意，变更主合同条款或转让主合同项下义务的，甲方可自行解除本合同，并要求乙方退回由乙方保管的抵押物。

8. 本条所列违约金的支付方式，甲、乙双方商定如下：________________。

第十四条　双方商定的其他事项：________________________________。

第十五条　争议的解决方式：

甲、乙双方在履行本合同过程中发生争议，由双方协商解决；协商不成的，按本合同约定的下列方法之一进行解决：

1. 由________仲裁委员会仲裁；

2. 向________人民法院起诉。

第十六条　本合同由甲、乙双方法定代表人或法定代表人授权的代理人签字并加盖单位公章，自主合同生效之日起生效，至主合同项下借款本息全部还清时自动失效。

第十七条　本合同一式两份，甲、乙双方各执一份。

附：

抵押财产清单及财产有效证书一式____份。

甲　方：____________　　乙　方：____________
代　表：____________　　代　表：____________
电　话：____________　　电　话：____________

签约日期：________年____月____日
签约地点：____________________

注：如果合同当事人为非法人单位，应由其主要负责人或主要负责人授权的代理人签字。

▲股权质押（反担保）合同

股权质押（反担保）合同

出质人：____________（简称甲方）
质权人：____________（简称乙方）

根据公司（借款人）与乙方于______年____月____日签订的编号为：〔　〕的《担保协议书》（以下简称担保书）中第一条第二款之规定，甲、乙双方经协商，达成如下协议：

一、乙方根据担保书，为公司（借款人）向______贷款______万元提供担保，贷款期限为从______年____月____日起至______年____月____日止。本股权质押反担保期限为上述主债务发生代偿后之日起两年。

二、甲方愿意以其拥有的占公司（借款人）____%的股权质押给乙方，作为反担保，以偿付乙方履行担保责任后所发生的债务。甲方保证公司（借款人）过半数股东同意甲方以其持有的该公司股权出质，并且甲方向乙方出具与此相关的股东会决议。甲方用作质押的股权，评估价值为________币________万元。

三、甲方保证对上述质押的股权拥有完全的、有效的处分权，保证上述股权在此之前未设置抵押权，并免遭第三人追索。

四、乙方有权要求甲方提供有关财务报表，以及对上述股权的评估等资料。甲方应对其提供的资料的真实性负法律责任。

五、上述股权的所有权证明文件应于本合同生效之日起两个工作日内交付乙方，质押期间由乙方保管，质押期间甲方不得擅自处置上述质押股权。

六、如公司未能按期偿还贷款本息，致使乙方承担了担保责任，乙方有权以折价、拍卖、变卖等方式处理所质押的股权，所得价款优先受偿；或经双方协商，由乙方收购上述股权。

七、乙方有权收取上述股权质押的孳息。

八、甲方若以上市公司的股票出质，须在签订本协议后，到证券登记机关办理出质登记，本协议自登记之日起生效。甲方若以有限责任公司股份或非上市股份有限公司股份出质，该股份质押应记入公司的股东名册，本协议自记入股东名册之日起生效。甲方将记载股份质押登记的股东名册（原件一份）交给乙方。

九、本协议适合中华人民共和国法律及深圳市地方法规。如发生纠纷，应协商解决，协商不成，可向深圳市法院提起诉讼。

十、本协议一式三份，甲、乙双方各执一份，公证处留存一份。

十一、本协议未尽事宜，甲、乙双方可经协商，另签协议作为本协议的附件。

甲　方（盖章）：__________　　乙　方（盖章）：__________
法人代表：__________　　法人代表：__________
授权委托人：__________　　授权委托人：__________

________年____月____日

▲借款抵押担保合同

借款抵押担保合同

甲方（抵押人）：__________
乙方（抵押权人）：__________

经甲、乙双方协商同意，达成如下协议，共同遵守。

第一条　甲方以“抵押物清单”（附后）所列之财产设定抵押。

第二条　甲方抵押担保的贷款金额（大写）＿＿＿＿＿＿＿元，贷款期限自＿＿＿年＿＿＿月＿＿＿日至＿＿＿年＿＿＿月＿＿＿日。

第三条　甲方保证对抵押物依法享有所有权或经营管理权。

第四条　甲方在本合同生效之日将抵押物权属证明文件交乙方，抵押期间该抵押物权属证明文件由乙方代为保管。

第五条　抵押担保的范围：贷款金额（大写）＿＿＿＿＿＿＿元及利息、借款人应支付的违约金（包括罚息）、赔偿以及实现贷款债权和抵押权的费用（包括律师费、诉讼费等）。

第六条　本合同的效力独立于被担保的借款合同，借款合同无效不影响本合同的效力。

第七条　本合同项下有关的评估、保险、鉴定、登记、保管等费用均由甲方承担。

第八条　抵押期间，甲方有义务妥善保管抵押物，保持抵押物完好无损，并随时接受乙方的检查。

第九条　甲方应办理抵押物在抵押期间的财产保险。财产保险的第一受益人为乙方。保险单证由乙方代为保管。

第十条　抵押期间，抵押物如发生投保范围的损失，或者因第三人的行为导致抵押物价值减少，保险赔偿金或损害赔偿金应作为抵押财产，由甲方存入乙方指定的账户，抵押期间甲方不得动用。

第十一条　抵押物价值减少，甲方应在30天内向乙方提供与减少的价值相当的担保。

第十二条　抵押期间，抵押物造成环境污染或造成其他损害，应由甲方独立承担责任。

第十三条　抵押期间，未经乙方书面同意，甲方不得赠与、迁移、出租、转让、再抵押或以其他任何方式处分本合同项下的抵押物。

第十四条　抵押期间，经乙方书面同意，甲方转让抵押物所得的价款应优先用于向乙方提前清偿所担保的债权。

第十五条　借款合同履行期限届满，债款人未能清偿债务，乙方有权以抵押物折价或者以拍卖、变卖抵押物所得价款优先受偿，实现抵押权。

第十六条　发生下列情况之一，乙方有权提前处分抵押物实现抵押权、停止发放借款合同项下贷款或者提前收回借款合同项下已发放的贷款本息：

1. 甲方被宣告破产或被解散；

2. 甲方违反本合同第四条、第八条、第九条、第十一条、第十三条约定义务或发生其他严重违约行为；

3. 借款合同履行期间借款人被宣告破产、被解散、擅自变更企业体制致乙方贷款债权落空、改变贷款用途、卷入或即将卷入重大的诉讼（或仲裁）程序、发生其他足以影响其偿债能力或缺乏偿债诚意的行为等情况。

第十七条　甲方因隐瞒抵押物存在共有、争议、被查封、被扣压或已设定抵押权等情况而给乙方造成经济损失的，应向乙方支付借款合同项下贷款金额＿＿＿%的违约金，违约金不足以弥补乙方损失的，甲方还应就不足部分予以赔偿。乙方有权就违约金、赔偿金直接与甲方存款账户中的资金予以抵消。

第十八条　乙方依法处分抵押物所得的价款，按下列顺序分配：

1. 支付处分抵押物所需的费用；

2. 清偿借款人所欠乙方贷款利息；

3. 清偿借款人所欠乙方贷款本金、违约金（包括罚息）和赔偿金等；

4. 支付其他费用。

第十九条　其他约定事项：____
____
____。

第二十条　因本合同发生的关于动产抵押物的争议，经协商不能取得一致意见的，应当向乙方所在地人民法院提起诉讼。

第二十一条　本合同自“抵押物清单”中的抵押物均办理登记之日起生效。

第二十二条　本合同应由双方法定代表人（或其授权代理人）签字并加盖公章。

第二十三条　本合同正本一式两份，甲、乙双方各执一份。

甲　方：____________　　　　乙　方：____________

代　表：____________　　　　代　表：____________

电　话：____________　　　　电　话：____________

签约日期：______年______月______日

签约地点：______________________

▲借款质押担保合同

借款质押担保合同

甲方（出质人）：____________

乙方（质权人）：____________

经甲、乙双方协商同意，达成如下协议，共同遵守。

第一条　甲方以“质押财产清单”（附后）所列之财产设定质押。

第二条　甲方质押担保的贷款金额（大写）____________元，贷款期限自______年______月______日至______年______月______日。

第三条　甲方保证对质押财产依法享有所有权或经营管理权。

第四条　甲方应于______年______月______日将质押财产交付乙方占有并同时向乙方支付保管费____________元。

第五条　质押担保的范围：贷款金额（大写）________元及利息、违约金（包括罚息)、赔偿金、质物保管费用及实现贷款债权和质权的费用（包括诉讼费、律师费等）。

第六条 本合同的效力独立于被担保的借款合同。借款合同无效不影响本合同的效力。

第七条 本合同项下有关的评估、鉴定、保险、保管、运输等费用均由甲方承担。

第八条 质押期间，乙方有妥善保管质押财产的义务，因乙方的过错导致质押财产的价值减少，应当：

（1）在借款人全部履行借款合同债务后，乙方向甲方赔偿；

（2）如借款人未能全部履行借款合同债务，乙方的赔偿责任可因未得到履行的借款合同债务而部分或全部抵消。

第九条 甲方应办理质押财产在质押期间的财产保险。财产保险的第一受益人为乙方。保险单证由乙方代为保管。

第十条 质押期间，质押财产如发生投保范围的损失，或者因第三人的行为导致质押财产价值减少的，保险赔偿金或损害赔偿金应作为质押财产，存入乙方指定的账户，质押期间双方均不得动用。

第十一条 非因乙方过错致质押财产价值减少，甲方应在30天内向乙方提供与减少的价值相当的担保。

第十二条 质押期间，质押财产造成环境污染或造成其他损害，应由甲方独立承担责任。

第十三条 质押期间，未经乙方书面同意，甲方不得赠与、迁移、出租、转让、再抵押（质押）或以其他任何方式处分本合同项下的质押财产。

第十四条 质押期间，经乙方书面同意，甲方转让质押财产所得的价款应优先用于向乙方提前清偿其所担保的债权。

第十五条 借款合同履行期限届满，借款人未能清偿债务，乙方有权以质押财产折价或以拍卖、变卖、兑现质押财产所得的价款优先受偿，实现质权。

第十六条 发生下列情况之一，乙方有权提前处分质押财产实现质权、停止发放借款合同项下贷款或者提前收回借款合同项下已发放的贷款本息：

1. 甲方被宣告破产或被解散；

2. 甲方违反本合同第九条、第十一条、第十三条、第十四条的约定或发生其他严重违约行为；

3. 借款合同履行期间借款人被宣告破产、被解散、擅自变更企业体制致乙方贷款债权落空、改变贷款用途、卷入或即将卷入重大的诉讼（或仲裁）程序、发生其他足以影响其偿债能力或缺乏偿债诚意的行为等情况。

第十七条 甲方因隐瞒抵押财产存在共有、争议、被查封、被扣压或已设定抵押权等情况而给乙方造成经济损失的，应向乙方支付借款合同项下贷款金额______%的违约金，违约金不足以弥补乙方损失的，甲方还应就不足部分予以赔偿。乙方有权就违约金、赔偿金直接以甲方存款账户中的资金抵消。

第十八条　乙方依法处分质押财产所得的价款，按下列顺序分配：

1. 支付处分质押财产所需的费用；

2. 清偿借款人所欠乙方贷款利息；

3. 清偿借款人所欠乙方贷款本金、违约金（包括罚息）和赔偿金等；

4. 支付其他费用。

第十九条　其他约定事项：____

____

____

____

____

____

____

第二十条　因本合同发生的争议，由双方协商解决；协商不成的，按本合同约定的下列方法之一进行解决：

1. 由________仲裁委员会仲裁；

2. 向________人民法院起诉。

第二十一条　本合同签订后自甲方将质押财产交付乙方占有之日起生效。

第二十二条　本合同应由双方法定代表人（或其授权代理人）签字并加盖公章。

第二十三条　本合同正本一式两份，甲乙双方各执一份。

甲　方：____________　　　　乙　方：____________

代　表：____________　　　　代　表：____________

电　话：____________　　　　电　话：____________

签约日期：________年____月____日

签约地点：______________________

▲质押合同

质押合同

甲方（质 押 人）：____________

乙方（质押权人）：____________

经甲、乙双方协商同意，达成如下协议，共同遵守。

第一条　担保主债权的名称________，数额________，主合同有变化的，以变化后的数额为据。

第二条　质物

1. 甲方保证：

（1）本质物为其合法所有（或依法享有处分权）的非争议、非负债财产；

（2）本质物为动产的，应为已投保财产，且保险额不低于财产原值，投保期限应长于担保债权的履行期限。担保债权延期的，保险期限也相应延长。质押期间，发生保险事故的，保险赔偿金即作为该质押物的替代质押财产；

（3）已完成有关质押审批手续；

（4）提供的与质押有关的所有材料是真实准确的。

2. 质物的名称及编码：

（1）______________________________

（2）______________________________

（3）______________________________

3. 质物的使用期限或有效日期：

（1）______________________________

（2）______________________________

（3）______________________________

4. 质物的现值：

（1）______________________________

（2）______________________________

（3）______________________________

合计：______________________________

质物的现值由甲、乙双方商定。如有争议，由乙方指定的法定评估机构进行评估。

第三条　质押率及质押担保范围

1. 动产质押的质押率为____%（不高于70%），权利质押的质押率为____%（不高于90%）。

质物的现值与质押率的乘积应大于担保债权（含利息等）。

2. 质押担保的范围包括主合同（或协议）金额、利息（含调息）、罚息、违约金与拍卖费、诉讼费、律师费等实现质权的费用，以及本合同项下的各种费用、违约金等。

第四条　质物需要由相关的第三方核实、签章的，本合同由甲、乙及第三方共同签订，或由第三方出具质物真实有效及保证不接受申请质物挂失或提前支取的书面证明，并且第三方应保证质权的实现及承担相应的责任。

第五条　质物移交与保管

1. 甲方于本合同签订之日起 5 日内，向乙方移交质物、保险单及其他有关的权属证件。

2. 自移交之日起，质物及其权属证件由乙方保管，保管期限至本合同终止时。保管费为________，由甲方支付。

3. 因质物交纳的一切费用（年检费等）由甲方支付。

4. 质押期间，乙方可以合理使用质物。由于乙方使用不当造成质物毁损的，乙方承担相应的赔偿责任。

5. 质押期间，甲、乙双方及其他当事人不得转让、出租、提前支取或以其他方式处分质物；除乙方外的其他当事人不得申请挂失或提起公示催告程序。

第六条 质押登记与公证

1. 由甲方负责办理质押登记或相关的记载事项。自登记日5日内，甲方应将与登记有关的文件交付乙方。乙方有权核查登记情况，对此，甲方应提供足够的协助。

2. 无质押登记机关的，必须进行质押公证。质押公证由甲方负责办理。其他依法登记的质押，经乙方要求，甲方也须办理公证。

第七条 质物保险

质物未办保险的，乙方有权依法代办，甲方须提供必要的协助，费用由甲方承担。

第八条 本合同项下的评估、登记、公证、运输、保险、保管、年检以及质物的拍卖、变卖等费用由甲方承担。由乙方代缴的，乙方有权依法直接在甲方账户中划拨。

第九条 其他事项

1. 甲方非主合同当事人时，除乙方外主合同的另一方当事人（主合同债务人）应承担相应的责任。

2. 动产质物必须是投保财产。甲方不办理保险的，乙方有权依法代办，相关费用由甲方承担。

质押期间，发生保险事故的，乙方应于发生事故之日起15日内，书面通告甲方损失及保险赔偿情况。乙方可以用保险赔偿金提前收回债权，不足部分由甲方及/或主合同债务人提供乙方认可的等值担保。

3. 质物因自然灾害、被窃、被抢劫等事故发生毁损或灭失的，乙方应依法采取必要的补救措施，甲方不得要求乙方返还质物或赔偿。并且，甲方及/或主合同债务人须提供乙方认可的等值担保。

4. 质物因乙方保管不善发生毁损的，由乙方承担相应的责任。

5. 本合同当事人发生合并、分立、股份制改组等事项，本合同对其继受人仍具有法律约束力。

第十条 质权的实现

1. 担保债务到期前，质物权利到期需收取（兑付）的，乙方有权收取或兑付，优先用于提前清偿担保债权。

2. 债务到期，乙方未清偿的，甲方在此无条件地、不可撤销地授权乙方委托中介机构进行折价或拍卖、变卖质物，而无须另行办理委托手续。费用由甲方另行支付。

乙方将以质物折价或拍卖，以及权利兑现或转让所得价款清偿。不足部分，由甲方及/或主合同债务人继续清偿。

甲方及/或主合同债务人，如果采取其他方式清偿债务，须经乙方同意。

3. 乙方对质物享有优于其他任何债权人的受偿权。

第十一条 违约责任

1. 除乙方外的其他当事人隐瞒质物共有、争议，或抵押、转让质物，或申请（或接受申请）挂失、提起公示催告程序，或提前支取，或伪造、变造权利凭证，或涉及诉讼、仲裁等其他严重危害质权实现情形的，应承担债权总额________%的违约金。甲方及/或该当事人须将质物恢复到乙方认可的原状，同时提供乙方认可的等值担保。并且，乙方有权提前终止履行主合同义务，或提前收回债权，或提前实现质权，或采取其他补救措施。

2. 甲方或其他当事人不遵守主合同及本合同任何约定条款，乙方有权终止履行主合同义务，或提前收回债权，或提前实现质权，或采取其他补救措施。造成乙方损失的，乙方仍有权要求甲方或有关当事人给予相应的赔偿。

3. 甲方非主合同当事人时，甲方保证，在任何情况下发生质物不足以清偿担保债务时，由其承担连带赔偿责任。

第十二条　担保债务全部清偿后，甲方应及时收回质物。甲方不收回的，乙方有权到公证机关提存质物，费用由甲方承担。

第十三条　甲方非主合同当事人时，除本合同特别约定外，主合同的任何合法变更均不影响本合同的效力。

第十四条　当事人约定的其他事项（根据具体情况填写）：

____。

第十五条　本合同自依法办理质押登记或公证之日起生效，至担保债权实现时终止。主合同自本合同生效之日起同时生效。

如质押登记（或其他有关）机关明确要求质押期限的，本合同有效期至主合同到期日顺延两年之日止。

第十六条　本合同独立于主合同（协议），主合同（或有些条款）无效并不导致本合同无效。主合同中有关担保的内容与本合同约定不同的，以本合同为准。

第十七条　本合同未约定的事项，按照有关法律、法规执行。法律、法规未作规定的，双方可以达成书面补充协议或条款，作为本合同的附件。补充协议或条款与本合同具有同等的法律效力。

第十八条　甲、乙双方在履行本合同过程中发生争议，由双方协商解决；协商不成的，按本合同约定的下列方法之一进行解决：

1. 由________仲裁委员会仲裁；

2. 向________人民法院起诉。

甲　方：____________　　　　乙　方：____________

代　表：____________　　　　代　表：____________

电　话：____________　　　　电　话：____________

签约日期：________年____月____日

签约地点：______________________

▲定期存单质押合同

定期存单质押合同

甲方（质押人）：____________

乙方（质权人）：____________

经贷款人____与借款人____充分协商，于____年____月____日签订贷款合同。贷款人同意向借款人发放总金额为____的贷款，贷款年利率为____%，借贷期限自____年____月____日至____年____月____日。借款人同意以借款人名义存放于贷款人的定期存单作为上述贷款的质押物，该定期存单账号为____货币及金额____，期限自____年____月____日至____年____月____日。为此双方签订本质押合同。本质押合同为上述贷款合同不可分割的组成部分。

贷款人在借款人违反上述贷款合同的任何条款或不论什么原因未能按时归还上述贷款本金、利息及所有费用时，贷款人有权按贷款合同规定，从借款人上述定期存单中全额扣收借款人应还贷款人的本金、利息及费用。

本质押合同为不可撤销的，只要上述贷款本金、利息及所有费用尚未还清，本定期存单质押合同将继续保持有效。

贷款人对本质押合同项下的权益不会因为对上述贷款合同的修改、补充、删除而受任何影响。

在本质押合同有效期内，若此定期存款发生转期，则转期后的定期存单即自动替代已作质押的定期存单。未经贷款人同意，借款人不可以任何方式使用此已作质押的定期存单。

如本协议在履行过程中发生争议，由双方协商解决；协商不成的，按本合同约定的下列方法之一进行解决：

1. 由________仲裁委员会仲裁；

2. 向________人民法院起诉。

甲　方：____________　　　　乙　方：____________

代　表：____________　　　　代　表：____________

电　话：____________　　　　电　话：____________

签约日期：________年____月____日

签约地点：______________________

第十三章　常用运输、保管、仓储合同协议范本

▲一般货物运输合同

一般货物运输合同

甲方（托运人）：____________

乙方（承运人）：____________

根据国家有关运输规定，经过双方充分协商，特订立本合同，以便双方共同遵守。

第一条　货物名称、规格、数量、价款：

货物编号	品　名	规格	单位	单价	数量	金额（元）

第二条　包装要求：托运人必须按照国家主管机关规定的标准包装；没有统一规定包装标准的，应根据保证货物运输安全的原则进行包装，否则承运人有权拒绝承运。

第三条　货物起运地点________________________________。

　　　　货物到达地点________________________________。

第四条　货物承运日期________________________________。

　　　　货物运到期限________________________________。

第五条　运输质量及安全要求____________________________。

第六条　货物装卸责任和方法____________________________。

第七条　收货人领取货物及验收办法________________________。

第八条　运输费用、结算方式____________________________。

第九条　各方的权利义务：

一、托运人的权利义务

1. 托运人的权利：要求承运人按照合同规定的时间、地点，把货物运输到目的地。货物托运后，托运人需要变更到货地点或收货人，或者取消托运时，有权向承运人提出变更合同的内容或解除合同的要求。但必须在货物未运到目的地之前通知承运方，并应按有关规定付给承运人所需费用。

2. 托运人的义务：按约定向承运人交付运杂费。否则，承运人有权停止运输，并要求对方支付违约金。托运人对托运的货物，应按照规定的标准进行包装，遵守有关危险品运输的规定，按照合同中规定的时间和数量交付托运货物。

二、承运人的权利义务

1. 承运人的权利：向托运人、收货人收取运杂费用。如果收货人不交或不按时交纳规定的各种运杂费用，承运人对其货物有扣压权。查不到收货人或收货人拒绝提取货物，承运人应及时与托运人联系，在规定期限内负责保管并有权收取保管费用，对超过规定期限仍无法交付的货物，承运人有权按有关规定予以处理。

2. 承运人的义务：在合同规定的期限内，将货物运到指定的地点，按时向收货人发出货物到达的通知。对托运的货物要负责安全，保证货物无短缺、无损坏、无人为的变质，如有上述问题，应承担赔偿义务。在货物到达以后，按规定的期限负责保管。

三、收货人的权利义务

1. 收货人的权利：在货物运到指定地点后有以凭证领取货物的权利。必要时，收货人有权向到站或中途货物所在站提出变更到站或变更收货人的要求，签订变更协议。

2. 由于在普通货物中夹带、匿报危险货物，错报笨重货物重量等而招致吊具断裂、货物摔损、吊机倾翻、爆炸、腐蚀等事故，托运人应承担赔偿责任。

3. 货物包装缺陷产生破损，致使其他货物或运输工具、机械设备被污染腐蚀、损坏，造成人身伤亡的，托运人应承担赔偿责任。

4. 在托运人专用线或在港、站公用线、专用铁道自装的货物，在到站卸货时，发现货物损坏、缺少，在车辆密封完好或无异状的情况下，托运人应赔偿收货人的损失。

5. 罐车发运货物，因未随车附带规格质量证明或化验报告，造成收货人无法卸货时，托运人应偿付承运人卸车等费用。

四、承运人责任

1. 不按合同规定的时间和要求配车（船）发运的，承运人应偿付托运方违约金________元。

2. 承运人如弄错到货地点或接货人，应无偿运至合同规定的到货地点或接货人。如果货物逾期到达，承运人应偿付逾期交货的违约金。

3. 运输过程中货物灭失、短少、变质、污染、损坏，承运人应按货物的实际损失（包括包装费、运杂费）赔偿托运人。

4. 联运的货物发生灭失、短少、变质、污染、损坏，应由承运人承担赔偿责任的，由终点阶段的承运人向负有责任的其他承运人追偿。

5. 在符合法律和合同规定条件下的运输，由于下列原因造成货物灭失、短少、变质、污染、损坏的，承运人不承担违约责任。

（1）不可抗力；

（2）货物本身的自然属性；

（3）货物的合理损耗。

本合同正本一式两份，合同双方各执一份；合同副本一式____份，送有关各单位各留一份。

甲　方：＿＿＿＿＿＿　　乙　方：＿＿＿＿＿＿
代　表：＿＿＿＿＿＿　　代　表：＿＿＿＿＿＿
电　话：＿＿＿＿＿＿　　电　话：＿＿＿＿＿＿

签约日期：＿＿＿＿年＿＿月＿＿日
签约地点：＿＿＿＿＿＿＿＿＿＿

▲水路运输合同

水路运输合同

甲方（托运人）：＿＿＿＿＿＿
乙方（承运人）：＿＿＿＿＿＿

经甲、乙双方协商同意，达成如下协议，共同遵守。

一、运输方法

乙方调派＿＿吨位船舶一艘（船舶吊货设备），应甲方要求由＿＿港运至＿＿港，按现行包船运输规定办理。

二、货物集中

甲方应按乙方指定时间，将＿＿货物于＿＿＿＿天内集中于＿＿港，货物集齐后，乙方应在五天内派船装运。

三、装船时间

甲方联系到达港同意安排卸货后，经乙方落实并准备接收集货（开集日期由乙方指定）。装船作业时间，自船舶抵港已靠好码头时起于＿＿小时内装完货物。

四、运到期限

船舶自装货完毕办好手续时起，于＿＿小时内将货物运到目的港。否则按规定承担滞延费用。

五、起航联系

乙方在船舶装货完毕起航后，即发报通知甲方做好卸货准备，如需领航时亦通知甲方按时派引航员领航，费用由＿＿方负担。

六、卸船时间

甲方保证乙方船舶抵达＿＿港锚地，自下锚时起于＿＿小时内将货卸完。否则甲方按超过时间向乙方交付滞延金每吨时 0.075 元，在装卸货过程中，因天气影响装卸作业的时间，经甲方与乙方船舶签证，可按实际影响时间扣除。

七、运输质量

乙方装船时，甲方应派员监装，指导工人按章操作，装完船封好舱，甲方可派押运员（免费一人）随船押运。乙方保证原装原运，除因船舶安全条件所发生的损失外，对运送____货物的数量和质量均由甲方自行负责。

八、运输费用

按省水运货物一级运价率以船舶载重吨位计货物运费____元，空驶费按运费的50%计____，全船运费为____元，一次计收。

港口装船费用，按省港口收费规则有关费率计收，卸船等费用，由甲方直接与到达港办理。

九、费用结算

本合同经双方签章后，甲方向乙方预付运输费用____元。乙方在船舶卸完后，以运输费用凭据与甲方一次结算，多退少补。

十、附则

本合同甲、乙双方各执正本一份，副本____份。并向工商行政管理局登记备案。如有未尽事宜，可按省交通厅海上运输管理规定和经济合同法的有关规定协商办理。

甲　方：____________　　　　乙　方：____________

代　表：____________　　　　代　表：____________

电　话：____________　　　　电　话：____________

签约日期：________年____月____日

签约地点：______________________

▲包船运输合同

包船运输合同

甲方（托运人）：____________

乙方（承运人）：____________

乙方同意甲方托运________货物，经双方协商一致，签订本合同，共同遵守执行。

第一条　运输方法

乙方调派______吨船舶一艘，船名______，编号______，船舶有______吊货设备，应甲方要求由______港运至______港______号码头，按现行包船运输规定办理。

第二条　货物包装要求

乙方将货物用______材料包装，每包体积______m^3，重量______吨。

（或______型号包装集装箱）

第三条　货物集中与接收时间

甲方应在____年____月____日至____年____月____日内将货物集中于______港______号码头。由乙方联系港口接收集货，货物由甲方看守。

第四条　装船时间

乙方于____年____月____日将船舶抵达港口，靠好码头，于____月____日____时至____时将货物装完。

第五条　运到期限

乙方应于____年____月____日____时前将货物运达目的港码头。

第六条　起航联系

乙方在船舶装货完毕起航后，即发电报通知甲方做好卸货准备，如需领航时亦通知甲方按时派引航员领航，费用____元由____负担。

第七条　卸船时间

甲方保证乙方船舶抵达目的港码头，自下锚时起于____小时内将货物卸完。

第八条　运输质量

乙方装船时，甲方派员监装，指导照章操作，保证安全装货，装完船封好舱，甲方派押运员一名押运。乙方保证原装原运。

第九条　运输费用

以船舶载重吨位计货物运费______元，空驶费按运费的50%计______元，全船运费为______元。

港口装船费用，由甲方与该港办理；卸船费用，由甲方与到达港办理。

第十条　运费结算办法

本合同签订后，甲方应于____年____月____日前向乙方预付运输费用______元。乙方在船舶卸完后，甲方应于____年____月____日付清运输费用。

第十一条　甲方违约责任

1. 甲方未按时集中货物，造成乙方船舶不能按时装货、按时起航，每延误一小时应向乙方偿付违约金______元。

2. 甲方未能按时卸货，每延迟一小时应向乙方偿付违约金______元。

3. 甲方未按时付清运输费用，每逾期一天，应向乙方偿付未付部分运输费用____%的违约金。

4. 甲方如不履行合同或擅自变更合同，应偿付乙方______元违约金。

第十二条　乙方违约责任

1. 乙方未按期将货物运达目的港码头，每逾期一天，应偿付甲方违约金______元。

2. 乙方船舶起航后未电报通知甲方准备卸船，所造成的损失由乙方负责。

3. 乙方违章装、卸造成货物损坏，应赔偿实际损失，并向甲方偿付损失部分价款______%的违约金。

4. 乙方不履行合同或擅自变更合同，应偿付甲方______元违约金，并退还甲方的预付款。

第十三条　不可抗力

1. 在装、卸货物过程中，因气候影响装、卸作业时间，经甲、乙双方签证，可按实际影响时间扣除。

2. 因____级以上风暴影响，不能按时履行合同，双方均不负违约责任。

第十四条　甲、乙双方在履行本合同过程中发生争议，由双方协商解决；协商不成的，按本合同约定的下列方法之一进行解决：

1. 由________仲裁委员会仲裁；

2. 向________人民法院起诉。

第十五条　本合同一式两份，甲乙双方各执一份。

甲　方：____________　　乙　方：____________

代　表：____________　　代　表：____________

电　话：____________　　电　话：____________

签约日期：________年____月____日

签约地点：______________________

▲包机运输协议书

包机运输协议书

甲方（包机人）：____________

乙方（承运人）：____________

经甲、乙双方协商同意，达成如下协议，共同遵守。

一、包机人于________月________日起包用________型飞机________架次，其航程如下：

______月______日自______至______，停留______日

______月______日自______至______，停留______日

______月______日自______至______，停留______日

包机费用共__________元。

二、根据包机航程及经停站，可供包机人使用的最大载量为__________公斤（内__________座位）。如因气象原因或其他特殊原因需要增加空勤人员或燃料时，载量照减。

三、包机吨位如包机人未充分利用时，空余吨位得由民航利用，包机人不得利用空余吨位，自行载运非本单位的客货。

四、承运人除因气象、政府禁令等原因外，应依期飞行。

五、包机人签订本协议后，要求取消包机，应交付退包费每架次__________元。如在包机人退包前，承运人为执行协议已发生调机等费用时，应由包机人负责交付此项费用。

六、在执行协议的飞行途中，包机人要求停留，按规定收取留机费。

七、其他未尽事项，按承运人旅客、货物运输规则办理。

八、甲、乙双方在履行本合同过程中发生争议，由双方协商解决；协商不成的，按

本合同约定的下列方法之一进行解决：

1. 由________仲裁委员会仲裁；

2. 向________人民法院起诉。

九、本协议一式两份，甲、乙双方各执一份。自签字之日起即时生效，均具有同等法律效力。

甲　方：____________　　乙　方：____________

代　表：____________　　代　表：____________

电　话：____________　　电　话：____________

签约日期：________年____月____日

签约地点：______________________

▲一般保管合同

保管合同

甲方（保管人）：____________

乙方（寄存人）：____________

经甲、乙双方协商同意，达成如下协议，共同遵守。

第一条　保管物

保管物名称：____。

性质：____。

数量：____。

价值：____。

第二条　保管场所：__________________________________。

第三条　保管方法：__________________________________。

第四条　保管物（是/否）有瑕疵。瑕疵是：____。

第五条　保管物（是/否）需要采取特殊保管措施。特殊保管措施是：____。

第六条　保管物（是/否）有货币、有价证券或者其他贵重物。

第七条　保管期限自______年______月______日起至______年______月______日止。

第八条　寄存人交付保管物时，保管人应当验收，并给付保管凭证。

第九条　寄存人（是/否）允许保管人将保管物转交他人保管。

第十条　保管费（大写）________________元。

第十一条　保管费的支付方式与时间：____。

第十二条　寄存人未向保管人支付保管费的，保管人（是/否）可以留置保管物。

第十三条　违约责任：____。

第十四条　合同争议的解决方式：本合同在履行过程中发生的争议，由双方当事人协商解决；协商不成的，按下列第______种方式解决：

1. 提交__________仲裁委员会仲裁；

2. 依法向人民法院起诉。

第十五条　本合同自____________时成立。

第十六条　其他约定事项：____。

甲　方：____________　　　　乙　方：____________

代　表：____________　　　　代　表：____________

电　话：____________　　　　电　话：____________

签约日期：________年____月____日

签约地点：______________________

▲有偿保管合同

保管合同

甲方（寄存人）：____________

乙方（保管人）：____________

经甲、乙双方协商同意，达成如下协议，共同遵守。

第一条　甲方将下列商品寄放于乙方位于______市______路______号房屋内，并请乙方代为保管。

商品内容：一般家庭电器用品，但限于能装箱者。

第二条　前条保管物以寄放于乙方房屋东南角十平方米面积内可以容纳的数量

为限。

第三条　甲方对前条保管物可自由进出搬运，但若因而受损，乙方概不负赔偿之责。

第四条　保管费的计算及交付方式如下：

不论寄存物品数量多寡，每月寄存保管费为人民币______元整。

甲方须于每月底之前将保管费送交乙方办公处所。

第五条　甲、乙双方如欲解除本合同，须于一个月前通知对方。

第六条　甲、乙双方在履行本合同过程中发生争议，由双方协商解决；协商不成的，按本合同约定的下列方法之一进行解决：

1. 由________仲裁委员会仲裁；

2. 向________人民法院起诉。

本合同一式两份，甲、乙双方各执一份为凭。

甲　方：____________　　　　乙　方：____________

代　表：____________　　　　代　表：____________

电　话：____________　　　　电　话：____________

签约日期：________年____月____日

签约地点：______________________

▲车辆年（月、季）保管协议书

车辆年（月、季）保管协议书

甲方（车主或被保管方）：____________

乙方（保管方）：____________________

经甲、乙双方协商同意，达成如下协议，共同遵守。

一、甲方将其所有的汽车交由乙方保管。保管时间为________年____月____日至________年____月____日。

二、甲方所有的汽车停放在停车场的车位为__________号。

三、甲方所有汽车的品牌是____，型号为____，车辆号为____，汽车购买时间为____年____月____日，汽车行走里程为____公里。

四、甲方应将其停放在停车场的车辆上好保险销（杆）。

五、乙方承担对甲方车辆的保管义务。

六、甲方支付的车辆保管费为：每年________元，每半年初3天内交一次。

七、甲方如在应交保管费____天内未交清车辆保管费，合同终止，乙方不承担保管责任。

八、乙方应对甲方的车辆进行如下保管：

1. ____。

2. ____。

九、乙方对甲方的车辆的被偷和被损坏承担赔偿义务。

十、如遇甲方的车辆出现被偷和被损坏的情况，甲方应在 3 天之内将其购车和上牌、年审等法律文件交由乙方，用于报案、赔偿、索赔、诉讼用，纠纷解决后____天内将上述证件归还给甲方。

十一、甲方应保证其车辆为合法途径购买的车辆，否则，乙方不承担损失赔偿责任。

十二、甲、乙双方在履行本合同过程中发生争议，由双方协商解决；协商不成的，按本合同约定的下列方法之一进行解决：

1. 由________仲裁委员会仲裁；

2. 向________人民法院起诉。

十三、本协议一式两份，甲、乙双方各执一份，自签字之日起即时生效，均具有同等法律效力。

甲方：____________　　乙方：____________停车场

代表：____________　　代表：____________

电话：____________　　电话：____________

签约日期：________年____月____日

签约地点：______________________

▲仓储合同

仓储合同

甲方（保管人）：____________

乙方（存货人）：____________

经甲、乙双方协商同意，达成如下协议，共同遵守。

第一条　仓储物

品名	品种规格	性质	数量	质量	包装	件数	标记

（注：空格如不够用，可以另接）

第二条　储存场所、储存物占用仓库位置及面积：________________________________

____

____

____。

第三条　仓储物（是/否）有瑕疵。瑕疵是：________________________________

____

____

____。

第四条　仓储物（是/否）需要采取特殊保管措施。特殊保管措施是：

____

____

____

____。

第五条　仓储物入库检验的方法、时间与地点：________________________________

____

____。

第六条　存货人交付仓储物后，保管人应当给付仓单。

第七条　储存期限：从______年______月______日至______年______月______日。

第八条　仓储物的损耗标准及计算方法：________________________________

____

____

____

____。

第九条　保管人发现仓储物有变质或损坏的，应及时通知存货人或仓单持有人。

第十条　仓储物（是/否）已办理保险，险种名称：__________；保险金额：__________；保险期限：__________；保险人名称：__________。

第十一条　仓储物出库检验的方法与时间：________________________________

____

____

____

____。

第十二条　仓储费（大写）：__________元。

第十三条　仓储费结算方式与时间：________________________________

____。

第十四条　存货人未向保管人支付仓储费的，保管人（是/否）可以留置仓储物。

第十五条　违约责任：________________________________

____。

第十六条　合同争议的解决方式：本合同在履行过程中发生的争议，由双方当事人协商解决，也可由当地工商行政管理部门调解；协商或调解不成的，按下列第______种方式解决：

1. 提交__________仲裁委员会仲裁；

2. 依法向人民法院起诉。

第十七条　其他约定事项：____

____

____。

甲　方：____________　　　　乙　方：____________

代　表：____________　　　　代　表：____________

电　话：____________　　　　电　话：____________

签约日期：________年____月____日

签约地点：______________________

▲仓储保管合同

仓储保管合同

甲方（仓储人）：____________

乙方（保管人）：____________

经甲、乙双方协商同意，达成如下协议，共同遵守。

第一条　储存货物的品名、品种、规格、数量、质量、包装

1. 货物品名：____________________。

2. 品种规格：____________________。

3. 数量：________________________。

4. 质量：________________________。

5. 货物包装：____________________。

第二条　货物验收内容、标准、方法、时间、资料：______________________。

第三条　货物保管条件和保管要求：______________________。

第四条　货物放库、出库手续，时间、地点、运输方式：______________________。

第五条　货物的损耗标准和损耗处理：____________________。

第六条　计费项目、标准和结算方式：____________________。

第七条　违约责任：

1. 保管人的责任

（1）在货物保管期间，未按合同规定的储存条件和保管要求保管货物，造成货物灭失、短少、变质、污染、损坏的，应承担赔偿责任。

（2）对危险物品和易腐物品等未按国家和合同规定的要求操作、储存，造成毁损的，应承担赔偿责任。

（3）由于保管人的责任，造成退仓不能入库时，应按合同规定赔偿存货人运费和支付违约金______元。

（4）由保管方负责发运的货物，不能按期发货，应赔偿存货人逾期交货的损失；错发到货地点，除按合同规定无偿运到规定的到货地点外，并赔偿存货人因此而造成的实际损失。

（5）其他约定责任：____。

2. 存货人的责任

（1）由于存货人的责任造成退仓不能入库时，存货人应偿付相当于相应保管费____%（或____‰）的违约金。超议定储存量储存的，存货人除交纳保管费外，还应向保管人偿付违约金____元，或按双方协议办理。

（2）易燃、易爆、易渗漏、有毒等危险货物以及易腐、超限等特殊货物，必须在合同中注明，并向保管人提供必要的保管运输技术资料，否则造成的货物毁损、仓库毁损或人身伤亡，由存货人承担赔偿责任直至刑事责任。

（3）货物临近失效期或有异状的，在保管人通知后不及时处理，造成的损失由存货人承担。

（4）未按国家或合同规定的标准和要求对储存货物进行必要的包装，造成货物损坏、变质的，由存货人负责。

（5）存货人已通知出库或合同期已到，由于存货人（含用户）的原因致使货物不能如期出库，存货人除按合同的规定交付保管费外，并应偿付违约金____元。由于出库凭证或调拨凭证上的差错所造成的损失，由存货人负责。

（6）按合同规定由保管人代运的货物，存货人未按合同规定及时提供包装材料或未按规定期限变更货物的运输方式、到站、接货人，应承担延期的责任和增加的有关费用。

（7）其他约定责任：____________________。

第八条　保管期限

从______年____月____日起至______年____月____日止。

第九条　变更和解除合同的期限

由于不可抗力事故，致使直接影响合同的履行或者不能按约定的条件履行时，遇有不可抗力事故的一方，应立即将事故情况电报通知对方，并应在____天内，提供事故详情及合同不能履行、或者部分不能履行、或者需要延期履行的理由及有效证明文件，此项证明文件应由事故发生地区的____机构出具。按照事故对履行合同影响的程度，由双方协商解决是否解除合同，或者部分免除履行合同的责任，或者延期履行合同。

第十条　争议的解决方式：____。

第十一条　货物商检、验收、包装、保险、运输等其他约定事项：______________

____。

第十二条　本合同未尽事宜，一律按《中华人民共和国合同法》执行。

甲　方：______________　　　　　　乙　方：______________
代　表：______________　　　　　　代　表：______________
电　话：______________　　　　　　电　话：______________

签约日期：________年____月____日
签约地点：__________________________

第十四章　常用赠与、保险、诉讼代理合同协议范本

▲赠与合同

赠与合同

甲方（赠与人）：____________

乙方（受赠人）：____________

甲、乙双方就赠送（赠与的标的物，如赠与微机一台，应写明“浪潮 368 型微机一台”，如其他物品，也应写明该赠与物是什么、在什么位置）事宜达成协议如下：

一、甲方将其所有的________（标的物）赠送给乙方，其所有权证明为：________（写明证明甲方拥有所有权的证据名称，如赠与房屋，就应有房产所有权证，赠与微机应有购买该微机的发票等）。

二、赠与物的交付：________（写明交付的条件，在什么时间、什么地点交付，办理什么手续等等）

三、乙方应在______期限内办理所有权转移的手续，逾期不办的，视为拒绝赠与（也可以约定其他条件）。

四、本合同自____日起生效________（可以写自公证之日起生效）。

五、双方在履行本合同过程中发生争议，由双方协商解决；协商不成的，按本合同约定的下列方法之一进行解决：

1. 由________仲裁委员会仲裁；

2. 向________人民法院起诉。

六、本合同一式两份，双方各执一份。

甲　方：____________　　　乙　方：____________

代　表：____________　　　代　表：____________

电　话：____________　　　电　话：____________

签约日期：________年____月____日

签约地点：______________________

▲房屋赠与协议

房屋赠与协议

甲方（赠与人）：____________

乙方（受赠人）：____________

甲方自愿将其房屋________间赠与乙方，乙方愿意接受。经双方当事人协商一致，签订本协议，以明确双方的权利义务，共同遵守。

第一条　赠与房屋状况

房屋位置：________市________区________胡同________号

房屋规格：______________

房屋面积：________建筑面积：________使用面积：________

房屋现在权属及使用情况：甲方有完全的所有权，该房屋已于________年________月________日出租给________使用，该租赁合同将于________年________月________日到期。

第二条　赠与房屋的交付

甲方与乙方将于________年________月________日共同到房地产部门办理产权过户手续，但是，如果赠与人的儿子大学毕业分回本市工作，则在其分到住房（含单位宿舍至少一间）后的第七天，再办理赠与房屋的产权转让手续。

第三条　乙方的义务

乙方取得赠与房屋所有权，不得提前解除与________的租赁合同。除非________主动提出或同意终止租赁合同。从产权转让手续办理完成之日起，房屋归乙方所有。

第四条　赠与的撤销

乙方有下列情形之一的，甲方可以撤销赠与：

1. 乙方不履行赠与合同约定的上述义务。

2. 严重侵害甲方或者甲方的近亲属、其他关系密切的亲戚朋友。

第五条　争议的解决方式

一切与本合同有关的纠纷，首先由双方当事人协商解决。协商不成，任何一方可以向市仲裁委员会申请仲裁。

第六条　合同的生效

本赠与协议自公证部门予以公证后生效。

第七条　本协议如有未尽事宜，按照《中华人民共和国合同法》及《民法通则》的有关规定，经双方协商一致，作出补充约定，补充约定与本协议具有同等的效力。

第八条　双方在履行本合同过程中发生争议，由双方协商解决；协商不成的，按本合同约定的下列方法之一进行解决：

1. 由________仲裁委员会仲裁；

2. 向________人民法院起诉。

第九条　本协议正本一式两份，双方各保留一份。

甲　方：____________　　　　乙　方：____________

代　表：____________　　　　代　表：____________

电　话：____________　　　　电　话：____________

签约日期：________年____月____日

签约地点：______________________

▲动产赠与协议

动产赠与协议

甲方（赠与人）：____________

乙方（受赠人）：____________

经甲、乙双方协商同意，达成如下协议，共同遵守。

第一条　甲方将以下图书赠与乙方：

1 ________全套______卷______册______________出版社发行

2 ________全套______卷______册______________书店发行

第二条　甲方于________年______月______日前将上述图书交付于乙方。

第三条　乙方将受赠的图书陈设于乙方协会的阅览室，并委任管理员，提供会员阅览，保管费用由乙方负担。

第四条　乙方若未能履约或善尽保管的义务时，甲方可撤销本协议。

第五条　乙方如欲解散协会，则对所受赠图书的处理须遵照甲方的指示。

第六条　双方在履行本合同过程中发生争议，由双方协商解决；协商不成的，按本合同约定的下列方法之一进行解决：

1. 由________仲裁委员会仲裁；

2. 向________人民法院起诉。

第七条　本协议一式两份，甲、乙双方各执一份为凭。

甲　方：____________　　　　乙　方：____________

代　表：____________　　　　代　表：____________

电　话：____________　　　　电　话：____________

签约日期：________年____月____日

签约地点：______________________

▲捐赠协议

捐赠协议

甲方（赠与人）：____________

乙方（受赠人）：____________

为鼓励广大学生刻苦学习，成为优秀人才，经甲方与乙方友好协商，由甲方在乙方处设立________奖学金，双方当事人为明确相互之间的权利义务关系，签订本协议。

第一条　捐赠目的

甲方在乙方处设立________奖学金，目的在于鼓励学生全面发展，成为国家栋梁之才，造福于人民。

第二条　捐赠金额

赠与人设立________奖学金的基金为人民币十万元。

第三条　捐赠金额的交付

甲方于________年______月______日通过银行汇款至乙方人民银行账户。乙方应当及时进行查验。

第四条　奖学金管理与发放

1. 在________奖学金设立的同时，由甲方与乙方共同组成________奖学金管理委员会对该基金进行管理和发放。

2. ________奖学金的基金由乙方负责在________银行开设专门账户。每次定期储蓄一年，利息用于发放奖学金。发放后剩余的利息仍存入奖学金专门账户，基金总额达到设立时的200%，可以将发放奖学金数额提高一倍。发放后剩余的利息亦再存入该奖学金专门账户，基金总额达到设立时的300%后，全部利息均用于发放奖学金，奖学金数额相应提高。

3. ________奖学金每年发放一次，时间为每年9月份，每次奖励________名优秀学生，每人奖学金为________元。

4. ________奖学金发放标准________。

凡获得________奖学金发放标准________：（1）________大学在校的专科生、本科生和研究生；（2）学习成绩优秀，其中专科生与本科生学习成绩须列全院（系）前五名，研究生须有质量较高的论文发表；（3）品质良好，本学年内未受到任何校纪处分。

5. ________奖学金评定办法：

凡符合本协议第4款所列标准者即有获奖资格。入围后，由________奖学金管理委员会根据入围者提供的有关材料进行评议，然后采用无记名投票的方式评选出获奖者，当场揭晓，并张榜公布。

第六条　捐赠的撤销

1. 乙方在评选过程中弄虚作假，使不应获奖者获奖，与________设立目的不符的；

2. 乙方擅自将________奖学金挪作他用的。

第七条　争议的解决方式

甲、乙双方在履行本合同过程中发生争议，由双方协商解决；协商不成的，按本合同约定的下列方法之一进行解决：

1. 由________仲裁委员会仲裁；

2. 向________人民法院起诉。

第八条　本协议在自乙方表示接受本赠与时起成立并生效。

第九条　其他

1. 本协议如有未尽事项，一律按照《中华人民共和国合同法》、《中华人民共和国公益事业捐赠法》及有关规定，经双方协商一致，作出补充规定。补充规定与本协议具有同等效力。

2. 本协议签订后须经公证，始得成立与生效。

第十一条　本协议正式文本一式两份，双方各执一份。

甲　方：____________　　　　乙　方：____________

代　表：____________　　　　代　表：____________

电　话：____________　　　　电　话：____________

签约日期：________年____月____日

签约地点：______________________

公证意见：

公证机关（章）

经办人：

______年______月______口

有效期限：自______年______月______日至______年______月______日

▲机动车辆保险协议

机动车辆保险协议

甲方（保险公司）：____________

乙方（保 险 人）：____________

经甲、乙双方协商同意，达成如下协议，共同遵守。

车辆损失险

第一条　由于下列原因造成保险车辆的损失，本公司负责赔偿：1. 碰撞、倾覆、火灾、爆炸；2. 雷击、暴风、龙卷风、洪水、破坏性地震、地陷、冰陷、崖崩、雪崩、雹灾、泥石流、隧道坍塌、空中运行物体坠落；3. 全车失窃（包括挂车单独失窃）在3个月以上；4. 载运保险车辆的渡船遭受自然灾害或意外事故（只限于有驾驶人员随车照料者）。

第二条　发生保险事故时，被保险人对保险车辆采取施救、保护措施所支出的合理费用，由本公司负责赔偿。但此项费用最高赔偿金额以不超过保险金额为限。

第三条　本公司对下列各项概不负责：1. 战争、军事冲突或暴乱；2. 酒后开车、无有效驾驶证、人工直接供油；3. 受本车所载货物撞击；4. 两轮及轻便摩托车失窃或停放期间翻倒；5. 被保险人或其驾驶人员的故意行为。

第四条　保险车辆的下列损失，本公司也不负责：1. 自然磨损、锈蚀、轮胎自身爆裂或车辆自身故障；2. 保险车辆遭受保险责任范围内的损失后，未经必要修理，致使损失扩大部分；3. 保险车辆遭受第一条各款所列灾害或事故致使被保险人停业、停驶的损失以及各种间接损失；4. 其他不属于保险责任范围内的损失和费用。

第五条　公有车辆的保险金额，可以按重置价值确定，也可以由被保险人和本公司协商确定。

私有或个人承包车辆的保险金额，由被保险人和本公司协商确定，但最高不超过投保时的实际价值。

第六条　在保险协议有效期内，被保险人要求调整保险金额，应向本公司申请办理批改。

第七条　保险车辆发生保险事故遭受损坏后，应当尽量修复，被保险人修理前应当会同本公司检验受损车辆，明确修理费用。

第八条　在保险协议有效期内，保险车辆发生保险事故而遭受的损失或费用支出，本公司按以下规定赔偿：1. 全部损失：按保险金额赔偿，但保险金额高于重置价值时，以不超过出险当时的重置价值为限；2. 部分损失：投保时按重置价值确定保险金额的车辆，按实际修理的费用赔偿；投保时保险金额低于重置价值的车辆，按保险金额与出险当时的重置价值比例赔偿修理费用。

上列车辆损失赔偿以不超过保险金额为限。如果保险车辆按全部损失赔偿或部分损失一次赔款等于保险金额全数时，车辆损失险的保险责任即行终止。

第九条　保险车辆发生保险事故遭受全损后的残余部分，应协商作价折归被保险人，并在赔款中扣除。

第三者责任险

第十条　被保险人或其允许的驾驶人员在使用保险车辆过程中发生意外事故，致使第三者遭受人身伤亡或财产的直接损毁，被保险人依法应当支付的赔偿金额，本公司依照保险协议的规定给予补偿。但因事故产生的善后工作，由被保险人负责处理。

第十一条　下列人身伤亡和财产损毁，不论在法律上是否应当由被保险人承担赔偿责任，均不属于本保险的责任范围，本公司概不负责：1. 被保险人所有或代管的财产；

2. 私有车辆的被保险人及其家庭成员，以及他们所有或代管的财产；3. 本车的驾驶人员；4. 本车上的一切人员和财产；5. 拖带的未保险车辆或其他拖带物造成的损失；6. 保险车辆发生意外事故，引起停电、停水、停气、停产、停业或停驶造成的损失以及各种间接损失。

第十二条　本公司对下列各项概不负责：1. 酒后开车或无有效驾驶证；2. 被保险人的故意行为。

第十三条　保险车辆发生第三者责任事故时应当按出险当地的道路交通事故处理规定和有关法律、法规处理赔偿。被保险人自行承诺或支付赔偿金额，本公司有权重新核定。

本公司赔偿后，对受害第三者的任何病变或赔偿费用的增加不再负责。

第十四条　本公司赔偿后，第三者责任保险的保险责任继续有效，直至保险期满。

被保险人义务

第十五条　被保险人投保时对保险车辆的情况应当如实申报，并应当在签订保险协议时一次交清保险费。

第十六条　被保险人应当做好保险车辆的维护、保养工作，使保险车辆保持正常技术状态。

第十七条　在保险协议有效期内，保险车辆转卖、转让、赠送他人或变更用途，被保险人应当事先通知本公司并申请办理批改。

被保险人不得利用保险车辆从事违法犯罪活动，不得非法转卖、转让保险车辆。

第十八条　保险车辆发生保险事故后，被保险人应当采取合理的保护、施救措施，并立即向交通管理部门报告，同时通知本公司。

第十九条　被保险人不履行本条款第十五条至第十八条规定的义务，本公司有权拒绝赔偿或自书面通知之日起终止保险协议。

无赔款优待

第二十条　被保险人及其驾驶人员应当严格遵守交通规则，保险车辆在一年保险期间内无赔款，续保时可享受无赔款优待，优待金额为上年度应交保险费的10%，不续保者不给。被保险人投保车辆不止一辆的，无赔款优待分别按辆计算。

索赔事宜

第二十一条　被保险人索赔时，应当向本公司提供保险单、事故证明、事故调解结案书、损失清单和各种有关费用单据。本公司应当迅速审查核实。赔款一经保险协议双方确认，本公司应当在10天内一次赔偿结案。

其他事项

第二十二条　保险车辆必须有交通管理部门核发的行驶证和牌号，并经检验合格，否则本保险单无效。

第二十三条　本条款中的重置价值是指保险协议签订地的新车购置价。

本条款中的实际价值是指保险协议签订地的该车市价。

第二十四条　被保险人和本公司发生争议不能达成协议时，按下列第______种方式解决：

1. 提交______仲裁委员会仲裁；
2. 依法向人民法院起诉。

甲　方：____________	乙　方：____________
代　表：____________	代　表：____________
电　话：____________	电　话：____________

签约日期：________年____月____日

签约地点：______________________

▲法律顾问协议书

法律顾问协议书

甲方（聘请方）：____________

乙方（受聘方）：____________

经甲、乙双方协商同意，达成如下协议，共同遵守。

一、根据甲方的要求，乙方接受甲方的聘请，指派________律师担任甲方的常年法律顾问，负责处理甲方的法律事务。

二、常年法律顾问的职责是，积极负责地为甲方提供法律帮助，依法维护甲方的合法权益。具体工作范围如下：

1. 为甲方的业务提供法律咨询；
2. 协助甲方制定企业各项内部管理制度；
3. 协助甲方起草、审查、修改章程、决议、声明等法律事务文书；
4. 协助甲方起草、审查、修改各类经济合同；
5. 协助办理公司登记清算，商标专利注册等有关手续；
6. 参与甲方重大项目的谈判或出具法律意见书；
7. 接受甲方的委托，担任甲方诉讼或非诉讼法律事务代理人，参加诉讼、调解、仲裁活动及其他非诉讼法律事务；

8. 协助甲方进行法律知识的宣传教育。

三、以上第二条第（一）至（四）及（六）项免费服务。甲方需要乙方代理诉讼、调解、仲裁、重大事务谈判或有关单项非诉讼法律事务时，须具体办理委托手续。乙方将优先受理，另行签约，协商收费。

四、为使顾问律师依法执行职务，提供正确、高效的服务，甲方应向顾问律师全面、客观、真实地介绍情况，并提供有关文件、资料、证据材料的副本或复印件；甲方需要顾问律师参加会议，研究法律事务，修改法律文书等服务活动，应提前通知顾问律师。

五、甲方应指定专人与顾问律师保持联系，以便及时处理法律业务；顾问律师应定期或不定期到甲方执行顾问职责；顾问律师因工作调动或其他原因不能执行职务时，乙方及时指派律师执行顾问律师的职责。

六、顾问律师为甲方异地办理法律业务或办案时，甲方将承担顾问律师的食宿、交通费用；在提供法律服务的过程中，所需的签订费、翻译费、资料费、通信费及其他必要的费用，乙方凭报销单据由甲方报销。

七、本协议的期限为____年（________年____月____日至________年____月____日）。期满后如需续约，由双方另行签订协议书。

八、收费按以下方式支付：（略）

本协议一式三份，甲、乙双方和顾问律师各执一份。

甲　方：____________　　　　乙　方：____________

代　表：____________　　　　代　表：____________

电　话：____________　　　　电　话：____________

签约日期：________年____月____日

签约地点：______________________

▲民事授权委托协议

委托代理协议

甲方（委托方）：____________

乙方（代理方）：____________

经甲、乙双方协商同意，达成如下协议，共同遵守。

一、乙方接受甲方的委托，指派______律师为甲方______与______的纠纷案的第______审代理人。

二、乙方律师必须认真负责保护甲方合法权益，并按时出庭。

三、甲方必须真实地向律师叙述案情，提供有关本案证据。乙方接受委托后，发现甲方捏造事实、弄虚作假，有权终止代理，依约所收费用不予退还。

四、如乙方无故终止履行协议，代理费全部退还甲方；如甲方无故终止，代理费不退回。

五、甲方委托乙方代理权限：________（代理权限，在陈述事实、参加辩论和调解，代为提出、承认、放弃、变更诉讼请求，进行和解，提起反诉、上诉的范围内，由委托人与律师协商确定）。

六、根据《律师业务收费管理办法及收费标准》的规定，甲方于协议签订之日向乙方缴纳代理费________元（涉及财产关系的案件，甲方向乙方缴纳费用________）。缴纳方式和期限如下：____。

七、本协议有效期限，应自签订之日起至本案本审终结止（判决、调解、案外和解及撤销诉讼）。

八、如一方要求变更协议条款，需再行协议。

甲　方：____________　　乙　方：____________
代　表：____________　　代　表：____________
电　话：____________　　电　话：____________

签约日期：________年____月____日
签约地点：____________________

▲行政诉讼委托代理协议

行政诉讼委托代理协议

甲方（委托方）：____________
乙方（代理方）：____________

经甲、乙双方协商同意，达成如下协议，共同遵守。

一、乙方接受甲方的委托，指派________律师为甲方________行政诉讼案的第________审诉讼代理人。

二、乙方律师必须认真负责地保护甲方合法权益，并按时出庭。

三、甲方必须真实地向律师叙述案情，提供有关本案证据。乙方接受委托后，发现甲方捏造事实、弄虚作假，有权终止代理，依约所收费用不予退还。

四、如乙方无故终止履行协议，代理费全部退还甲方；如甲方无故终止，代理费不退回。

五、甲方委托乙方代理权限：________。

六、根据《律师业务收费管理办法及收费标准》的规定，甲方于协议签订之日起向乙方支付代理费________元，涉及财产关系的案件，甲方向乙方支付费用________。支付方式和期限如下：________。

七、本协议有效期限，自签订之日起至本案本审终结止（判决、裁定或撤销诉讼）。

八、本协议未尽事宜，或一方要求变更本协议条款，需另行协议。

甲　方：____________　　　　乙　方：____________
代　表：____________　　　　代　表：____________
电　话：____________　　　　电　话：____________

签约日期：________年____月____日
签约地点：______________________

▲刑事辩护委托协议

刑事辩护委托协议

甲方（委托方）：____________
乙方（受托方）：____________

经甲、乙双方协商同意，达成如下协议，共同遵守。

一、________乙方指派________律师担任甲方________案件的被告人（犯罪嫌疑人）________的辩护人。

二、根据《律师业务收费办法》的规定，甲方需________向律师事务所缴纳委托费用________元。

三、本委托书有效期自双方签订之日起至________止。

四、本委托书如需要变更，另行协议。

五、本协议书一式两份，由委托人、律师事务所各持一份。

甲　方：____________　　　　乙　方：____________
代　表：____________　　　　代　表：____________
电　话：____________　　　　电　话：____________

签约日期：________年____月____日
签约地点：______________________

▲仲裁委托代理协议

仲裁委托代理协议

甲方（委托方）：____________

乙方（代理方）：____________

经甲、乙双方协商同意，达成如下协议，共同遵守。

一、甲方委托乙方并指定________律师、________律师作为甲方的仲裁代理人。

乙方接受甲方的委托并同意甲方的指定。

二、委托事项：

作为甲方的委托代理人代理甲方调查、了解有关情况并拟订有关甲方与________纠纷案的解决方案以及提起、进行并完成甲方与________的仲裁活动。

三、委托权限：

甲方授权乙方在合同第四条约定的委托期限内享有以下权利：

1. 调查、收集与本案有关的证据材料；
2. 出庭参加仲裁；
3. 参加调解工作；
4. 拟订有关解决纠纷的方案；
5. 查阅、复制并保留与委托事项有关的材料。

四、委托期限：

自本合同生效之日起到乙方完成全部委托事项或甲方解除对乙方的委托之日止。

五、代理费的支付：

甲方同意向乙方支付代理费________元，支付方式为：____________________

六、甲方的权利、义务：____

____

七、乙方的权利、义务：____

____

八、其他约定：____

____

九、本合同一式三份，自双方签字、盖章后生效。

甲方：____________________　　乙方：____________________

法定代表人：______________　　法定代表人：______________

签约日期：________年____月____日

签约地点：______________________

▲非诉讼事务委托代理协议

非诉讼事务委托代理协议

甲方（委托方）：____________

乙方（代理方）：____________

经甲、乙双方协商同意，达成如下协议，共同遵守。

第一条　乙方接受甲方委托，指派________律师作为甲方的代理人。

第二条　根据双方的约定，乙方的代理事项及权限：____________________。

第三条　甲方必须及时、真实、详尽地向乙方提供与委托事项有关的全部文件和背景材料，并根据实际需要为乙方提供办公条件和其他便利条件。

第四条　乙方必须认真、负责地为甲方提供代理权限范围内的法律服务，并为甲方保守秘密。

第五条　根据律师收费标准，双方约定，甲方同意向乙方支付律师代理费________元，支付方式：____________，支付时间为：________。

第六条　律师从事与甲方业务有关的活动而发生的鉴定、翻译、资料、差旅等费用，由甲方支付。

第七条　甲、乙双方如发生终止委托关系，涉及律师费用结算事宜，应依《律师服务收费管理暂行办法》之规定解决。

第八条　本协议自双方签字、盖章之日起生效。

第九条　本协议一式两份，甲、乙双方各持一份，每份具有同等法律效力。

第十条　本协议未尽事宜，双方另行规定。

甲　　方：____________	乙　　方：____________
电　　话：____________	电　　话：____________
传　　真：____________	传　　真：____________
邮政编码：____________	邮政编码：____________
地　　址：____________	地　　址：____________

签约日期：________年____月____日

签约地点：______________________

第十五章　其他事务常用合同协议范本

▲广告发布合同

广告发布合同

甲方（广告客户或代理单位）：____________

乙方（广告发布单位名称）：____________

甲、乙双方根据国务院《广告管理条例》及有关规定，签订本合同，并共同遵守。

一、甲方委托乙方于________年________月________日至________年________月________日期间发布____________广告。

二、广告发布媒介为____

三、单位广告规格为____

四、广告采用____________样稿（样带），未经甲方同意，乙方不得改动广告样稿（样带）。

五、乙方有权审查广告内容和表现形式，对不符合法律、法规的广告内容和表现形式，乙方应要求甲方作出修改，甲方作出修改前，乙方有权拒绝发布。

六、广告样稿（样带）为合同附件，与本合同一并保存。

七、广告单价______，加急费______元，其他费用______，扣除优惠______元，扣除代理费______元，广告播出费用______元，总计______元。

八、甲方应在______年______月______日前将广告发布费付给乙方，付款方式为__________。

九、违约责任：

____

____

____

____

____

____。

十、解决合同纠纷的方式：

甲、乙双方在履行本合同过程中发生争议，由双方协商解决；协商不成的，按本合同约定的下列方法之一进行解决：

1. 由________仲裁委员会仲裁；

2. 向________人民法院起诉。

十一、其他：

____

____

____

____

____。

十二、广告的编排方式和发布时间表：

广告编排方式（广告发布总条、次、时段、版面等）																															
日/月	1	2	3	4	5	6	7	8	9	10	11	12	13	14	15	16	17	18	19	20	21	22	23	24	25	26	27	28	29	30	31
一																															
二																															
三																															
四																															
五																															
六																															
七																															
八																															
九																															
十																															
十一																															
十二																															

甲　方：____________　　　　乙　方：____________

代　表：____________　　　　代　表：____________

电　话：____________　　　　电　话：____________

签约日期：________年____月____日

签约地点：______________________

▲行纪合同

行纪合同

甲方（行纪人）：____________

乙方（委托人）：____________

经甲、乙双方协商同意，达成如下协议，共同遵守。

第一条　代办事项：（具体约定是寄售、代购代销货物，还是其他法律事务）____。

第二条　代办事项的具体要求：（凡属寄售和代购代销货物，应明确具体货物品名、规格、型号、质量、数量，以及最低销价或最高购价和时间要求）____。

第三条　货物保管责任及费用承担：______________________________。

第四条　酬金的计算给付方式、给付时间：__________________________。

第五条　违约责任：______________________________________。

第六条　合同争议的解决方式：本合同在履行过程中发生的争议，由双方当事人协商解决，也可由当地工商行政管理部门调解；协商或调解不成的，按下列第________种方式解决：

1. 提交________仲裁委员会仲裁；

2. 依法向人民法院起诉。

第七条　其他约定事项：____________________________________。

第八条　本合同未作规定的，按《中华人民共和国合同法》的规定执行。

甲　方：____________　　　　乙　方：____________

代　表：____________　　　　代　表：____________

电　话：____________　　　　电　话：____________

签约日期：________年____月____日

签约地点：______________________

本合同有效期：自______年____月____日至______年____月____日

▲居间合同

居间合同

甲方（委托人）：____________

乙方（居间人）：____________

经甲、乙双方协商同意，达成如下协议，共同遵守。

第一条 委托事项及具体要求：____

____

____。

第二条 居间期限：从________年________月________日至________年________月________日。

第三条 报酬及支付期限：乙方促成合同成立的，报酬为促成合同成立金额的________%或者（大写）________元。甲方应在合同成立后的________日内支付报酬。未促成合同成立的，乙方不得要求支付报酬。

第四条 居间费用的负担：乙方促成合同成立的，居间活动的费用由乙方负担；未促成合同成立的，甲方应向居间人支付必要费用（大写）________元。

第五条 本合同解除的条件：

1. 当事人就解除合同协商一致；

2. 因不可抗力致使不能实现合同目的；

3. 在委托期限届满之前，当事人一方明确表示或者以自己的行为表明不履行主要义务；

4. 当事人一方迟延履行主要义务，经催告后在合理期限内仍未履行；

5. 当事人一方迟延履行义务或者有其他违约行为致使不能实现合同目的。

第六条 甲方的违约责任：____

____

____。

第七条 乙方的违约责任：____

____

____。

第八条 合同争议的解决方式：本合同在履行过程中发生的争议，由双方当事人协商解决，也可由当地工商行政管理部门调解；协商或调解不成的，按下列第________种方式解决：

1. 提交______仲裁委员会仲裁；

2. 依法向人民法院起诉。

第九条 其他的约定事项：____

____

____。

第十条 本合同未作规定的，按《中华人民共和国合同法》的规定执行。

甲　方：____________	乙　方：____________
代　表：____________	代　表：____________
电　话：____________	电　话：____________

签约日期：________年____月____日
签约地点：______________________

▲参加车展协议书

参加车展协议书

甲方（汽车销售中心）：____________
乙方（　　　　　公司）：____________

为共同拓展市场，甲、乙双方联合主办“庆五一________首届名车展”（以下简称车展）。经甲、乙双方友好协商，就车展具体事宜达成如下协议。

一、车展时间：2001 年 5 月 1 日—5 月 7 日。

二、车展地点：____市____路____号。

三、甲方义务：

1. 提供参展车______台（其中______），参展车必须在 4 月 30 日前进入展点（具体展点为______），参展期间甲方增减展车必须经乙方同意。

2. 车展期间甲方必须有______名销售人员在现场为消费者服务。

3. 必须有相关展车的 POP、广告礼品、购车优惠。

4. 番禺区外广告及新闻投放费甲方须按一定比例与乙方共同承担，具体费用另行协商。

5. 不能履行 1 ~ 4 项义务则视为违约，赔偿乙方为此次车展所支付的相关费用。

四、乙方义务：

1. 提供相应参展车位促销台（写字台）。

2. 为甲方车展工作人员免费提供矿泉水、工作午餐。

3. 承担车展期间现场安全、保卫工作。

4. 承担番禺区电视台、报社及现场广告所有费用。

5. 不能履行 1 ~ 4 项义务则视为违约，赔偿甲方为此次车展所支付的相关费用。

五、本协议一式两份，双方签字生效。

甲　方：____________　　乙　方：____________
代　表：____________　　代　表：____________
电　话：____________　　电　话：____________

签约日期：________年____月____日
签约地点：______________________

▲定向培养研究生协议书

定向培养研究生协议书

甲方：____________

乙方：____________

一、招收定向培养攻读学位研究生单位（简称甲方），接收定向培养单位（简称乙方），经协商从______年统一招收研究生中确定为专业研究方向研究生。

二、定向培养研究生名额属国家计划内招生名额，招生工作由乙方负责，按乙方录取标准录取，正式录取前，由乙方提出名单，经甲、乙双方研究同意后乙方发录取通知书。

三、定向培养研究生的培养费用，由国家教委拨给乙方，并由乙方开支。

四、定向培养生的户口、粮油关系、人事关系和党团关系均转至乙方，由乙方负责管理，培养期间定向生的住宿由乙方负责。

五、按教委规定“用人单位推荐的为本单位定向培养的本单位在职人员被录取后，其学习期间不转工资关系，享受原工资、福利待遇”。该生的副食补贴、价格补贴均由甲方负责。

六、定向培养生在培养期间，必须遵守乙方的学籍管理制度和规章制度。定向生受警告、严重警告、记过、留校察看等行政处分，由乙方作出决定，通知甲方。定向生中途退学和受勒令退学、开除学籍处分或其他原因被取消学籍，由乙方作出决定，甲方接受处理。

七、定向生的教学按乙方研究生专业培养方案进行，凡具备学位授予条件的，可申请学位，经答辩通过的，可授予学位。

定向生毕业后，必须到甲方工作，乙方不负责分配工作，其毕业证书，学位证书，人事档案，党、团关系，一律由乙方直接寄给甲方。

八、本协议一式两份，甲、乙双方各保存一份。本协议自签订之日起至______年______月底有效。

甲　方：____________　　　　乙　方：____________

代　表：____________　　　　代　表：____________

电　话：____________　　　　电　话：____________

签约日期：________年____月____日

签约地点：______________________

▲委托培养研究生协议书

委托培养研究生协议书

甲方：____________

乙方：____________

一、招收委托培养攻读学位研究生单位（简称甲方），接收委托培养单位（简称乙方），双方商定，从______年统一招收的研究生中推荐为专业研究方向研究生。

二、委托培养研究生的招生计划列入乙方，并报国家教委备案。招生工作由乙方负责，按乙方规定录取，正式录取前，由乙方提出名单，经甲、乙双方研究同意后由乙方通知考生，经考生同意后，由乙方发出录取通知书。

三、委托培养费每人每学年______元，由甲方在每年______月______日前付给乙方。如不按期付款，乙方则不允许委托生报到、注册。委托培养生的教学、管理、学习调查等费用由乙方开支，标准与研究生相同。

委托培养期间，该生的工资、副食补贴、价格补贴、生活困难补助和医疗费用均由甲方开支。

四、委托培养研究生的户口、粮油关系、人事关系和党、团关系，均转至乙方，由乙方负责管理，培养期间研究生的住宿由乙方负责解决。

五、委托培养研究生在委托培养期间必须遵守乙方的学籍管理制度和其他规章制度。委托研究生受警告、严重警告、记过、留校察看等行政处分，由乙方作出决定，通知甲方。委托生因病休学，本协议延长______年有效期，甲方向乙方另支付______元培养费。委托生中途退学和受勒令退学、开除学籍处分，或其他原因被取消学籍者，由乙方作出决定，由甲方接受处理。乙方不退甲方支付的当年委托经费。

六、委托培养研究生的教学按乙方研究生专业培养方案进行。凡具备乙方学位授予条件的，可申请学位，经答辩通过的，可授予学位。

委托培养研究生毕业后必须到甲方工作，乙方不负责分配工作，其毕业证书，学位证书，人事档案，党、团关系，一律由乙方直接寄给甲方。

七、本协议一式两份，甲、乙双方各保存一份。本协议自签订之日起至______年______月底有效。

甲　方：____________　　乙　方：____________

代　表：____________　　代　表：____________

电　话：____________　　电　话：____________

签约日期：________年____月____日

签约地点：______________________

▲团队订房协议

团队订房协议

甲方（酒店）：____________

乙方（团队）：____________

第一条：

1. 本酒店制定的一切住宿合约及其有关合约，必须根据本协议的条款及那些不包括在本协议之内，但合法及习用的其他条例。

2. 除以下条款外，本酒店也可制定特别协议，但这类协议必须依据此协议内所载之条款，合乎法律及惯例。

第二条：（谢绝住宿要求）

遇到下列情况，本酒店可拒绝提供住宿；

1. 当“住宿要求”不符合本协议内所载的条款；

2. 当本酒店的客房已预订一空；

3. 当本酒店怀疑订房者可能利用住宿来进行破坏治安及败坏道德的活动；

4. 当本酒店发现订房者身患传染病；

5. 当本酒店由于不可避免的原因而无法供应住宿；

6. 当对所提供的住宿要求承担一种特别的其他责任时；

7. 当订房者明显露出醉意并将会骚扰其他住客；

8. 当住宿者用言行骚扰其他住客。

第三条：（姓名等的辨认）

当本酒店接受预订房间要求时（下称订房要求），可要求订房者在指定期间内提供以下资料：

1. 姓名、年龄、性别、住址、国籍及住客人数；

2. 其他本酒店认为需要的资料。

第四条：（定金）

1. 当本酒店接受订房要求时，将要求订房者在指定的期间内预付定金，此等定金的数目将以住宿天数为根据（当住宿时间超过3天，也以3天计算）。

2. 当遇到下款所述的情况时，本酒店将根据“违反协议的收费规定”在定金内作适当扣除，余款则如数退还给订房者。

第五条：（取消订房）

1. 当订房者取消全部或部分订房时，本酒店将根据“违反协议的收费规定”，要求订房者付出相应的款项。

2. 当订房者在应入住日期的下午6时，仍未抵达本酒店，同时又没有预先通知酒店时，本酒店将当做取消订房处理（如抵达时间已约定，必须在该时间之后两小时内到达）。

3. 如订房者能证明其迟到是由于船只、飞机及其他交通工具误点，或者是由于其他外在原因而无法预先通知本酒店时，本酒店将不作为取消订房论，同时，该客人也无须支付任何违反协议应缴的款项。

第六条：

1. 除有特别声明外，遇有下列情况时，本酒店可取消客人的订房：

（1）当本协议第二条第2条3至8分项所载的情况发生；

（2）当客人没有在指定期间内提供本协议第三者所述的资料；

（3）当客人没有在指定期间内交付本协议第四条第1款所述的定金。

2. 当本酒店因上述情况而取消订房时，所收的定金将会如数退还给订房者。

第七条：（登记）

住客在抵达酒店当日，须及时前往接待处登记以下项目：

1. 如本协议第三条第1分项所述的资料；

2. 护照编号；

3. 其他本酒店认为需要的资料。

第八条：（退房时间）

1. 客人的退房时间为中午12时。在此时间之后，如住客欲继续使用该房间，则其房租收费计算如下：

（1）中午12时至下午6时，加收50%的房租；

（2）下午6时后，加收100%的房租。

2. 收取上述费用时，本酒店将不另行通知住客。

第九条：（贵重物品）

住客可将其贵重物品存放在酒店行李寄存处的保险箱内，否则，如有任何贵重财物遗失时，本酒店概不负责。

第十条：（结账）

1. 住客在退房时或遵循酒店的特殊要求时，应前往酒店收银处缴清房租及其他有关款项。

2. 客人入住后，即使是自愿不再使用房间，也须交付房租。

第十一条：（规则的遵守）

住客应遵守由本酒店订立或公布于酒店内的行为守则。

第十二条：（拒绝继续占用的房间）

遇有下列情况时，本酒店可随时拒绝住客继续租用房间：

1. 当发生本协议第二条3至8分项所述的情况；

2. 当住客不遵守本协议第十一条所述的规定；

3. 已在收银处退房，缴清房租及其他有关款项。

第十三条：（住客应负的责任）

住客如有损坏及遗失本酒店的设备、家私及装置等，须作出适当的赔偿。

第十四条：（住宿责任）

1. 本酒店对住宿的责任只在住客于接待处办好入住登记时开始至住客最后退房时为止。

2. 除天灾及其他特别原因使本酒店难以提供住宿外，如因本酒店的原因而使住客不能再在酒店居住时，本酒店将会安排住客入住其他酒店。

（违反协议的收费规定）

如住客违反本协议第五条第1款的规定时，本酒店将要求住客交付下述款项：

（1）客人如在应入住房间的2～7天前取消订房时，应交付相当于一晚房租的20%的款项。

（2）客人如在应入住房间的1天前取消订房时，应交付相当于一晚房租的50%的款项。

（3）客人如在应入住房间当日才取消订房或完全没再通知时，应交付100%的房租。

甲　方：____________　　乙　方：____________

代　表：____________　　代　表：____________

电　话：____________　　电　话：____________

签约日期：________年____月____日

签约地点：______________________

▲旅行社与饭店合同条款细则

旅行社与饭店合同条款细则

一、团体的定义

本酒店对团体的定义为________人或________人以上同时进店及离店的旅游团体。

二、旅行团房数确认

所有订房请直接与酒店营业部联系，能否接受临时增减之订房，由酒店视客房出租情况决定接纳与否。贵社之正式订房通知单及行程资料须在客人抵达酒店前三天寄或送达本酒店营业部。

三、取消预订规定

所有取消之订房必须提前三天通知，旅行团之订房如在入住前两天内取消，贵社需负责交付所订房数50%的费用，如酒店在贵社团体预定到达前24小时内才接到取消订房的通知或在最后时刻团体没有入住，则需收取一晚房租补偿酒店客房空置的损失。

由于自然环境因素（如台风、班机取消等不可抗拒的原因）影响，而令旅行团不能如期到达，由此造成的损失，酒店可免收损失费。

四、住宿延期及超额订房

如旅行团超过预定日期仍不能如期离店时，本酒店可根据客房的出租情况协助安排。

凡经本酒店确认的团体，因酒店客房全满而安排不下，本酒店负责将团体安排至同等级或高于本酒店等级的酒店入住，不再多收房费。

五、儿童收费

本酒店对十二周岁以下与父母同住一房的儿童提供一张免费加床。餐费则按成人标准的50%收取。

六、订餐规定

旅行团及散客订餐必须预先通知酒店，本酒店根据贵社计调部预订计划订餐，任何陪同均不能更改取消。

七、陪同餐安排

旅行团如在酒店用餐，本酒店负责安排全陪及本地司机免费就餐。

八、付款方式

本酒店全部账单均为月结，贵社必须在接获本酒店账单后十四天内付清。

本酒店开户银行：中国银行，FEC 账号：____________________。

本合同系贵社与本酒店业务往来之唯一合法合同，自双方签字之日起生效。合同一式两份，双方各执一份，具有同等法律效力，如有任何条款细则更改，须经双方协商同意，另备附件。

甲方：________________　　乙方：________________

代表：________　　代表：________

电话：____________　　电话：____________

签约日期：________年____月____日

签约地点：______________________